宁夏高等学校一流学科建设（教育学学科）资助项目（项目编号：NXYLXK2017B11）

物理基础教学改革研究

伏振兴 著

发挥课堂文化功能，促进学生个性发展

黄河出版传媒集团
阳光出版社

图书在版编目(CIP)数据

物理基础教学改革研究/伏振兴著.--银川:阳光出版社,2019.12
ISBN 978-7-5525-5205-8

Ⅰ.①物… Ⅱ.①伏… Ⅲ.①中学物理课-教学改革-研究 Ⅳ.①G633.72

中国版本图书馆 CIP 数据核字(2020)第 010001 号

物理基础教学改革研究　　　　　　　　　　伏振兴　著

责任编辑　申　佳　胡　鹏
封面设计　赵　倩
责任印制　岳建宁

黄河出版传媒集团
阳光出版社 出版发行

出 版 人	薛文斌
地　　址	宁夏银川市北京东路 139 号出版大厦 (750001)
网　　址	http://www.ygchbs.com
网上书店	http://shop129132959.taobao.com
电子信箱	yangguangchubanshe@163.com
邮购电话	0951-5014139
经　　销	全国新华书店
印刷装订	宁夏凤鸣彩印广告有限公司
印刷委托书号	(宁)0016854

开　　本	720 mm×980 mm　1/16
印　　张	17.75
字　　数	280 千字
版　　次	2019 年 12 月第 1 版
印　　次	2019 年 12 月第 1 次印刷
书　　号	ISBN 978-7-5525-5205-8
定　　价	50.00 元

版权所有　翻印必究

前　言

我国基础教育改革从强调基础知识和基本技能的"双基",到知识与技能、过程与方法、情感态度价值观的"三维目标",再到以文化基础、自主发展、社会参与为主要内容的"核心素养",经历了三个不断完善的发展阶段。新时代给基础教育既带来了机遇挑战,又提出了新要求。2014年,教育部印发《关于全面深化课程改革 落实立德树人根本任务的意见》,提出了立德树人和培育学生核心素养的新要求。2016年9月,《中国学生发展核心素养》发布。核心素养是国家教育总体目标的具体化,是中学课程体系和各学科教学目标制定的依据。

物理学作为自然科学的基础学科,在培养学生科学思维、科学探究、创新能力、科学态度与责任等方面有重要作用。2017年,《普通高中物理课程标准(2017年版)》颁布,凝练了物理观念、科学思维、科研探究、科学态度与责任的物理学科核心素养,进一步明确了普通高中教育的定位,优化了课程结构,制定了学业质量标准,明确了学生完成物理学科学习任务和学科核心素养应该达到的水平,着重于提高和培养全体学生物理观念、科学思维、科学探究、科学态度与责任的核心素养。本项目从课程改革、学习与教学方式转变、课堂教学设计、课例研究等方面研究基础物理教育改革问题,对探讨核心素养导向下的基础物理教学、提高教育教学质量、促进学生的全面发展有积极意义。

本书共十章。

第一章概述我国基础教育及课程改革，主要论述我国基础教育改革的理念和要求、课程变革因素与核心素养理念、核心素养背景下的基础教育课程改革。

第二章是物理基础教育教科书的比较研究。首先以人教版和苏科版的义务教育八年级物理上册为研究对象，从内容设置、编排体系、栏目和插图等方面，详细比较分析两个版本教科书的知识内容、实验设置、课堂例题、课后习题、章节编排、栏目和插图设置等，讨论两个版本教科书编写的内容、结构、栏目、特色及优点，并提出了有关教科书编写的思考。然后以人教版、司南版、广东版的物理必修一和必修二两个模块为例，对三个版本教科书，从知识结构体系、教科书栏目设置、实验探究内容、教科书图像系统以及课后习题设置等方面进行比较，得到不同版本课程标准实验教科书的共同特点和各自特色，最后对各个版本的教科书进行分析总结。

第三章研究学科核心素养背景下学—教方式的转变。首先概述学—教方式的转变研究。综述行为主义理论、认知主义理论、建构主义理论和人本主义理论四种学习理论。重点论述自主学习、合作学习、探究式学习三种学习方式，并根据每种学习方式的含义、特征、环节分别设计了教学案例。其次综述了赞可夫发展教学理论、布鲁姆掌握学习教学理论、巴班斯基教学过程最优化理论、范例教学理论四种教学理论，重点分析研究了探究式教学模式、自学—辅导教学模式、抛锚式教学模式、范例教学模式、合作教学模式、发现式教学模式、支架式教学模式七种常见的教学模式，并根据每种教学模式的特点、步骤分别设计了相应的教学案例。最后，对高中物理教学中常用的几种学习、教学模式两两融合，设计了探究学习—合作教学、合作学习—支架式教学、合作学习—抛锚式教学三种教学案例。

第四章研究物理基础教育教学的策略和方法。首先概述教学策略和方法、物理教学方法选择的原则、中学生学习的特点以及常用的教学方法。其次论述了探究性实验教学策略以及实践理论课教学策略的选择。最后结合基础物理教材"质量""力与运动的关系""弹力""功""密度""探究串、并联电路的电流规律"等教学内容，分别设计了案例讲授法、问题探讨法、演示法、指导自主学习、科学探究法五种教学案例。

第五章是物理基础课堂教学设计及实践。首先论述物理基础课堂教学的一般环节，即自主预学、创设情境并提出问题、合作探究和巩固练习。其次论述物理概念教学的功能、学生物理概念的形成过程与障碍、高中物理概念课堂教学步骤，在此基础上分别以人民教育出版社高中物理必修一的"运动快慢的描述—速度"、必修二的"重力势能"、必修二的"验证机械能守恒定律"、必修一的"'隔离法'与'整体法'做题"和必修一的"匀变速直线运动的研究"为例，设计了概念课教学、规律课教学设计、实验课教学设计、习题课教学和复习课的教学案例。

第六章研究物理基础教育探究式实验教学。在开始部分，论述探究式实验教学的作用和基础，回顾国内外探究式教学研究的状况，分析探究性实验教学的作用、理论基础、目标和原则，梳理探究式实验中的科学探究程序、探究性实验教学内容的选择原则。然后结合本章提出的探究式物理实验教学的目标、原则、程序和各环节的教学策略，设计了探究弹簧弹力和弹簧伸长量的关系、凸透镜的成像规律课堂教学案例。

第七章是物理基础教育课例研究。第一节概述课例研究的国内外状况，界定了课例研究的相关概念。第二节阐述课例研究的理论基础和七个功能。第三节论述课例研究的撰写、实施课例研究的过程，以及一课多上、同课循环、同课异构、多课一题的课例研究模式。第四节阐述问题呈现型、经验分享型和理论产生型，并设计了典型的案例分析。

第八章是基础物理新课导入方法及实践研究。首先阐述了新课导入应遵循符合教学的目的性和必要性、从学生的实际出发、有吸引力三个原则以及新课导入的作用。其次阐述了故事法、复习引导法、文史启迪法、联系实际法、实验法、游戏活动法、设置疑问法、多媒体运用法八种常用的新课导入方法。最后梳理北师大版八年级物理上、下两册教材所涉及的物理知识，分析并列举出适用于每节课程的最佳导入方法，以期实现在教学过程中选择最佳的新课导入方法。

第九章研究物理基础概念教学中的前概念转化。首先概述物理前概念及其复杂性、顽固性、自发性和内隐性特点，分析前概念的相关理论和概念的转化理论。从积极意义和消极意义两个方面分析物理前概念对教学的影响，明晰物理前概念产生的原因及转化教学策略。然后以"库仑定律""电容器的电容"教学内容为例，设计物理前概念转变的教学实践案例。

第十章为思维导图在物理基础教育中的应用研究。首先论述思维导图在物理教学中的作用、思维导图及其相关概念、思维导图的理论基础。然后设计了探究小车速度随时间变化规律、匀速直线运动v-t关系、自由落体运动规律、匀速直线运动速度与位移关系、匀速直线运动复习课的思维导图，展示了思维导图在实验课、概念课、规律课、习题课、复习课教学中的应用并作了比较。

最后，感谢宁夏高等学校一流学科建设（教育学学科，项目编号：NXYLXK2017B11）项目和物理与电子信息工程学院项目的资助。感谢阳光出版社和本书的责任编辑申佳、胡鹏。感谢研究团队的每一位成员。感谢在我的人生旅途和学术研究中给予关心、鼓励和支持的所有老师、同事及朋友！

由于作者的水平有限，书中难免存在一些缺陷和疏漏，敬请专家、同行和读者批评指正。

伏振兴

2018年12月

目 录

第一章 我国基础教育与课程改革概述 / 1
    第一节 基础教育改革的理念与要求 / 1
    第二节 课程变革因素与核心素养理念 / 8
    第三节 核心素养背景下的基础教育课程改革 / 12

第二章 物理基础教育教科书的比较研究 / 22
    第一节 物理基础教育教科书整册比较研究 / 23
    第二节 物理基础教育教科书知识模块比较研究 / 36
    第三节 物理基础教育教科书章节知识比较研究 / 50

第三章 学科核心素养背景下学与教方式的转变 / 57
    第一节 学与教方式转变研究概述 / 58
    第二节 学习方式理论和实践研究 / 62
    第三节 教学模式转变研究 / 72
    第四节 学与教方式有效结合案例 / 81

第四章 物理基础教育教学策略与方法研究 / 87
    第一节 教学策略和方法概述 / 87
    第二节 探究性实验教学策略及实践 / 93

第三节　理论课教学策略选择及案例　/　99

第五章　物理基础课堂教学设计与实践　/　113
　　第一节　物理基础课堂教学的一般环节　/　113
　　第二节　物理概念课堂教学设计　/　117
　　第三节　物理基础课堂教学设计实践　/　125

第六章　物理基础教育探究式实验教学研究　/　152
　　第一节　探究式实验教学的作用和基础　/　152
　　第二节　探究式实验教学的目标和原则　/　157
　　第三节　探究式实验教学的设计和实施　/　160
　　第四节　探究式实验教学设计案例　/　164

第七章　物理基础教育课例研究　/　176
　　第一节　课例研究概述　/　176
　　第二节　课例研究的理论基础和功能　/　181
　　第三节　课例研究的撰写和实施　/　185
　　第四节　物理课例典型案例分析　/　189

第八章　基础物理新课导入方法研究　/　205
　　第一节　新课导入的原则和作用　/　205
　　第二节　常用的新课导入方法　/　208

第九章　物理基础概念教学中前概念转化研究　/　214
　　第一节　物理前概念及相关理论概述　/　214
　　第二节　物理前概念产生的原因及转化教学策略　/　221
　　第三节　物理前概念转变教学案例　/　230

第十章　思维导图在物理基础教育中的应用研究　/　244

　　第一节　思维导图及相关概念概述　/　244

　　第二节　思维导图在物理教学中的应用　/　252

　　第三节　思维导图在教学模式中的应用比较　/　262

参考文献　/　269

第一章 我国基础教育与课程改革概述

新时代的到来给教育带来了无限的机遇和挑战,同时也对提高全体国民素质和人才培养质量提出了新要求。面对经济、科技的迅猛发展和社会生活的深刻变革,如何培养具备适应社会变化以及终身学习能力的人才,成为当前教育界关注的热点话题。近几年,"核心素养"的理念在国际和国内教育界迅速推广,国内外掀起了对核心素养及学科核心素养探讨、研究的热潮。

改革开放以来,我国基础教育取得了辉煌成就,基础教育课程建设也取得了显著成绩。但是我国基础教育总体水平还不高,原有的基础教育课程已不能适应时代发展的需要。为贯彻《中共中央国务院关于深化教育改革全面推进素质教育的决定》(中发〔1999〕9号)和《国务院关于基础教育改革与发展的决定》(国发〔2001〕21号),教育部决定,大力推进基础教育课程改革,调整和改革基础教育的课程体系、结构、内容,构建符合素质教育要求的新的基础教育课程体系。新的课程体系涵盖幼儿教育、义务教育和普通高中教育。

第一节 基础教育改革的理念与要求

我国基础教育及其课程改革是党中央、国务院为迎接知识经济时代的到来,应对日益激烈的国际竞争,立足于全面提高国民素质、提升综合国力作出的重大战略决策。我国1985年颁布《中共中央关于教育体制改革的决定》,开始了以课程改革为核心的教育改革。1999年召开的第三次全国教育工作会议和2001年召开的全国基础教育工作会议先后提出了转变人才培养模式,建立新的基础教育课程体系的建设任务。2001年,在党中央、国务院的领导下,教育部正式启动了新一轮基础教育课程改革,颁发了《基础教育课程改革纲要(试行)》等一系列政策文件,初步构建了符合时代要求、具有中国特色的基础教育课程体系。党的十八大以来,我国基础教育改革不断深化,在促进教育公平、提升教育质量和教育制度建设方面取得了巨大成就,有力支撑了社会经济的发展、促进了人的全面发展。

一、基础教育改革目标

全面贯彻党的教育方针,全面推进素质教育。新课程的培养目标应体现时代要求。要使学生具有爱国主义、集体主义精神,热爱社会主义,继承和发扬中华民族的优秀传统和革命传统;具有社会主义民主法制意识,遵守国家法律和社会公德;逐步形成正确的世界观、人生观、价值观;具有社会责任感,努力为人民服务;具有初步的创新精神、实践能力、科学和人文素养以及环境意识;具有适应终身学习的基础知识、基本技能和方法;具有健壮的体魄和良好的心理素质,养成健康的审美情趣和生活方式,成为有理想、有道德、有文化、有纪律的时代新人。

基础教育课程改革的具体目标有以下六个方面:

第一,改变课程过于注重知识传授的倾向,强调形成积极主动的学习态度,使获得基础知识与基本技能的过程同时成为学会学习和形成正确价值观的过程。

第二,改变课程结构过于强调学科本位、科目过多和缺乏整合的现状,整体设置九年一贯的课程门类和课时比例,并设置综合课程,以适应不同地区和学生发展的需求,体现课程结构的均衡性、综合性和选择性。

第三,改变课程内容"难、繁、偏、旧"和过于注重书本知识的现状,加强课程内容与学生生活、现代社会、科技发展的联系,关注学生的学习兴趣和经验,精选终身学习必备的基础知识和技能。

第四,改变课程实施过于强调接受学习、死记硬背、机械训练的现状,倡导学生主动参与、乐于探究、勤于动手,培养学生搜集和处理信息的能力、获取新知识的能力、分析和解决问题的能力以及交流与合作的能力。

第五,改变课程评价过分强调甄别与选拔的功能,发挥评价促进学生发展、教师提高和改进教学实践的功能。

第六，改变课程管理过于集中的状况，实行国家、地方、学校三级课程管理，增强课程对地方、学校及学生的适应性。

二、基础课程结构

（一）整体设置九年一贯的义务教育课程

小学阶段以综合课程为主。小学低年级开设品德与生活、语文、数学、体育、艺术（或音乐、美术）等课程；小学中高年级开设品德与社会、语文、数学、科学、外语、综合实践活动、体育、艺术（或音乐、美术）等课程。

初中阶段设置分科与综合相结合的课程，主要包括思想品德、语文、数学、外语、科学（或物理、化学、生物）、历史与社会（或历史、地理）、体育与健康、艺术（或音乐、美术）以及综合实践活动。积极倡导选择综合课程。学校应努力创造条件开设选修课程。在义务教育阶段的语文、艺术、美术课中，要加强写字教学。

（二）高中以分科课程为主

为使学生在普遍达到基本要求的前提下实现有个性的发展，课程标准应有不同水平的要求，在开设必修课的同时，设置丰富多样的选修课程，开设技术类课程，积极试行学分制管理。

（三）设置综合实践活动必修课程

从小学至高中，设置综合实践活动并作为必修课程，其内容主要包括信息技术教育、研究性学习、社区服务与社会实践以及劳动与技术教育。强调学生通过实践，增强探究和创新意识，学习科学研究的方法，发展综合运用知识的能力。增进学校与社会的联系，培养学生的社会责任感。在课程的实施过程中，加强信息技术教育，培养学生利用信息技术的意识和能力。了解必要的通用技术和职业分工，形成初步技术能力。

（四）农村基础课程服务当地社会经济发展

农村中学课程要为当地社会经济发展服务，在达到国家课程基本要求的同时，可根据现代农业发展和农村产业结构的调整因地制宜地设置符合当地需要的课程，深化"农科教相结合"和"三教统筹"等项改革，试行通过"绿色证书"教育及其他技术培训获得"双证"的做法。城市普通中学也要逐步开设职业技术课程。

三、基础课程标准

国家课程标准是教材编写、教学、评估和考试命题的依据,是国家管理和评价课程的基础,应体现国家对不同阶段的学生培养的基本要求,规定各门课程的性质、目标、内容框架,提出教学和评价建议。

制定国家课程标准要依据各门课程的特点,结合具体内容,加强德育工作的针对性、实效性和主动性,对学生进行爱国主义、集体主义和社会主义教育,加强中华民族优良传统、革命传统和国防教育,加强思想品质和道德教育,引导学生树立正确的世界观、人生观和价值观;要倡导科学精神、科学态度和科学方法,引导学生创新与实践。

义务教育课程标准应适应普及义务教育的要求,让绝大多数学生通过努力都能够达到,体现国家对公民素质的基本要求,着眼于培养学生终身学习的愿望和能力。普通高中课程标准应在坚持使学生普遍达到基本要求的前提下有一定的层次性和选择性,并开设选修课程,以利于学生获得更多的选择和发展机会,为培养学生的生存能力、实践能力和创造能力打下良好的基础。

四、教学过程与实施

教师在教学过程中应与学生积极互动、共同发展,要处理好传授知识与培养能力的关系,注重培养学生的独立性和自主性,引导学生质疑、调查、探究,在实践中学习,促进学生在教师指导下主动地、富有个性地学习。教师应尊重学生的人格,关注个体差异,满足不同学生的学习需要,创设能引导学生主动参与的教育环境,激发学生的学习积极性,培养学生掌握和运用知识的态度和能力,使每个学生都能得到充分发展。

大力推进信息技术在教学过程中的普遍应用,促进信息技术与学科课程的整合,逐步实现教学内容呈现方式、学生学习方式、教师教学方式和师生互动方式的变革,充分发挥信息技术的优势,为学生的学习和发展提供丰富多彩的教育环境和有用的学习工具。

五、教材的开发与管理

（一）教材改革与开发

教材改革应有利于引导学生利用已有的知识与经验，主动探索知识，同时也应有利于教师创造性地进行教学。教材内容的选择应符合课程标准的要求，体现学生身心发展的特点，反映社会、政治、经济、科技的发展需求。教材内容的组织应多样、生动，有利于学生探究，并提出观察、实验、操作、调查、讨论的建议。

积极开发并合理利用校内外各种课程资源。学校应充分发挥图书馆、实验室、专用教室及各类教学设施和实践基地的作用；广泛利用校外的图书馆、博物馆、展览馆、科技馆、工厂、农村、部队和科研院所等各种社会资源以及丰富的自然资源；积极利用并开发信息化课程资源。

（二）完善基础教育教材管理制度，实现教材的高质量与多样化

实行国家基本要求指导下的教材多样化政策，鼓励有关机构、出版部门等依据国家课程标准组织编写中小学教材。建立教材编写的核准制度，教材编写者应根据教育部《关于中小学教材编写审定管理暂行办法》，向教育部申报，经资格核准通过后，方可编写。完善教材审查制度，除经教育部授权省级教材审查委员会外，按照国家课程标准编写的教材及跨省使用的地方课程的教材，须经全国中小学教材审查委员会审查；地方教材须经省级教材审查委员会审查。教材审查实行编审分离制度。

改革中小学教材指定出版的方式和单一渠道发行的体制，严格遵循中小学教材版式的国家标准。教材的出版和发行试行公开竞标，国家免费提供的经济适用型教材实行政府采购，保证教材质量，降低价格。

（三）加强对教材使用的管理

教育行政部门定期向学校和社会公布经审查通过的中小学教材目录，并逐步建立教材评价制度和在教育行政部门及专家指导下的教材选用制度。改革用行政手段指定使用教材的做法，严禁以不正当竞争手段推销教材。

六、课程评价改革

(一)改革和完善评价体系

建立促进学生全面发展的评价体系。评价不仅要关注学生的学业成绩,而且要发现和发展学生多方面的潜能,了解学生发展中的需求,帮助学生认识自我,建立自信。发挥评价的教育功能,促进学生在原有水平上获得发展。

建立促进教师不断提高的评价体系。强调教师对自己教学行为的分析与反思,建立以教师自评为主,校长、教师、学生、家长共同参与的评价制度,使教师从多种渠道获得信息,不断提高教学水平。

建立促进课程不断发展的评价体系。周期性地对学校课程执行的情况、课程实施中的问题进行分析评估,调整课程内容、改进教学管理,形成课程不断革新的机制。

(二)改革和完善考试制度

在已经普及九年义务教育的地区,实行小学毕业生免试就近升学的办法。鼓励各地中小学自行组织毕业考试。完善初中升高中的考试管理制度,考试内容应加强与社会实际和学生生活经验的联系,重视考查学生分析问题、解决问题的能力,部分学科可实行开卷考试。高中毕业会考改革方案由省级教育行政部门制定,继续实行会考的地方应突出水平考试的性质,减轻学生考试的负担。

高等学校招生考试制度改革,应与基础教育课程改革相衔接。要按照有助于高等学校选拔人才、有助于中学实施素质教育的原则,加强对学生能力和素质的考查,改革高等学校招生考试内容,探索提供多次机会、双向选择、综合评价的考试、选拔方式。

考试命题要依据课程标准,杜绝设置偏题、怪题的现象。教师应对每位学生的考试情况作出具体的分析指导,不得公布学生考试成绩并按考试成绩排列名次。

七、课程管理改革

为保障和促进课程适应不同地区、学校、学生的要求,实行国家、地方和学校三级课程管理。

教育部总体规划基础教育课程,制定基础教育课程管理政策,确定国家课程门类和课时。制定国家课程标准,积极试行新的课程评价制度。省级教育行政部门依据国家课程管理政策和本地实际情况,制订本省(自治区、直辖市)实施国家课程的计划,规划地方课程,报教育部备案并组织实施。经教育部批准,省级教育行政部门可单独制订本省(自治区、直辖市)范围内使用的课程计划和课程标准。学校在执行国家课程和地方课程的同时,应视当地社会、经济发展的具体情况,结合本校的传统和优势、学生的兴趣和需要,开发或选用适合本校的课程。各级教育行政部门要对课程的实施和开发进行指导和监督,学校有权力和责任反映在实施国家课程和地方课程中所遇到的问题。

八、教师的培养和培训

师范院校和其他承担基础教育师资培养和培训任务的高等学校和培训机构,应根据基础教育课程改革的目标与内容,调整培养目标、专业设置、课程结构,改革教学方法。中小学教师继续教育应以基础教育课程改革为核心内容。地方教育行政部门应制订有效、持续的师资培训计划,教师进修培训机构要以实施新课程所必需的培训为主要任务,确保培训工作与新一轮课程改革的推进同步进行。

九、课程改革的组织与实施

教育部领导并统筹管理全国基础教育课程改革工作。省级教育行政部门领导并规划本省(自治区、直辖市)的基础教育课程改革工作。基础教育课程改革是一项系统工程,应始终贯彻"先立后破,先实验后推广"的工作方针。各省(自治区、直辖市)都应建立课程改革实验区,实验区应分层推进,发挥示范、培训和指导的作用,加快实验区的滚动发展,为过渡到新课程做好准备。

基础教育课程改革必须坚持民主参与、科学决策的原则,积极鼓励高等学校、科研院所的专家和学者以及中小学教师投身中小学课程教材改革。支持部分师范大学成立"基础教育课程研究中心",开展中小学课程改革的研究工作,并积极参与基础教育课程改革实践。在教育行政部门的领导下,各中小学教研机构要把基础教育课程改革作为中心工作,充分发挥教学研究、指导和服务等作用,并与基础教育课程研究中心建立联系,发挥各自的优势,共同推进基础教育课程改革。建立教育部门、家长以及社会各界有效参与课程建设和学校管理的制度。积极发挥新闻媒体的作用,引导社会各界深入讨论、关心并支持课程改革。

建立课程教材持续发展的保障机制。各级教育行政部门应设立基础教育课程改革的专项经费。为使新课程体系在实验区顺利推进,教育部在高考、中考、课程设置等方面对实验区给予政策支持。对参加基础教育课程改革的单位、集体、个人所取得的优秀成果予以奖励。

第二节　课程变革因素与核心素养理念

如果从课程变革的复杂性来看,课程变革通常有五种类型:一是"替代",即一种要素可能被另一种现成的要素所替代。比如,用新的教科书代替旧的教科书。二是"交替",即当变革被引入现行的材料中,并有希望成为选修科目而容易被采纳时,交替就产生了。这种方式常常表现为在现行课程内容和结构不变的情况下增加一些新的内容,对其进行充实、改进等。三是"紊乱",这种变革是破坏性的,对课程变革往往起反作用。四是"重建性变革",这种变革导致对体系本身的修改,即课程变革不仅仅对课程内容、结构改造,更要更新课程体系,形成新的教学观,因为课程与教学的改革是分不开的。五是"价值观变革",强调课程变革归根结底是一种价值变革,是与课程有关的人的价值思想观念的变革。

一、课程变革的因素

(一)政治因素

课程变革不可能脱离社会政治因素的影响,而且政治因素对课程变革的影响是多层面的、深刻的。正如布鲁纳所言:"不顾教育过程中的政治、经济和社会环境来论述教育学理论的心理学家和教育家,是自甘浅薄,势必在社会上和教室里受到蔑视。"尤其是当政治变革影响到教育的根本性质时,这种影响就更为强烈。从历史上来看,政治变革对课程变革的影响和制约较之科技、文化变革更为直接,而且这种影响和制约并非总是积极的、进步的,有时也会产生消极的抑制作用,甚至使课程产生倒退。政治变革对课程变革的影响和制约大致表现为以下三个方面:课程变革目标的厘定、课程变革的内容选择、课程的编制过程。

(二)经济因素

经济因素对教育变革有着直接的推动作用,对学校课程变革亦是如此。现代以来,由于科技的发展,生产过程日渐复杂,社会大生产需要提高劳动者的科技文化素质,所以学校课程门类日益增多,课程中科技知识的含量提高,学校课程更加贴近经济发展的需求。总的来看,经济因素对学校课程变革的制约表现为以下三个方面:经济领域劳动力素质提高的要求制约着课程目标;经济的地区差异性制约着课程变革;市场经济的发展对课程变革有着直接的冲击和影响作用。

(三)文化因素

在社会文化系统中,教育是文化的一个子系统,而文化通过教育的传递、传播和创造,才得以保存和发展。因此,可以说课程是社会文化的缩影,其内容来自于社会文化,但并不仅是社会文化的简单复制。社会文化需要通过教育机制的筛选,才能进入学校课程。文化因素对课程变革的影响体现在以下三个方面:文化模式要求学校课程变革时,依据不同民族的文化特质,设置与不同民族文化相适应的课程,在内容、难度、编排、实施、评价等方面考虑和体现民族特色。文化变迁要求学校课程应在课程目标、课程编制、课程设置、课程实施等方面进行调整,或大量增减科目、删添内容,或重新组合课程结构。文化多元要求学校课程体现文化间的差异,在尊重各少数民族文化、各社会阶层文化的同时,将主流文化与少数族群文化整合起来。

(四)科技因素

随着科技的发展,社会生活方式也发生着巨大变化,生活的科学化、现代化程度日益提高,要求精神生活的质量也相应提高,人们把剩余精力转用于娱乐、享受和社交活动,对生活情趣、文化修养也提出了新的更高的要求。当代新技术革命对学校的课程变革起着直接的推动作用,这主要体现在以下四个方面:科技革新制约着课程变革的目标;科技革新推动课程结构的变革;科技革新影响着课程变革的内容;科技革新影响着课程变革的速度。

(五)学生发展因素

学校课程变革的动因不仅来自政治、经济、文化和科技发展,而且要充分考虑学生的身心发展与心理特征,尤其要根据学生的智力、能力水平及其潜力来选择与组织相应的课程内容。学生身心发展的特性表现为整体性、连续性、阶段性和个别差异性。这就要求课程变革要整体地考虑,各门课程要互相协调,注重课程结构的整体优化,兼顾学生身心发展的连续性和阶段性特点,打造适应学生个性和谐发展的课程。因此,学校课程的变革必须满足学生身心发展的各方面需要,促进学生身心的全面发展。

二、核心素养理念

1996年,联合国教科文组织发表《教育:财富蕴藏其中》,提出支撑人发展的四个支柱是学知、学做、学会发展和学会共同生活。2003年,又强调核心素养的培育需要终身学习,终身学习也需要核心素养。目前,基于核心素养的教学设计和实施已经成为世界共识,关于核心素养的研究在许多国家与地区迅速展开。

早在1987年,经合组织(OECD)就在"国家教育系统发展指标"(INES)项目框架下开启了核心素养的探讨。随后,又陆续开展了一系列探讨素养的项目,但这些项目在对素养核心概念的界定和操作上并没有达成统一。1997年12月,经合组织启动了"素养的界定与遴选:理论和概念基础"项目(De Se Co),召集学者、专家与组织进行素养的研究与界定,旨在确立个人成功生活和社会良好运行所需要的核心素养。2003年,完成了《成功生活和健全社会的核心素养》报告,明确提出了核心素养概念框架,将有关学生能力素养的讨论直接指向"核心素养"。2005年,专门发布《核心素养的界定与遴选:行动纲要》,从功能论的角度诠释核心素养。

欧盟也在终身教育的框架下进行了探索。2000年,欧盟于里斯本召开峰会,确认要立足"终身学习",在教育与培训系统中全力开展"基本技能"建构工作,建构一套"核心素养"作为欧盟各国的共同教育目标。这次会议发布《多样的体制与共同的目标:欧洲教育和培训2010年规划》(*Education and*

Training in Europe: Diverse Systems, Shared Goals for 2010）报告，指出核心素养将直接影响公民素质以及欧盟未来的竞争力。2002 年，欧盟为了解各国当时在义务教育阶段对于核心素养的理解，进行了一次大规模调查活动，称为核心素养调查（Eurydice），目的在于明确各国对终身学习素养的观点。2005 年，欧盟执行委员会发布了《终身学习核心素养：欧洲参考框架》(Key Competences for Lifelong Learning: A European Reference Framework)。

2002 年，美国 21 世纪核心素养联盟（Partnership for 21st Century Skills，简称 P21）成立。P21 建构了以核心素养为中轴的"21 世纪学习体系"，包括"21 世纪学生培养目标"及"21 世纪支持系统"，其体系主要包括学习结果、支持系统。学生的学习结果主要包括"学习与创新技能"、"信息、媒体与技术技能"和"生活与职业技能"，这三项的落实都要基于核心科目与 21 世纪主题。支持系统为标准与评价、课程与教学、教师与专业发展、学习环境。这个框架体系致力于关注 21 世纪职场的需要。此外，很多国家或地区在制定课程标准的时候，也都首先根据本国或本地区情况和个人发展的愿景确定核心素养。如新西兰于 2005 年发布了《第三级教育中的核心素养：新西兰框架》(Key Competencies in Tertiary Education: Developing a New Zealand Framework)，从第三级教育①的角度界定了四项核心素养：在社会团体中运作、自主行动、交互地使用工具、思考。不仅如此，新西兰还将核心素养具体地整合在中小学课程体系中。

2013 年，林崇德教授的课题组承担教育部哲学社会科学研究重大委托项目，研究中国学生发展的核心素养体系。2016 年 9 月，发布了研究成果《中国学生发展核心素养》。报告从基础理论、国际比较、传统文化、实证调查、现行课标研究、教育实践探索等角度对核心素养展开系统化的探索与分析，以"人的全面发展、培养全面发展的人"为核心，把中国学生发展核心素养分为文化基础、自主发展、社会参与三个方面；综合表现为人文底蕴、科学精神、学会学习、健康生活、责任担当、实践创新六大素养，具体细化为十八个基本要点。

关于核心素养的研究，主要围绕核心素养的定义和内涵、核心素养与课

---

① 第三级教育是近年来联合国在终身教育的基础上大力提倡的一个概念，通常包括中学后的各种形式的成人教育，相对于高等教育，是一个更具包容性、广泛性的概念。

程的关系、核心素养培养的实践研究等几个方面展开。如姜宇等人在《论学生发展核心素养的内涵特征及框架定位》中探讨了核心素养的内涵,提出核心素养是建立在人性、情感、道德与责任基础上的、面对复杂问题情境时作出明智而富有创造性的判断、决策和行动的高级能力。[①] 钟启泉教授在《基于核心素养的课程发展:挑战与课题》中分析了基于核心素养的课程改革面临的挑战和问题,指出核心素养不是直接由教师教出来的,而是在问题情境中借助实践问题的解决培育起来的。[②] 窦桂梅和胡兰通过对清华大学附属小学构建的"基于学生核心素养发展的'1+X课程'"实践教学体系的研究,提出培养学生核心素养,应整合学科课程、课程标准、课程教材、课程教学,还儿童以真实的教学情境,体现课程的丰富性和人性化,使课程真正服务于学生成长等。

我国台湾地区学者陈伯璋、蔡清田等人进行过一项有关核心素养的研究,在完成世界主要国家的文献分析后,归纳出一个核心素养的三维框架,即"能互动地使用工具沟通、能在异质群体中进行互动、能自律自主地行动",将所有先进国家所要培养的核心素养纳入这个三维框架中,作为台湾地区界定核心素养和课程规划的参考。

第三节 核心素养背景下的基础教育课程改革

我国基础教育改革的发展,经历了从强调基础知识和基本技能的"双基",到知识与技能、过程与方法、情感态度价值观的"三维目标",再到以文化基础、自主发展、社会参与为主要内容的核心素养,共经历了三个不断完善的发展阶段。2014年,教育部印发《关于全面深化课程改革 落实立德树人根本任务的意见》,提出了立德树人和培育学生核心素养的新要求。2016年9月发布的《中国学生发展核心素养》,明确了核心素养以培养"全面发展的人"为核心,分为文化基础、自主发展、社会参与三个方面,综合表现为人文底蕴、科学精神、学会学习、健康生活、责任担当、实践创新六大素养,具体细化为国家

---

① 姜宇,辛涛,刘霞,等.基于核心素养的教育改革实践途径与策略[J].中国教育学刊,2016(06):29-32.
② 钟启泉.基于核心素养的课程发展:挑战与课题[J].全球教育展望,2016,45(1):3-24.

认同等 18 个基本要点。核心素养是人们适应社会与个人发展所需要的必备品格与关键能力,以培养"全面发展的人"为核心。核心素养是对国家教育总体目标的具体化,是中学课程体系和各学科教学目标制定的依据,其落实需要依托于各学科的教学。

一、基础课程改革的主要变化

(一)普通高中课程方案的主要变化

1. 进一步明确了普通高中教育的定位

针对长期以来存在的片面追求升学率的倾向,强调普通高中教育是在义务教育基础上进一步提高国民素质、面向大众的基础教育,不只是为升大学做准备,还要为学生适应社会生活和职业发展做准备,为学生的终身发展奠定基础。

普通高中培养目标是进一步提升学生的综合素质,着力发展核心素养,使学生具有理想信念和社会责任感,具有科学文化素养和终身学习能力,具有创新精神和实践能力,具有自主发展能力和沟通合作能力。

2. 进一步优化了课程结构

一是保留原有学习科目,在英语、日语、俄语基础上,增加德语、法语和西班牙语。

二是将课程类别调整为必修课程、选择性必修课程和选修课程。在保证共同基础的前提下,为不同发展方向的学生提供有选择的课程。

三是进一步明确各类课程的功能定位,与高考综合改革相衔接:必修课程根据学生全面发展需要设置,全修全考;选择性必修课程根据学生个性发展和升学考试需要设置,选修选考;选修课程由学校根据实际情况统筹规划开设,学生自主选择修习,可以学而不考或学而备考,为学生就业和高校自主招生录取提供参考。

四是合理确定各类课程学分比例,在毕业总学分不变的情况下,对原必修课程学分进行重构,由必修课程学分、选择性必修课程学分组成,适当增加选修课程学分,既保证基础性,又兼顾选择性。

3. 强化了课程有效实施的制度建设

进一步明确课程实施环节的责任主体和要求,从课程规划、课程标准、教材、教学管理以及评价、资源建设等方面,对国家、省(市、自治区)、学校分别提出了要求。

增设"条件保障"部分,从师资队伍建设、教学设施和经费保障等方面提出具体要求。

增设"管理与监督"部分,强化各级教育行政部门和学校课程实施的责任。

(二)学科课程标准主要变化

1. 凝练了学科核心素养

中国学生发展核心素养是党的教育方针关于人的全面发展要求的具体化、细化。

为建立核心素养与课程、教学的内在联系,充分发挥各学科课程、教学在全面贯彻党的教育方针、落实立德树人根本任务、发展素质教育等方面的独特育人价值,各学科基于学科本质凝练了学科核心素养,明确了学生学习相应学科课程后应形成的正确价值观念、必备品格和关键能力,并围绕学科核心素养的落实,精选、重组教学内容,设计教学活动,提出考试评价的建议,目的是切实引导各学科教学在传授学科知识的同时,更加关注学科思想、思维方式等,克服重教书轻育人的倾向。

如历史学科核心素养为"唯物史观、时空观念、史料实证、历史解释、家国情怀",突出强调通过学习,促进学生形成正确的历史价值观,形成学习和探究历史应具有的人文追求,树立对国家的高度认同感、归属感、责任感、使命感,以及追求国家富强、人民幸福的情感。

2. 优化了教学内容

一是根据学生年龄特征与生活经验,从学科特点出发,以学科核心素养为纲,重新梳理和安排了必修、选择性必修及选修的课程内容,既保证学生达到共同基础的要求,又实现有个性的发展。

二是重视以学科大概念为核心,使课程内容结构化,并以活动主题为引领,使课程内容情境化。例如生物学必修课程提出四个大概念,其中之一是"细胞是生物体结构与生命活动的基本单位",围绕这个大概念的学习,又提出了四个教学活动,通过活动促进学生对概念的理解和掌握。

三是重视课程内容的与时俱进,将党的十八大、十九大提出的重要思想、重要观点、重大判断、重大举措等,结合各学科的性质和特点,与课程内容有机融合,努力呈现政治、经济、文化、科技、社会、生态等发展的新成就、新成果。例如历史课程设置"改革开放新时期与中国特色社会主义进入新时代"专题;地理、生物、化学等课程要求学生树立"绿水青山就是金山银山"的理念,树立人与自然和谐共生的观念;物理课程引导学生关注宇宙学研究新进展,开展引力波讨论活动等;信息技术、通用技术、数学等课程要求学生了解物联网、人工智能、大数据处理等相关内容。

3. 补充了学业质量要求

各学科增加了"学业质量"部分,明确了学生完成本学科学习内容后,学科核心素养应达到的等级水平,提出了学业质量标准。

学业质量是对学生多方面发展状况的综合衡量,明确了新的质量观,改变过去单纯看知识、技能的掌握程度。

学业质量标准把学业质量划分为不同水平,帮助教师更好地把握教学要求,因材施教,更加关注育人目标的有效落实。

同时,学业质量要求的提出也为阶段性评价、学业水平考试和升学考试命题提供重要依据,促进教、学、考有机衔接,形成育人合力。

4. 增强了指导性

每一个学科课程标准的主题内容均由内容要求、教学提示、学业要求等部分组成,并依据学业质量要求细化了评价目标,大部分学科还增加了教学和评价案例,强化了对教材编写、教学实施、考试评价的具体指导,帮助教师准确理解和把握课程标准的要义,增强了指导性和可操作性。

此次修订是深化普通高中课程改革的重要环节,直接关系育人质量的提升。普通高中课程方案和课程标准必须在教育教学实践中接受检验,并不断完善。广大教育工作者将在过去十余年高中课程改革的基础上,在丰富而生动的教育教学实践中,不断提高课程实施水平,推动普通高中课程改革不断深化,共创中国普通高中教育的新辉煌,为实现中国教育现代化、建设教育强国作出新贡献。

二、物理学科核心素养及其研究

物理学作为自然科学的基础学科，能够直接培养学生的科学思维与创新、科学探究与激励、科学态度与责任。培养学生的物理学科素养是落实培养科学素质和核心素养的重要组成部分。2017年新颁布的《普通高中物理课程标准》，在"三维目标"的基础上提出以"核心素养"来统领，围绕核心素养的落实，对知识与技能、过程与方法、情感态度价值观三维目标进行了整合，凝练了学科核心素养，制定了学业质量标准，明确了学生完成物理学科学习任务和学科核心素养应该达到的水平。本项目在充分调研中学生物理学科核心素养培养现状的基础上，结合物理学科核心素养培育应遵守的基本原则，开展基于课堂教学的中学生物理学科核心素养培育策略和实证研究，探讨如何在物理课堂教学中有效落实核心素养培育策略，对提高教育教学质量，促进学生的全面发展有重要意义。

现有关于物理学科核心素养的研究，多为一线教师结合自己的教学活动、教学反思及对试题的分析，对物理学科核心素养及其培养进行探讨，主要表现在以下五个方面：

第一，关于物理学科核心素养本身的研究。如邢红军、张抗抗从物理教育的整体结构入手，指出物理观念远离物理知识的特点，提出不应该过分拔高物理观念教育的价值。

第二，探讨物理学科核心素养在落实中应该注意的问题。如彭前程先生指出，要使物理学科核心素养真正落到实处，新修订的课程标准不仅应该在目标、内容、实施建议等整个标准中贯彻核心素养，还应该制定出与内容相对应的"物理核心素养体系"。

第三，探讨培养学生物理学科核心素养中的教学策略。如任虎虎指出应该通过思维型课堂培育学生的物理学科核心素养，并阐述通过认知冲突和自主建构促进学生物理观念的形成、以学生的思维活动为中心促进科学思维的发展及以思维监控为手段促进物理知识和思想的内化。

第四，结合高考试题或是考试大纲，探讨了高考题中蕴含的核心素养及学科精神，指出试卷编制应该重视物理学科核心素养的落实，中学物理教育中应该重视对学生论证能力、建构模型能力、实验能力的培养。如陈海、陈丽珊选用近几年高考试题中常出现的一些典型的物理模型,从物理学科核心素养的几个维度视角进行分层研究,建构符合学生认知规律的思维与方法。

第五,简要阐述了对核心素养的理解,强调以核心素养为导向的中学物理教学应该重视物理核心概念的教学、拓展实验课程、注意实验课程的创新性、关注科研方法的使用、借助问题解决关注学生的真实情感,要重视生活现象、创设真实情境。如王高在阐述了物理学科核心素养后,强调应该创设真实情境,围绕核心素养内容展开教学;要注重提升探究能力,教给学生能带走的能力,促进物理学科核心素养的达成。

这些研究反映了专家、学者着眼于不同的方面,关于物理学科核心素养的理解与认识以及对物理学科核心素养的落实所做的思考,对物理学科核心素养在高中物理教学中的落实具有非常重要的意义。但由于大多是一线教师关于教学活动的总结,这些探讨比较零散细碎,缺乏关于物理学科核心素养细致、清晰的论述。

三、物理课标修订的主要内容和变化

课程标准是指导学校教育的基本准则。学生发展核心素养建构旨在推动教育教学改革,实现这一目标首先需要将核心素养纳入并深化到课程改革的过程中,尤其是融入新修订的课程标准中。

2017年新修订的《普通高中物理课程标准(2017年版)》课程标准对于物理课程有了不同以往的要求,相对于2013年实验版的《普通高中物理课程标准》,主要内容和变化表现在以下几个方面。

(一)课程方案的主要变化

1. 进一步明确了普通高中教育的定位

普通高中的培养目标是进一步提升学生的综合素质,着力发展核心素养。

2. 进一步优化了课程结构

将课程类别调整为必修课程、选择性必修课程和选修课程。

进一步明确了各类课程的功能定位,与高考综合改革相衔接。

(二)关于学科课程标准

1. 凝练了学科核心素养

对知识与技能、过程与方法、情感态度价值观三维目标进行了整合。围绕核心素养的落实,精选、重组了课程内容,明确内容要求,指导教学设计,提出考试评价和教材编写建议。

2. 研制了学业质量标准

明确了学生完成本学科学习任务后,学科核心素养应该达到的水平,各水平的关键表现构成评价学业质量的标准。引导教学更加关注育人目的,更加注重培养学生核心素养。

(三)模块对比分析

1. 培养目标

2003 实验版	2017 版
进一步提高科学素养,满足全体学生的终身发展需求	进一步提升学生综合素质,着力发展核心素养

2. 课程基本理念

	2003 实验版	2017 版
课程目的	提高全体学生的科学素养	注重体现学科本质,培养物理学科核心素养
课程结构	注重共同基础,体现选择性	注重基础性和选择性,满足终身发展的需求
课程内容	体现课程的时代性、基础性和选择性	注重课程的时代性,关注科技进步和社会发展
课程实施	注重自主学习,提倡教学方式多样化	引导学生自主学习,提倡教学方式多样化
课程评价	注重过程评价,促进学生核心素养的发展	更新评价观念,促进学生发展

3. 课程目标

2003 实验版(三维目标)	2017 版(核心素养)
知识与技能 过程与方法 情感、态度与价值观	物理观念 科学思维 实验探究 科学态度与责任

4. 课程结构

从新课标执行开始,高中物理将按不同情况分成不同层次。新课程结构的变化主要表现在两个方面:一是在变化前,以教材来区分必修、选修,变化后是以知识模块来区分必修、选修,划分上更加细致、科学、合理;二是新课程中必修模块为合格性考试内容,必修模块和选择性必修模块为等级性考试内容,无论是必修课程还是选修课程,都充分注重物理核心素养的达成。

必修模块:学生如果只是高中毕业,获得高中毕业证,需参加学业水平考试,其中物理学科需要学习的课程内容为必修模块,必修模块分为必修一、必修二和必修三共三本书,各占两学分。必修一的课程内容主要包括机械运动与物理模型、相互作用与运动规律。必修二的课程内容主要包含机械能及其守恒定律、曲线运动与万有引力定律、牛顿力学的局限性与相对论初步。必修三则主要包括静电场、电路及其应用、电磁场与电磁波初步、能源与可持续发展。

选择性必修模块:如果在参加高考时打算选考物理,则在必修模块的基础上还需增加选择性必修模块,即完成两个模块六本书的学习。选择性必修也分为三个模块:选择性必修一、选择性必修二和选择性必修三,其中选择性必修一的主要知识内容为动量及其守恒定律、机械振动与机械波、光及其应用;选择性必修二的主要知识内容包括电磁感应及其应用、电磁振荡与电磁波、传感器;选择性必修三的主要知识内容包括固体、液体和气体、热力学定律、原子与原子核、波粒二象性。

选修模块:对于有意愿继续发展兴趣特长或参加自主招生考试的学生,还有选修模块的三本选修内容供学生选择,即选修一、选修二和选修三。选修一为物理学与社会发展,选修二为物理学与技术应用,选修三为近代物理学初步。

图1-1是根据新修订的高中物理课程标准整理的高中物理课程结构图。

四、物理学科核心素养

物理学科的核心素养是学生科学素养的组成部分。学生在物理学科核心素养中的学习,不再只是停留于物理知识本身,而是学生在学习物理知识的

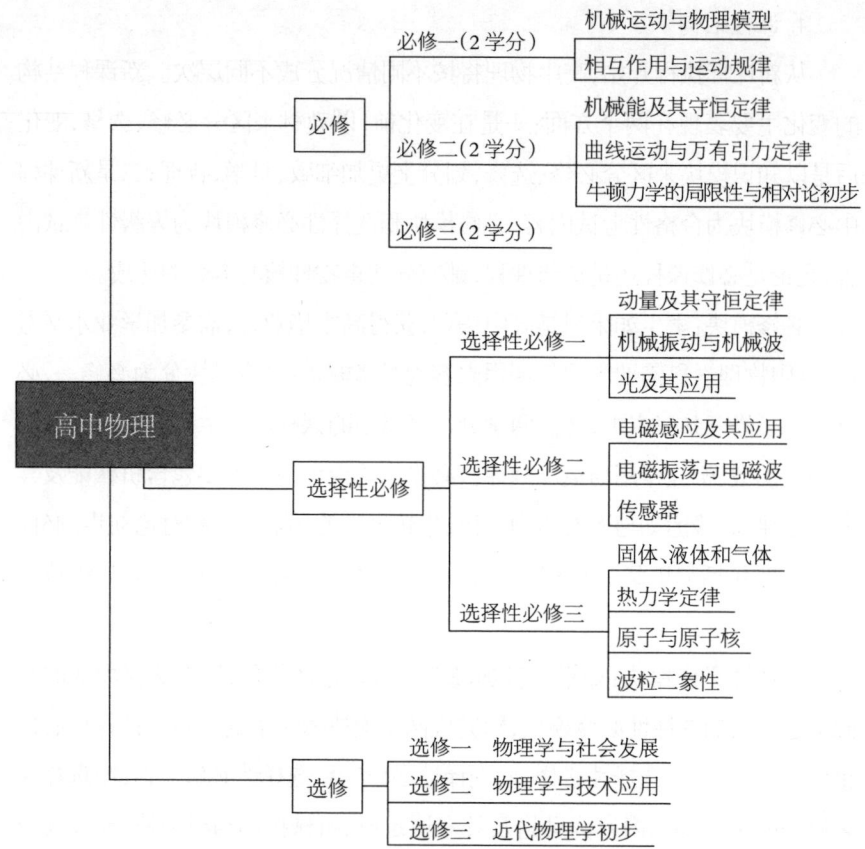

图1-1 高中物理课程结构图

过程中,逐渐提升自己终身发展的能力以及学生将来在社会中可以运用带有物理观念特征的思维去解释或解决问题。物理学科的核心素养主要有以下四个方面。

(一)物理观念

物理观念是从物理学视角形成的关于物质、运动与相互作用、能量等的基本认识,是物理概念和规律等在头脑中的提炼和升华。物理观念主要包括物质观念、运动观念、相互作用观念、能量观念及其应用等要素。

在高中学习阶段,学生学习物理,要理解物理知识,但对于学习过程,对学生以后的发展更重要。要将死的知识升华,把认识问题和解决问题的观点扎根在学生的观念中。

(二)科学思维

科学思维是从物理学视角对客观事物的本质属性、内在规律及相互关系的认识方式,是基于经验事实建构理想模型的抽象概括过程,是分析综合、推理论证等方法的内化,是基于事实证据和科学推理对不同观点和结论提出质疑、批判,进而提出创造性见解的能力与品质。科学思维主要包括模型建构、科学推理、科学论证、质疑创新等要素。

高中学习阶段,研究的问题不会独立出现,通常会有干扰条件,通过这类问题的学习,学生要具有理想模型建构的能力;通过定性、定量的推理,观察问题,灵活运用已有知识寻找规律、总结结论,要具有科学推理的能力;通过猜想,寻找合理的证据,对于一个结论的论证学习,要具有科学论证的能力;从不同角度看待问题,对于不符合实际的结论敢于提出质疑,说出自己的想法,不迷信权威,具有质疑创新的能力。

(三)科学探究

科学探究是指提出物理问题,形成猜想和假设,获取和处理信息,基于证据得出结论并作出解释以及对实验探究过程和结果进行交流、评估、反思的能力。实验探究主要包括问题、证据、解释、交流等要素。

在高中学习阶段,学生要具有科学探究与交流的能力,能在大量的信息中发现问题,并基于现象作出合理的猜想,全面思考设计出具有实施性的实验方案并准确实施,及时记录相关数据并作出正确分析,可以解释实验结论和存在误差,作出反思,提出改进实验意见。在探究过程中,要主动与他人合作,互帮互助,懂得交流。

(四)科学态度与责任

科学态度与责任是指在认识科学本质,理解科学、技术、社会、环境关系的基础上,逐渐形成的对科学和技术应有的正确态度以及责任感。科学态度与责任主要包括科学本质、科学态度、科学伦理、STSE 等要素。

在高中学习阶段,学生能认识科学本质;面对提出的结论,无论多少人、多么权威,敢于质疑,实事求是,必须提出严谨的证据来证明结论,具有真正的科学态度;理解科学、技术、社会、环境之间的关系,时刻保持对科学、社会的责任感。

第二章 物理基础教育教科书的比较研究

教科书是指在一定教育理念指导下,为满足学生学习需要而编写的教学用书。它是学科知识的重要载体和课堂教学活动的重要组成部分,是学生学习和教师教学的重要依据。为适应不同地区文化、教育水平的差异,我国新课程改革鼓励不同地区编写和使用不同的教科书。纵观课程改革发展历程,我国教科书改革经历了传统的"一纲一本""一纲多本",直到实施新课程改革以来的"一标多本"。[①]教科书之间的这种良性竞争,又促进了课程改革的健康发展。

初中物理教科书体现物理基础知识的本质和科学思想,是承载初中物理知识内容的工具,是初中物理教学的主要依据和师生学习的基础,在教师备课和编写教学设计等教学实践中都起着非常重要的作用。我国现行的初中物理教科书是依据国家《义务教育物理课程标准(2011年版)》编写而成的,主要有人民教育出版社(人教版)、北京师范大学出版社(北师大版)、教育科学出版社(教科版)、上海科学技术出版社(沪科版)、江苏科学技术出版社(苏科版)等出版的不同版本。各版本教科书编写风格不一,各具特色。

教科书的分析和研究是教育研究的重要问题之一,是实现教学过程最优化的重要内容和手段。[②]毋庸置疑,研究国内初中各版本教科书的特色,选择适合自身特点的教科书,对提高学生学习效率、增强教师教学效果、提高教学质量有重要作用。不同版本的教科书,特点各不相同。比较研究不同版本的教科书,确定其相同性、差异性和编写特色,有助于选择更适合学生学习需要和

[①] 朱俊. 初中物理新课程标准教科书比较研究——以人教版、沪科版、苏科版为例[D]. 合肥:安徽师范大学,2014.
[②] 廖伯琴. 物理教育学[M]. 北京:高等教育出版社,2012:97.

教师教学的教科书,最大化地增强物理课堂的教学效果。

第一节　物理基础教育教科书整册比较研究

本节以人教版和苏科版的义务教育八年级物理上册为研究对象,采用内容分析法和比较分析法,从内容设置、编排体系、栏目和插图等方面,详细比较分析两个版本教科书的知识内容、实验设置、课堂例题、课后习题、章节编排、栏目和插图设置等,讨论两个版本教科书编写的内容、结构、栏目、特色和优点,并提出了对教科书编写的思考,以期为教师选择教材提供借鉴。

一、内容设置的比较与分析

（一）知识内容

1. 知识内容的选取

由于物理自身的学科特征,人教版和苏科版八年级物理上册教科书都从声、光、物态变化及物体运动这四方面构成相应知识主线,其中人教版还单独涉及质量与密度。图2-1给出的是两个版本教科书的知识点内容比较。可以看出,两个版本的教科书在知识点的选择上重视知识内容选取的基础性,都选择了基础物理学中核心的有生命力的基础知识,并且大部分的内容选择是相同的,只有少许内容略有不同。其中相同的知识点:长度和时间的测量,速度,运动的相对性;声音的产生与传播,声音的特性,声的利用,噪声的危害和控制;温度,汽化和液化,熔化和凝固,升华和凝华;光的直线传播,光的反射,平面镜成像,光的折射,光的散射,透镜,凸透镜的成像规律,眼睛和眼镜,显微镜和望远镜。不同的知识点:人教版教科书在测量模块增加了"测量平均速度",在透镜模块增加了"生活中的透镜",另外还单独涉及"质量与密度";而苏科版教科书只在光现象模块增加了"颜色"。

通过对比分析可以看出,在基本知识点的选取上,苏科版教材和人教版教材均依据义务教育物理课程标准的知识内容安排,选择贴近学生实际生活且符合该年龄阶段学生的认知能力的基本内容,这有助于在课堂教学中培养学生科学探究的能力。尽管在知识点的选取上差别不大,但由于教科书的编

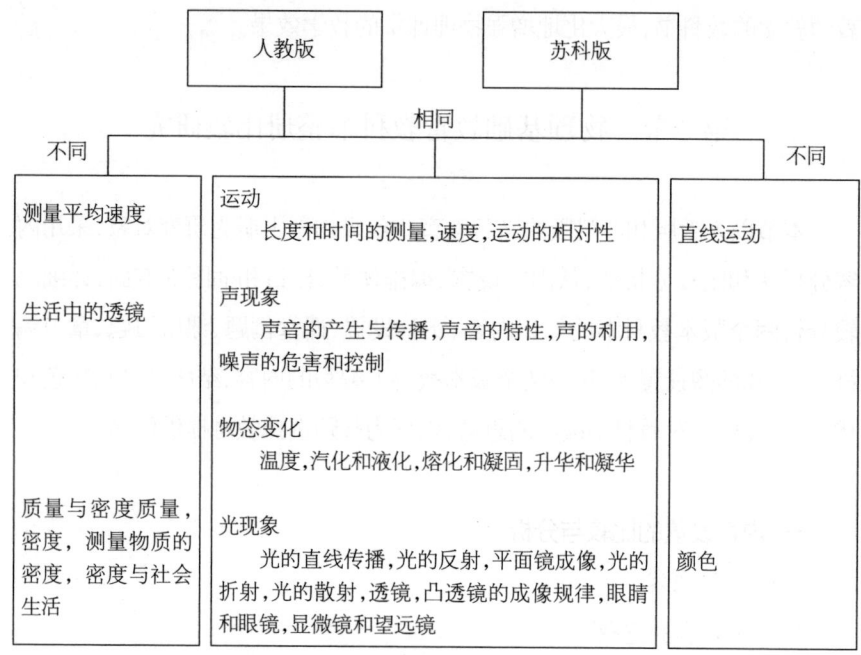

图 2-1　两个版本教科书的知识点比较

者看待和思考问题的角度不同，所以两个版本的教科书在知识内容的呈现顺序上有一定差异。

2. 知识内容的呈现

在知识内容的呈现方式上，两个版本的教科书都突出知识内容的时代性，拓展学生对物质世界的认识。教科书关注物理学科和科学技术的发展，以呈现科技进步带来的社会热点问题等方式，反映学科发展、科技进步及所引起的社会变革。如通过可持续发展、全球节电、环境保护等内容，引导学生关注和参与社会实践，增强社会责任意识，培养学生的社会主人翁意识和责任意识。同时，两个版本的教科书还重视体现知识内容的人文性和综合性，以及物理学科与其他学科的内在联系。如学习了声音的相关知识后，在拓展部分引入了耳朵的结构和人听到声音的整个过程，将物理学和生物学知识很好地衔接起来，体现学科的融合交叉。另外，在苏科版中的"WWW"课外实践与联系栏目设计中，还安排了我国古代诗词语句中所蕴含的物理知识，在学生理解和掌握物理学科知识的同时渗透中华优秀传统文化，增强文化自信。

(二)实验设置的比较与分析

1. 实验类型设置

在基础物理学习阶段，实验主要有验证性实验和探究性实验两种类型。验证性实验的主要目的是用于检验和证实物理规律、结论等知识的正确性，同时通过实验加深学生对基本原理及规律的理解，帮助学生巩固学习内容。但由于验证性实验的验证特性，学生的创新思维能力在实验过程中无法得到充分培养，而探究性实验在培养和提高学生创新思维能力方面具有显著作用。所以，依据新课程标准，两个版本的物理教科书在实验类型设置上均减少了验证性实验，增加了探究性实验。

在人教版八年级物理上册的教科书中，基本每一小节都安排了相应的探究性实验，而且标题直接标示为"实验"。实验引导学生从探究性实验的七个环节，即提出问题—猜想和假设—制订计划和设计实验—实验和收集证据—分析和演示—评估—沟通和合作入手实施实验。在设计探究性实验时，人教版教科书并非每个实验都体现探究性实验的七个环节，而是分别在不同的章节有侧重地设计了几个主要环节，每章的探究活动相应地突出科学探究的某个环节。只有在第四章"熔点和沸点"的探究实验中，从探究性实验的七个方面体现了科学探究的七个环节，体现出了一定的灵活性（见表2-1）。另外，人教版教材除了科学探究外，还编排了很多趣味性很强的演示实验，如真空罩中的闹钟、声音的波形、扬声器旁的蜡烛等。

苏科版教科书在实验设置方面，主要是让学生通过自己动手实验探究得出结论，从而达到培养学生自主探究能力的目的，因此苏科版教科书的实验设置多数是以"学生实验"的方式呈现。实验的实施过程也是引导学生从探究性实验的七个环节入手开展实验探究的，如在第三章第四节中的"实验探究平面镜的成像特点"。而对于难度较大的实验，苏科版教科书多数以"活动"的方式呈现，主要包括演示实验、自主实验、讨论等，如第二章第五节的"观察'碘锤'中所发生的物态变化"以及在第四章第五节中要求自己动手模拟探究近视眼的缺陷等。

2. 实验数量和呈现方式

两个版本教科书的物理学科知识呈现都基于实验。但人教版教科书中的

表 2-1　人教版教材中的科学探究内容

探究内容	探究点拨
用刻度尺测量长度	进行实验,收集证据
用停表测量时间	进行实验,收集证据
测量物体运动的平均速度	进行实验,收集证据
用温度计测量水的温度	评估
探究固体熔化时温度变化规律	全部环节
探究水沸腾的特点	分析与论证
探究平面镜成像的特点	制订计划、设计实验 进行实验,收集证据
探究光反射的规律	分析与论证
探究光折射的规律	分析与论证
凸透镜成像的规律	制订计划、设计实验 进行实验,收集证据
用天平测量固体、液体的质量	进行实验,收集证据
探究同种物质的质量与体积的关系	评估
测量盐水与小石块的密度	进行实验,收集证据

实验数目相对较少,而苏科版教科书中的实验相对较多,且设计较为灵活,与生活联系紧密。苏科版教科书在实验安排上不太注重大型实验的设计,反而选用一些取材简单、设计方便、现象明了的小实验来激发学生的好奇心。除了演示实验和学生实验外,还利用小栏目"活动""综合实践活动"准备了一些小活动用来巩固所学的物理知识。

　　苏科版的教科书共设计"活动"31 个。如在学习了"水循环"之后,在《水循环示意图》中让学生填上相应的物态变化;学习了"透镜",让学生自己总结区别凸透镜和凹透镜不同的方法;在学习了"显微镜"后,学生可以自己在家里制作水滴显微镜等。整本书共设计"综合实践活动"三个,即"比较材料的隔声性能""用电冰箱研究物态变化现象""探究树荫下的光斑"。这些实践活动,都有很大的灵活性和开放性。用学生日常生活中的物品做不同的实验,能使学生更容易地体会到物理就在身边,激发学习兴趣,如用水和激光笔就可以做光传播的实验等。而且,通过这些教科书上没有出现的工具,激发学生的创新思维能力,可以让学生思考:这个工具还可以用来做哪些实验。

人教版教科书在"想想议议"栏目中也设置了一些小实验。例如,如何利用一个空罐做小孔成像的实验,简单描述其实验步骤,并仔细观察实验现象,最后总结小孔成像的特点。人教版教科书在实验设计上同样立足于简单性和实用性,但是实验的设计较为传统,与相应章节的教学内容联系紧密。在实验与信息技术结合方面,人教版教科书在实验设计中引入了较多的先进实验设备,体现了学科与信息技术的融合思想。如在探究音调与频率之间关系的实验中,教科书向学生介绍了示波器,引导学生通过直观观察不同频率的波形图理解相应的知识点。

(三)课堂例题的比较与分析

例题不仅能起到复习和巩固知识的作用,而且能起到纠正和规范学生作答的作用,因此,例题的选择也是教科书编写时需要考虑一个重要方面。例题的选择要严谨,做到难度适宜、有代表性。对于例题的解题过程,需要以规范的标准书写格式呈现出来,帮助规范和纠正学生的解题习惯。解题过程应当逻辑严密、思路清晰,从而培养学生的物理逻辑思维能力。

对于相关知识点对应的物理公式,学生能够通过一两道例题的学习达到熟悉公式的作用。在例题数量上,两个版本教科书的例题数量差别较小,都集中于机械运动这一章,如图2-2所示。如苏科版教科书在给出速度公式后,安排两道计算速度的例题。适量的例题学习,有助于学生巩固所学的知识,规范学生的解题习惯。

在例题难易程度方面,因为例题能够帮助学生巩固新知识,所以两个版

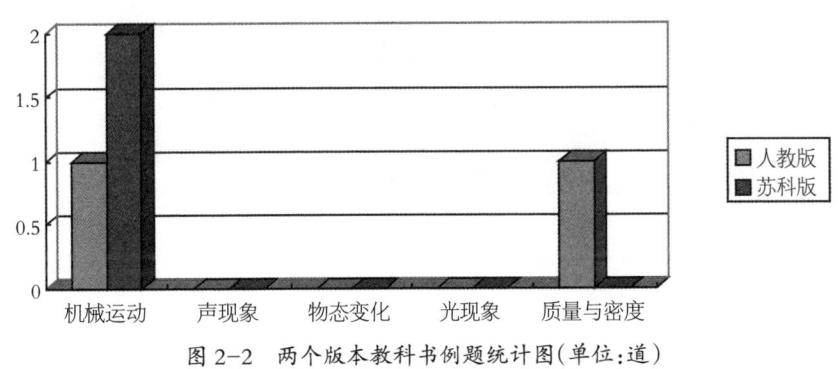

图2-2 两个版本教科书例题统计图(单位:道)

本的教科书在选择讲解例题时,都选择了难度应适中的例题,以此来提高学生学习物理的积极性。在相应章节的例题选择上,两个版本教科书选择的例题,都可以运用本节所涉及的最基本的公式进行解答,使学生在课堂上能够直接掌握最基本的知识点,并且一题多解,达到举一反三和培养学生创新性思维能力的目的。

(四)课后习题的比较与分析

习题是教科书的有机组成部分。在物理学科知识的学习中,习题训练也是关键所在,通过训练可以使学生掌握物理知识和技能,形成物理观念,培养科学思维,达到内化科学态度和责任。两个版本的教科书在一节内容结束后基本都设计和安排了一定数量的练习题,人教版的习题栏目称为"动手动脑学物理",而苏科版的习题栏目称为"WWW",但两个版本教科书在章节最后都没有编写相应的复习题。①

1. 习题类型设置

图2-3给出的是两个版本教科书的习题类型及数目统计比较。在系统数量上,人教版教科书共有107道习题,苏科版教科书共有86道习题,习题数量都比较多,人教版的习题数总量略高于苏科版。在题型设计上,两个版本教科书的习题类型都较为丰富,具有多样性的特点,且主观性题目数量较多,客观性题目数量较少,其目的在于引导学生进行自主探究。另外,两个版本的教科书共设计了七种题型,除了常见的作业本上的作业题目以外,都增加了

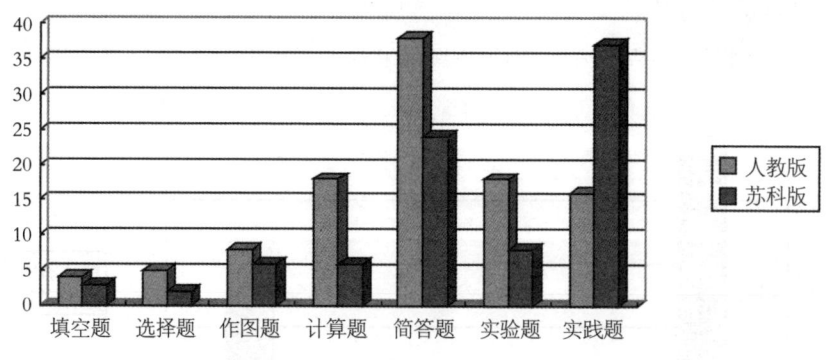

图2-3 两个版本教科书的习题类型及数目统计图(单位:道)

---

① 黄洋. 初中物理教科书的比较研究与启示[J]. 湖南中学物理,2016,5(1):25-29.

一些需要学生亲自动手实验、研究探索的实践性习题。如通过网络、图书馆等查找资料学习相关物理学知识,撰写调查报告、物理小论文或进行相关实验的创新设计等,有利于培养学生的自主学习能力和创新能力。

2. 习题素材选择

两个版本的教科书在习题内容素材的选择上,均注重从生活实际入手选择素材,让学生在进行习题训练时体会物理来源于生活的理念,并且在学会相应知识后,具有将物理应用于社会实践的意识,体现"从生活走向物理,从物理走向社会"的新课程基本理念。在习题内容素材的选择方面,苏科版教科书的习题设计特色较为明显,贴近生活实际,使学生能够认识到物理知识来源于生活,从而进一步理解这些知识的价值,激发学生的学习兴趣,培养学生运用知识解决实际生活问题的能力。

二、编排体系的比较与分析

(一)章节总体编排体系

1. 体系的基本构成单元

人教版和苏科版义务教育八年级物理教科书在结构上都采用章节形式,并且在章末尾都有相应的知识点小结。其中人教版教科书的栏目是"学到了什么",而苏科版教科书的栏目是"知识梳理"。但是苏科版在章节结束时增加了"信息库",将本章涉及的拓展知识全部汇总在"信息库"中。另外,在义务教育八年级物理上册教科书中,人教版教科书所涉及的知识点和章节多于苏科版教科书。

2. 章导入方式

就每一章的导入风格而言,两个版本的教科书都以如何激发学生的学习兴趣为目的,但在表现形式上略有不同。人教版教科书在每章开头都配有与章节内容相关的插图,插图旁边有与章节内容、插图有关的文字,以此来激发学生的学习兴趣。苏科版教科书同样在每章开始也配有一幅与章节内容有关的彩图,彩图旁边除了有与章节内容有关的文字外,还注明了本章的每小节标题,使学生在学习内容时,提前明确自己的学习方向。苏科版教科书的安排展示出了很强的方向性,既能够引导学生学习新知识,又能调动学生学习的积极性。

3. 章节编排顺序

表2-2给出的是人教版和苏科版教科书章节内容安排顺序比较。可以看出,两个版本都依据初中生在该年龄阶段的认知水平和对物理现象的了解程度,在八年级物理上册教科书刚开始接触物理学科知识时,安排了一些比较容易理解、趣味性强的内容。如把速度、运动、声、光、物态变化等知识安排在教科书的前面,以激发学生的学习兴趣。尽管两个版本的教科书在知识点的选取上没有较大差别,但在每个模块的编排顺序上存在一定的差异。

人教版教科书按照"运动—声—物态变化—光—透镜—质量与密度"的顺序编排,先从物理中最基本的实验——测量开始,探究常见的运动现象,再到生动有趣的物理现象,这种安排符合初中学生的认知习惯。

苏科版教科书按照"声—物态变化—光—透镜—运动"的顺序编排,在一开始就注重培养学生的兴趣,从生动趣味性强的声、物态变化、光等物理现象开始学习,最后再学习运动。编排顺序注重培养学生学习物理的兴趣,弱化学科知识的认知顺序。比如在学习声、光现象的时候,会涉及后面运动学中"速度"知识,在做题理解的同时需要用到未学过的知识点进行辅助解答,这一难点在学生学习和教师的教学中要注意予以克服。

表2-2 两个版本教科书章节内容安排顺序比较

人教版	苏科版
致同学们　科学之家	致同学们　引言
第一章　机械运动	第一章　声现象
第二章　声现象	第二章　物态变化
第三章　物态变化	第三章　光现象
第四章　光现象	第四章　光的折射　透镜
第五章　透镜及其应用	第五章　物体的运动
第六章　质量与密度	

(二)章节中小知识点的编排

人教版和苏科版教科书在小知识点的编排上存在较大差异。以光学知识为例,人教版先从光的直线传播开始了解光,再讲光的最基本定律——光的反射,随后紧接着安排光反射的具体应用——平面镜成像,反射结束后会自然过渡到两种介质中光的折射,接下来是折射应用——透镜及其应用。这样从一个知识点自然过渡到下一个知识点,相对紧凑并且逻辑性较强,符合学生的认识规律。[①]

苏科版教科书以学生对知识感兴趣的程度进行编排,从光的色散、物体的颜色、看不见的光开始,再到光的直线传播、平面镜、光的反射等内容,打乱了光现象的知识体系。到了光反射的知识点上,先安排了光反射的应用,再进行光反射的讲解。这种安排顺序能有效地激发学生的学习兴趣和学习动力,弱化教学和学习时知识体系的认知过程,因而学生在构建自己完整的知识体系时要注意克服。

因此,人教版教科书的知识点编排顺序符合认知习惯,有利于学生对知识的理解和掌握;而苏科版教科书的编排顺序注重学生的学习兴趣,能更有效地激发学生的学习和求知欲望。

三、栏目和插图的比较与分析

(一)栏目设置

教科书的栏目也是体现教科书编写理念与特色的一个重要方面。人教版和苏科版八年级物理上册教科书在栏目设置上数量相近(见表2-3),二者都打破了传统的教科书编排,不再是单纯地以文字形式呈现知识,而是利用独具特色的栏目设计来推动物理教学过程中的学与教,都穿插了创新性的设计。不同的栏目发挥不同的作用,但是,不管栏目如何变化,都将教育目标融合在内。教师在教学实践中,只要能合理利用各个栏目,充分发挥各栏目的教学功能,就能使学生的认知能力得以发展。

1. 实验栏目

人教版在实验栏目设置中安排了三个与实验有关的栏目,其中有两个栏目"演示"和"实验"要求课内进行,另外一个栏目"想想做做"具有开放性,可以在课外进行。"演示"一般设计的是比较基础、简单的实验演示过程。"实验"

[①] 徐燕,伏振兴,李兆义.信息技术与现代教育手段[M].银川:阳光出版社,2018:60-64.

表 2-3 两个版本教科书栏目设置统计

人教版	苏科版
演示	活动
实验	学生实验
想想议议	方法·技巧
想想做做	信息快递
科学世界	生活·物理·社会
小资料	WWW
STS:科学·技术·社会	信息库
动手动脑学物理	小结与评价
学到了什么	

则侧重于相关实验探究的环节，注重学生的探究过程，引导学生通过观察实验、记录现象，从而在教师的问题引导下思考该现象产生的原因。由于新课标强调科学探究能力的培养，因此"演示"和"实验"栏目受到师生的高度重视。"想想做做"所设计的活动大多是在课外进行的探究，利用生活中常见的一些小物品，让学生自己动手做小实验，并从中发现学习和生活的乐趣。由于此类活动具有很强的开放性，大多学生对此类实验比较感兴趣，教师可以利用学生对此类实验的兴趣，引导学生利用课余时间积极有效地完成这些小实验，如制作小孔成像仪，利用近视与老花镜片制作望远镜等，激发学生学习物理的兴趣。

苏科版在实验栏目设置中安排了两个与实验有关的栏目，即"学生实验"和"方法·技巧"，教科书在编排过程中将教师和学生的实验都归于"学生实验"这个栏目，并在设计实验时注重"以学生为主"的科学探究思想，而教师在学生实验的过程中充分利用"方法·技巧"栏目，引导学生进行实验。

2. 信息栏目

由于新课标下的教科书容量较大，因此两个版本的教科书都以信息栏的形式介绍更多的知识、材料和物理学史等。人教版教科书安排了"小资料""科学世界"和"STS:科学·技术·社会"三个栏目，苏科版教科书安排了"生活·物理·社会""信息快递"和"信息库"三个栏目。人教版教科书所安排的信息栏目多于苏科版教科书,信息量更大。这些栏目既提供了丰富的趣味性强的资料,又使学生在完成必需的学习任务的同时,开阔了学生的知识视野,使学生更好地理解物理的美妙和魅力。"科学世界"的安排独具特色,在欣赏中国古代诗歌传统文化的同时,在物理教学过程渗透了人文精神。"STS:科学·技术·社会"结合社会事实,扩大课堂以外知识的获取量,同时,也能引导学生主动获得信息并积极学习。

3. 活动栏目

在学生相应的活动栏目安排方面,人教版教科书设计了"想想议议"栏目。栏目活动都在课堂上组织,可以通过小组讨论引入新课,或者通过讨论达到巩固新知的目的。在实践教学当中,这种方法不仅能轻松课堂气氛,而且可以调动学生学习的积极性。苏科版教科书在"活动"栏目里安排了各式各样的学生活动:有观察,如观察水的三态及其特征;有制作,如自制水滴显微镜;有探究,如模拟探究近视眼的缺陷等。从苏科版教科书这些独特的实践活动,可以看到编者希望通过这些栏目引导教师从应试教育向素质教育转变,通过这种栏目形式来培养学生的质疑意识及发散性思维。

(二)插图设置

教科书中的插图包括图画、照片、图标等多种形式,是教科书文字之外的一种信息表达系统。好的插图内容高度凝练、信息量大,能够提供语言文字无法描述的内容,或者将复杂的概念生动地形象化和视觉化,从而有效刺激大脑思维,促进学生对学习内容的理解和掌握。人教版和苏科版教科书均图义并茂、版式新颖,其中人教版教科书中的图由 7 幅章导图和 188 幅其他插图组成;同样,苏科版教科书中的图由 6 幅章导图和 241 幅其他插图组成(见表 2-4)。

表 2-4　两个版本教科书插图数量及种类统计

	人教版	苏科版
数量(幅)	195	247
种类	卡通、照片	卡通、照片、漫画

在章导图方面,两个版本的教科书在每章的章节标题下都设计了一幅比较大的插图作为章导图。章导图在内容设计上与该章学习内容密切相关,能

够起到很好的章节导入作用。人教版教科书的章导图在设计上贴近章节内容,能充分调动学生学习的积极性。

在插图数量上,两个版本教科书的插图数量均较多(见表2-4)。当代认知心理学研究表明,视觉对儿童的刺激约占各种感官刺激的70%。[1]因此,儿童在学习知识时,通过视觉刺激,可以帮助他们理解所学内容。这两个版本教科书正是抓住了这一点,用大量直观的插图来代替文字描述,贴近学生的年龄和思维,更容易激发学生的学习兴趣。[2]

在插图种类上,两个版本教科书包含各种插图,有漫画、卡通等。苏科版教科书中的插图数量多于人教版教科书,有些贴近生活的照片,生动活泼,并且大多数插图以卡通的形式呈现,能够引起学生学习探究的兴趣。在生活中,一些不太常见事物的照片,以卡通的形式呈现,可以给学生带来较为强烈的震撼,比如苏科版教科书水循环一节中配有自然环境中水循环的卡通图。而人教版教科书的照片数量多于苏科版,多以展现实验现象、物理现象和特征、物理仪器的使用方法和构造特征及解释物理现象为主,安排了许多物理情境,主要用来培养学生的形象思维能力,将难点内容具体化、简单化,有助于学生对学习内容理解和掌握。

四、对教科书编写的思考

(一)难度宜浅,知识面宜广

依据义务教育物理课程标准,两个版本的教科书都精选了对学生终身有益的基本物理知识,涉及的知识范围较广,内容相对简单易懂。这样的安排符合初中生思维发展特征。如果教科书难度较大,会影响学生的学习兴趣和学习热情。因此,初中物理教科书的编写应该宽泛,基本要求不能太高。应以激发学生对物理学习的兴趣为主,保持他们对知识的渴望,让热爱自然科学的学生将来有机会在这个领域更加深入的学习。

---

[1] 梁照成. 初中物理教学人文基础的研究[D]. 广州:广州大学,2011.
[2] 牛明月. 基于科学素养的初中物理教材分析[D]. 西安:陕西师范大学,2013.

(二)重视非智力因素的培养

对于初中生的心理发展,不仅要注重智力发展,而且要注重其非智力因素的发展。非智力因素对人的行为和认识起到一种调节、导向和控制的作用,比如在学生学习中起到动力作用的因素还有情感、意志和兴趣等。所以,将非智力因素的培养加入初中物理教科书的编写是很有必要的,而两个版本的教科书都提到了激发学生的学习兴趣。人教版教科书设置了"科学世界""STS:科学·技术·社会";苏科版教科书设置了"生活·物理·社会""信息快递""信息库"等栏目。而科学态度与责任,两个版本的教材在很多章节中都有反映,如教科书涉及宇宙飞船、运动会、我国运动员夺金等内容。

(三)注重科学方法的培养

虽然物理知识的讲授是物理教科书编写中的重点,但科学思维的培养也是不容忽视的。要将发现问题、分析问题以及解决问题的逻辑思维和科学研究方法纳入物理教科书内容的编写中。而对于这方面的培养,在这两个版本教科书中都有相应的涉及。而在苏科版教科书中有"方法·技巧"这样的栏目,引导学生在相应的物理实验中注重科学方法的掌握。

(四)注重培养和发展学生的创新能力

在编写初中物理教科书的过程中,必须注意培养和发展学生的创新能力,尽管教师在教学过程中会教给学生,但是教科书中还是应该提到。创新能力中包含求新、求异的精神,而这种精神的培养却是我们教育中所欠缺的。物理教科书在习题内容的编写上应多设计些开放性的训练。苏科版的习题安排得很好,其中开放性的实践题有 37 道,引导学生进行发散性思维,得出自己的结论,以此培养学生的创新能力。

通过对人教版和苏科版两个版本初中物理教科书的对比及分析,可以看出,两个版本教科书在编写中各有优缺点,同时各有侧重点。为了使教学能提高教学的有效性,应从以下两个方面考虑:第一,综合利用多种物理教学资源。通过对比,可以发现每本教科书都有自己的特色,在教学过程中,仅参考一种教科书,会有一定的局限性,知识或方法都是不完整的。所以在教学过程中,综合利用多种物理教学教科书,可以取长补短、完善不足。第二,提升教师的专业技能。有好的教科书也需要教师具备一定的专业技能传授给学生,所以要注重提高教师的专业技能，以达到充分发挥教学资源的目的。教师在教学中可以根据所研究的结果和学生相应的接受水平，选择合适的教科书，并借鉴其他教科书的优点，使教学过程更符合学生的认知规律。我国地域辽阔，教科书的多样性有利于不同地区根据自身实际选择适当的教科书，另外教师也可以选择不同的教学资源作为参考，最大化地提高教学效果。同时，教科书作为最重要、最基本的课程资源之一，其多样性的良性竞争，能够提升教科书的编写质量，优化学生学习和教师教学资源。

第二节　物理基础教育教科书知识模块比较研究

本节以人民教育出版社(简称人教版)、司南版、广东教育出版社(简称广东版)物理必修一和必修二两个模块为例，通过内容分析法，对三个版本教科书从知识结构体系、教科书栏目设置、实验探究内容、教科书图像系统以及课后习题设置等方面进行比较，得到不同版本课程标准实验教科书的共同特点和各自特色，通过文本分析法，对三个版本的课程标准实验教科书"自由落体运动"一节从知识内容方面进行比较，在一定程度上反映了三个版本课程标准实验教科书编写的特点，不同版本教科书均注重对学生学习和探究能力的培养，注重物理学与生产、生活以及社会的联系，均体现了知识与技能、过程与方法、情感态度与价值观的三维培养目标。最后对各个版本的教科书进行分析总结。

一、不同版本高中物理教科书必修模块比较

(一)知识体系比较

为了便于比较高中物理教科书内容的总体结构，表2-5、表2-6、表2-7分别列出了三个版本课程标准实验教科书所选的一级知识点和二级知识点。

表 2-5 各版本必修一知识内容比较:运动的描述

人教版		司南版		广东版	
一级知识点	二级知识点	一级知识点	二级知识点	一级知识点	二级知识点
机械运动 质点 参考系 坐标系		机械运动 参考系		机械运动 质点 参考系	
时间	时刻和时间间隔	坐标系	一维坐标系 二位坐标系	时间	时间和时刻
位移	路程和位移	时间	时刻和时间间隔	路程和位移	
矢量和标量		质点、位移 标量和矢量		速度	平均速度的定义和表达式 瞬时速度的定义
速度	坐标与坐标的变化量 速度的定义与表达式 平均速度和瞬时速度、速度和速率 v-t 图	速度	平均速度的定义和表达式,瞬时速度的定义,瞬时速度测量装置	加速度	平均速度的定义和表达式 匀速直线运动的定义
加速度	加速度的定义与表达式 v-t 图	加速度	加速度的定义与表达式	自由落体	探究亚里士多德的观点的对错,实验研究自由落体运动重力加速度,自由落体运动的 v-t 公式 s-t 公式
匀变速直线运动	匀变速直线运动的定义 v-t 图,v-t 关系公式,s-t 图,s-t 关系公式	匀变速直线运动	匀变速直线运动的定义 v-t 图,v-t 关系公式,s-t 图,s-t 关系公式 a-t 图像,s-v 公式	匀变速直线运动	匀变速直线运动的定义 v-t 图,v-t 关系公式,s-t 图,s-t 关系公式 匀变速直线运动与安全驾驶
自由落体	自由落体的定义,自由落体加速度,不同地点加速度值的大小,亚里士多德关于自由落运动	自由落体运动		自由落体的定义和特点,重力加速度,亚里士多德关于自由落运动的观点,伽利略探究自由落体运动	

表2-6 各版本必修一知识内容比较:相互作用与运动规律

人教版		司南版		广东版	
一级知识点	二级知识点	一级知识点	二级知识点	一级知识点	二级知识点
重力基本相互作用	力和力的图示,重力的定义及重力与质量的关系,重心,四种基本相互作用	重力	力的图示,重力的定义,测量重力的工具,重力与质量的关系,重力加速度、重心	弹力	生活中的各种形变、弹性、弹性限度、弹力方向、胡克定理
弹力	形变,弹力,弹性限度的定义,几种不同的弹力,胡克定律	弹力	生活中的各种形变,弹性限度,胡克定律,应用	摩擦力	滑动摩擦的定义表达式,方向,动摩擦因数,静摩擦力的定义、方向
摩擦力	摩擦力的定义,静摩擦力的定义、大小和方向,动摩擦力因数	摩擦力	探究滑动摩擦力的定义和表达式,方向 静摩擦了的定义和表达式、方向 实验测量最大静摩擦力 摩擦力的调控	力的等效和替换力的合成与分解的定义	力的图示、力的替换 力的合成与分解的定义
力的合成与分解	合力、分力、力的合成、力的分解定义,平行四边形定则,共点力的定义,矢量相加法则	合力与分力	共点力、力的合成定义平行四边形定义、力的作用效果、分力、力的分解的定义、力的正交分解、应用	力的合成与分解	平行四边定则,合力的计算,分力的计算
牛顿第一定理	亚里士多德的观点,伽利略的理想实验,笛卡尔的观点、牛的总结为惯性定律、惯性与质量	力的平衡	生活当中的力的平衡现象,力的平衡条件、平衡的种类与稳度、应用	共点力的平衡	生活中的共点力现象、平衡条件
牛顿第二定律	探究加速度、力和质量的关系,牛顿第二定理的定义和表达式,力的单位	牛顿第一定律	亚里士多德的观点,伽利略斜面理想实验,牛顿的观点,力与运动的状态,牛顿第一定律的定义、惯性	牛顿第三定律	作用力反作用力的定义、牛顿第三定律的定义

续表

人教版		司南版		广东版	
一级知识点	二级知识点	一级知识点	二级知识点	一级知识点	二级知识点
力学单位制	基本量,基本单位,导出单位、单位制、国际单位制的定义	牛顿第二定律	探究加速度与力、质量的关系,牛顿运动第二定律的定义和表达式,力学单位制	牛顿第一定理	伽利略的理想实验,牛顿总结牛顿第一定律
牛顿第三定理	作用力与反作用力表现,牛顿第三定律的定义,用生活中的例子来证明	牛顿第三定律	作用力与反作用力,物理质量的关系,实验探究得出结论	牛顿第二定理	用生活实例说明加速度

表 2-7 各版本必修二知识内容比较：机械能和能源

人教版		司南版		广东版	
一级知识点	二级知识点	一级知识点	二级知识点	一级知识点	二级知识点
守恒量	能量、势能、动能的定义	机械功	机械功的含义,机械功的计算	功	功的表达式、正功和负功
功	功的定义和表达式,正功和负功	功和能	机械功的原理,做功和能的转化	动能势能	动能的表达式、重力势能的表达式、弹性势能
功率	功率的定义,功率与功的关系、额定功率和实际功率,功率和速度的关系	功率	功率的含义,功率与力、速度的关系	动能定理	动能定理表达式
重力势能	重力做功与重力势能的关系,重力势能的表达式,重力势能的相对性,势能是系统所共有的	人和机械	功率与机械功率,机械的使用	机械能守恒定律	机械能概念,动能和势能的相互转化,机械能守恒定律的理论推到,实验验证机械能守恒定律
弹性势能	弹性势能的定义,探究弹性势能的表达式	动能势能	动能的表达式、势能的表达式、动能的改变、势能的改变	能量守恒定律	能量的分类,能量的转化,能量守恒定律的表述,能量转化和转移的方向性,功率的表达式,功率与能量的关系

续表

人教版		司南版		广东版	
一级知识点	二级知识点	一级知识点	二级知识点	一级知识点	二级知识点
动能	动能表达式、动能定理的定义和应用	能量守恒定律	能量守恒定律的定义 永动机不可能成功	能源的开发与利用	能源的分类 能源危机与环境污染未来的能源
动能定理	动能与势能的相互转化	能源与可持续发展	能源有哪几类、能量的耗散、新能源的开发、可持续发展		
机械能守恒	机械能守恒定律的定义 能量守恒定律的定义				

根据以上表格,我们可以看到这三个版本的课程标准实验教科书存在着知识内容的差异。

人教版没有编排"物体的平衡""相对论"和"量子论初步",其他版本均有相应的描述。广东版选择的二级知识点比较多,选择了时空观、基本假设、基本推论、能量子假说和光谱等内容。但总体来说,三个版本课程标准实验教科书的知识内容没有太大的差异。

人教版选择的一级知识点和二级知识点稍微多一些。除了相对论和量子论两个知识点,别的版本选择的知识点基本上人教版都包括了。如人教版选择了守恒量、势能是系统所共有的、太阳对行星的引力、行星对太阳的引力、太阳与行星间的引力等。这些知识点不是每个版本的教科书都选择了的。

司南版的知识点讲得比较细致。如讲坐标系时分为一维坐标系和二维坐标系,讲瞬时速度时介绍了瞬时速度测量装置,讲重心时介绍了重心在生活中的应用,讲摩擦力时介绍了摩擦力的调控等。

(二)栏目比较

栏目是教科书的重要组成部分,起着提纲挈领的作用,同时又是课程的载体,栏目的内容、形式等都体现着深层次的教学理念,所以教科书编写应重视栏目的重要作用,充分体现和挖掘其丰富的教育性因素。有关教科书的栏目统计情况,详见表2-8。

表2-8 三个版本课程标准实验教科书栏目比较 （单位:个）

	栏目									
人教版	栏目	STS	实验	做一做	科学足迹	科学漫步	说一说	演示	思考与讨论	旁白
	数量	3	5	21	2	28	20	6	22	52
司南版	栏目	信息窗	实验与研究	拓展言论	本章要求	导入	请提问	迷你实验室	讨论与交流	方法点播
	数量	37	15	10	11	11	38	36	31	11
广东版	栏目	专业术语	资料活页	我们的网站	实践与拓展	实验与探究	讨论与交流	观察与思考	旁白	
	数量	64	13	22	29	21	57	10	27	

从表2-8中我们可以看到,三个版本课程标准实验教科书的栏目种类繁多,各具特色,但均体现了课程标准的要求,注重知识的拓展与总结,注重实验与科学研究,注重物理学方法教育。

人教版栏目,动脑思考类、动手实践类和知识拓展类所占比重差不多。动脑思考类的"说一说"经常以简练的语言进行提问,而这些问题恰恰是学生易混淆的概念或者是引导学生进一步思考的问题。"思考与讨论"则全是以提问的形式提出与知识点紧密相关的问题。动手实践类的"做一做""演示""实验"既有模仿实验,又有开放性实验。知识拓展类的"科学漫步"用浅显易懂的语言配以相关的图片描述课外知识,引发学生思考。

司南版栏目最具特色的是"迷你实验室",让学生利用身边的简单装置进行物理实验,如"自制倾角仪",体会物理的美。

广东版栏目最具特色的是"我们的网站",提供了丰富的物理资源,如"防抱死刹车系统——ABS"。

(三)实验探究比较

新课程标准指出:"物理实验是高中物理教学中的重要内容。共同必修模块中的物理实验,是新课程标准对高中学生最基本的实验要求。""学生实验是学生探究并获取知识与应用知识过程中的一个有机组成部分,应该在合理的环节和预定的计划中去完成。"有关教科书中的实验探究内容的统计情况,详见表2-9。

表 2-9　三个版本课程标准实验教科书实验探究比较

	必修一选择的实验主题	必修二选择的实验主题
人教版实验探究	用打点计时器测速度	探究弹性势能的表达式
	探究小车速度随时间变化的规律	探究功与物体速度变化的关系
	用打点计时器测自由落体加速度	实验:验证机械能守恒定律
	观察桌面微小形变	演示:曲线运动速度的方向
	用弹簧测力计测最大静摩擦力	演示:钢球在磁铁吸引下怎样运动
	探究求合力的方法	演示:运动的合成与分解
	探究加速度与力、质量的关系	实验:探究平抛运动的规律
	探究作用力与反作用力的关系	实验：用圆锥摆粗略验证向心力的表达式
司南版实验探究	匀速直线运动的实验探究	迷你实验室:使用机械能省功吗
	实验与探究：纸片和硬币下落的一样快吗	
	实验与探究:运动的独立性	
	实验探究:测重心	实验与探究:研究平抛运动
	你实验室:圆锥为什么会向"上"滚	实验与探究：探究射高和射程与初速度抛射角的关系
	实验与探究:观察桌面的微小形变	迷你实验室:向心力与圆周运动
	迷你实验室:观察玻璃瓶的微小形变	
	迷你实验室：向心力大小与哪些因素有关	
	实验与探究：探究弹簧伸长量与弹力的关系	
	迷你实验室:凹凸桥	
	迷你实验室:感受摩擦力	迷你实验室:实验室的过山车
	实验与探究：滑动摩擦力大小与物体间压力的关系	
	迷你实验室:模拟卫星运动	
	实验与探究:粗测最大静摩擦力	
	实验与探究:验证平行四边形定则	
	迷你实验室:感受力的作用效果	
	迷你实验室:分力大小与夹角的关系	

续表

	必修一选择的实验主题	必修二选择的实验主题
广东版实验探究	用打点计时器记录运动信息	实验与探究:验证机械能守恒定律
	物体做曲线运动的瞬时速度	实验与探究:平抛运动
	实验与探究:记录自由下落物体的信息	
	实验与探究:向心力与哪些因素有关	
	实验与探究:形变与弹力	
	实验与探究:研究最大静摩擦力	
	实验与探究:观察力的作用效果	
	实验与探究:探究作用力与反作用力的关系	
	实验与探究:探究物体受力与运动关系	

从表2-9中可以看出,在必修模块中,各版本教科书的小栏目设置了探究实验、做一做、实验、迷你实验室等,这些实验不需要一节课的时间,有的几分钟时间就可以完成,有的不在实验室也可以做,器材也比较简单。因而,从整体上看,各版本教科书均注重学生动手实验的编排,体现了课程标准对教科书的要求。

人教版探究与实验内容有以下两个特点:一是所选择的素材都比较简单常见,基本上是打点计时器、小车、钩码、纸带、平面镜、木块、弹簧测力计、铁架台等材料,这些素材是物理实验室中常见的素材,比较容易获得。而且无论是大城市的学校,还是小城市的学校,无论是市区的学校,还是偏远乡村的学校,都能比较容易地获得这些实验素材。二是实验内容比较容易操作,如曲线运动速度的方向,只需钢球在轨道中运动,就可以清晰地看到曲线运动的速度方向。

司南版探究与实验内容有以下两个特点:一是内容多,仅必修一中就有23个探究与实验内容。二是探究方式灵活多样,既有课内探究,又有课外探究。"迷你实验室"中所述内容基本上属课外探究,取材于生活,内容比较新颖,学生较感兴趣。如"用纸、毛巾、塑料、铁皮等感受摩擦力的大小","用杯子和橡皮筋感受分力与夹角的关系","用力拉系着一本书的绳子,看看是下端

43

先断还是上端先断"这些实验完全不需要在物理实验室中做,自己在家里就能做,可以提升学生的动手能力,而且像"圆锥为什么会向上滚","尽可能地把一堆书垒起来向桌子外边倾斜"这些实验 一定能激发学生的探究兴趣。

广东版探究与实验内容有以下两个特点:一是所选择的素材都比较简单常见,取材于生活,易于操作。二是探究方式灵活多变,既有模仿式探究又有拓展式探究,能够激发学生的探究兴趣。

(四)图像比较

图像系统是指教科书中具有直观、形象特点的图片、照片、图像、表解等储存和传递教育信息的系统,习惯上把它们看作教科书文字系统的补充,称之为"插图"或"附图"。用系统论的观点来看,可以看作具有相对独立性的系统,这个系统既要横向地与教科书文字系统相配合,又要纵向地前后配合,形成一个逐步上升提高的整体。

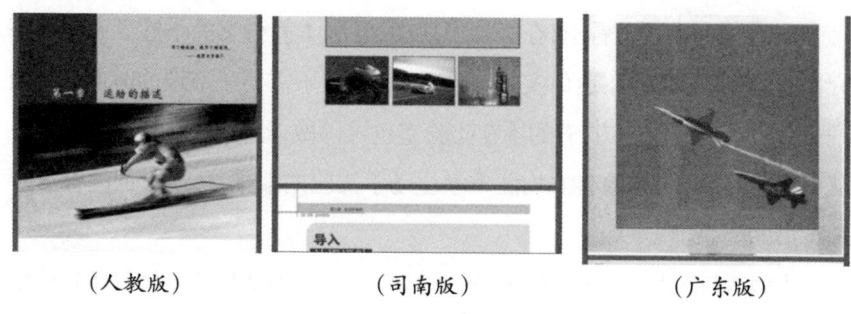

图 2-4 三个版本教科书"运动的描述"章节的图片

三个版本课程标准实验教科书均注重图片、图像等在教学中的作用,在教科书中设置了大量的图片或图像。每个版本在必修模块中的图像数量如表2-10所示。

从教科书中我们可以发现,课程标准实验教科书中的图表均以彩色形式呈现,相对于以往的物理教科书无疑是一大进步。彩图的色彩既能提高插图的真实感,又能起到强调信息重点的作用;另外,国外心理学家在研究视觉对解决问题的作用时发现"视觉表征可以作为一种有效的提取线索,且采用彩色线条与图表作为线索时最有效"。一般,"越接近真实生活的视觉教科书,越能吸引学生的兴趣和激励学生的学习"。相对于以往的物理教科书而言,课程标准实验教科书中真实图像的比重有显著提高,使学生不但能对难以用言

表 2-10　三个版本课程标准实验教科书图像系统比较（单位:幅）

	实验图	结构图	卡通图	工笔图	真实人物图	
人教版	81	155	22	33	男	9
					女	3
司南版	185	128	10	108	男	20
					女	10
广东版	73	106	5	61	男	8
					女	4

语准确表达的实验过程有直观的把握,其中司南版教科书更为明显。不同的学习目标可能需要借助不同形式的插图来实现,从表 2-10 中可以看出,三个版本课程标准实验教科书中的插图呈现方式丰富多彩。

(五)习题比较

习题是教科书的有机组成部分,是编好教科书的重要环节。一方面,习题可以起到复习、巩固知识,加深学生对知识理解和记忆的作用;另一方面,习题是培养学生能力的重要载体。因此,对三个版本课程标准实验教科书的习题进一步比较和分析是有必要的,这样更有利于我们正确认识物理教科书的习题形式,进一步理解高中物理课程标准在教学理念的改革、教育技术的应用等方面带来的巨大变化。表 2-11 所列的是三个版本在必修模块中的习

表 2-11　三个版本课程标准实验教科书习题题型及数量比较（单位:幅）

	人教版	司南版	广东版
选择	3	71	33
填空	4	9	26
图形	12	9	11
简答	61	62	98
设计	0	2	8
计算	67	108	150
证明	4	2	4
其他题型	2	7	14
总题数	153	270	334

题题型及数量。

从表2-11中不难看出,在必修模块中,各版本教科书的习题在题型设计上相差不大,但题型的数量和习题总数相差较大。这表明,各个版本高中物理教科书的编者对新课标的理解有一定的差别。表格中所列的其他题型是指让学生写科幻小说、读书笔记、小论文等。

人教版的习题设置主要有以下五个特点:一是题量小,题型较多,以考察基础知识、规律为主。二是以简答题和计算题为主。加强注重基础知识的具体应用,在此学生需读懂题意,对具体的物理情境进行分析后,运用公式进行计算,难度适中。三是习题的设计注意对学生动手操作的能力和自主探究、发现知识能力的培养,如必修一中让学生自主探究均匀三角形薄板的重心是否与几何学上的重心位于同一点上。四是习题注重体现当前科技与生活中的物理现象。五是相比其他几个版本的教科书来说,增加了单位换算的练习。

司南版的习题设置主要有以下五个特点:一是题量中等,题型丰富,层次多,以考察基础知识、规律为主。二是计算题数目第一,简答题和选择题次之。此部分需要在理解题意的基础上,灵活运用所学知识解题,具有一定的难度。三是有设计题,难度相比人教版要大一些,虽然比例较小,但也体现出司南版教科书对学生动手操作的能力和自主探究、发现知识能力的培养,如同样是测量重心,司南版要求设计测量不规则薄板重心的方法。四是习题中同样注重体现当前的科技、生活现象。五是注重通过多样化的习题培养学生对物理学习的兴趣。

广东版的习题设置主要有以下五个特点:一是题量大、题型丰富、有层次,以课后习题和章后习题为主。课后习题以基本概念、规律、公式的理解和简单应用为主;章后习题以知识的巩固、提升为主。二是以计算题为主,学生在理解概念、规律和公式的情况下,灵活运用所学知识解题,难度在五套教科书中处于中等地位。三是注重培养学生的探究能力,同样探究题难度比人教版大,如让学生设计测量鞋底与地面的动摩擦因素的实验方案。四是同人教版的教科书一样,增加了单位换算的练习。五是习题同样体现当前的科技、生活现象。

二、不同版本教科书"自由落体运动"的文本分析

（一）人教版课程标准实验教科书知识结构分析

人教版教科书把这一内容安排在必修一"匀变速直线运动的研究"一章中，在前面几节已经讲述了加速度概念和匀变速直线运动的规律，教科书中没有给出自由落体运动的公式，学生可以根据匀变速直线运动的规律推导出自由落体运动的公式，体现了从一般到特殊的思维方法。首先创设问题情境，引入新知。从身边的日常生活现象出发，经过思考引出问题，反映了人教版教科书较注重物理知识与现实生活的联系，注重学生的经验水平和认知规律，通过观察真空玻璃管中金属片、小羽毛、小软木塞、小玻璃球等物体的下落情况得出结论：物体下落过程的运动情况与物体的质量无关，进而得出自由落体运动的概念。然后通过实验分析纸带获取自由落体运动的规律，体现了理论须经实验证明，注重知识的获取过程。人教版教科书安排了丰富的图片和各种小栏目，如"做一做"激发了学生的学习热情，在习题设计上基本为主观判断题和实验检验题，目的在于对所学知识的巩固与运用。除此之外，人教版教科书的编著较好地运用了物理学史，在教科书的旁白部分介绍了科学家的研究方法。如爱因斯坦有一句很著名的话："提出一个问题往往比解决一个问题更重要，因为解决一个问题有时仅仅是一个数学上或实验上的技巧，而提出新的问题、新的可能性，从新的角度去看旧的问题，却需要创造性的想象力，而且标志着科学上的真正进步。"激发学生的学习动力，培养学习兴趣。

（二）司南版课程标准实验教科书知识结构分析

司南版教科书把这一节内容安排在必修一"匀变速直线运动的研究"一章中，在前面几节已经讲述了加速度概念和匀变速直线运动的规律，教科书中没有给出自由落体运动的公式，学生可以根据匀变速直线运动的规律推导出自由落体运动的公式，体现了从一般到特殊的思维方法，注重培养学生演绎的逻辑思维方法。首先从简单的实验入手，激发学生的好奇心，使之产生学习兴趣，创设问题情境，从而引出问题，反映了司南版教科书较重视实验观察，通过"牛顿管"实验进行探究，得出自由落体运动的概念，在自由落体运动规律获取的过程中，是通过分析纸带得出的，反映了司南版教科书较注重知识的获取过程。同时还安排了大量的图片和各种栏目，如"迷你实验室"，激发

了学生的学习热情。在习题设计上，多为简单实践应用题和计算题，目的在于自由落体运动规律的应用的评价，较好地应用了物理学史，在教科书的旁白部分介绍了科学家的研究方法，让学生体会先辈们为科学所付出的艰辛，体会科学家们的人格魅力。

（三）广东版课程标准实验教科书知识结构分析

广东版教科书也把这一节内容安排在必修一"匀变速直线运动的研究"一章中，前面只讲述了加速度概念，匀变速直线运动的规律在其后进行探究。广东版教科书首先从伽利略佯谬引发问题，由小实验观察"不同情况下硬币与纸片的下落情况"得出结论：物体下落过程的运动情况与物体的质量无关。再"牛顿管"实验进行讨论，得出自由落体的概念，在自由落体运动规律获取过程中，是通过分析纸带得出的，学生利用打点计时器记录自由落体的运动轨迹进行分析，从而得出自由落体运动的规律。课文中给出了自由落体运动的公式，从对自由落体运动研究得出的结论出发，学生自主推导出匀变速运动规律，体现了实验与逻辑思维相联系进行科学研究的思想。由小实验观察"不同情况下硬币与纸片的下落情况"得出结论：物体下落过程的运动情况与物体的质量无关，再对"牛顿管"实验进行讨论，得出自由落体的概念。从身边的生活现象出发，指导学生从不起眼的小事思考物理学的问题，旨在吸引学生的学习兴趣。同时还安排了丰富的图片和各种栏目，如"实践与拓展"栏目中"测量反应时间"的实验，很好地激发了学生的学习兴趣。在习题设计上，多为简单实践应用题和计算题。

三、比较结果分析

通过对三个版本课程标准实验教科书"自由落体运动"知识结构的分析，可以看出，三个版本课程标准实验教科书在知识结构上各具特色。在导入方面，司南版从简单的实验入手，人教版、广东版从身边的生活现象出发。它们有很多共同点：人教版、广东版和沪科版教科书都较重视物理与生活的联系，注重学生的经验水平和认知规律。在自由落体运动规律获取的过程中，司南版、人教版、广东版教科书是通过分析纸带得出的，反映了司南版、人教版、广东版教科书注重知识的获取过程的教学。从三维课程目标落实上来看，在"知识与技能"培养目标方面,全面反映了课程标准中的内容标准;在"过程与方法"方面,注重科学探究过程、研究方法、科学思想的渗透;在"情感态度与价值观"方面,注重科学态度、科学精神及科学探究志趣的培养。

除此之外,司南版教科书较注重物理学史的引入,介绍了很多物理学家的研究方法,让学生体会先辈们在科学道路上所付出的艰辛,激发学生的学习动力。广东版较注重与实际生活的联系。

在知识内容的选择上,要注重基础性,把握时代性,体现选择性;在知识内容的呈现方式上,要符合学生的认知和心理发展规律;在文化价值观念上,要体现相应学习领域的核心文化价值观;在教学观念上,要体现现代教育思想,促进学生有效地提升学习能力。

(一)三个版本普通高中物理课程标准实验教科书的共同特点

第一,教科书内容注重基础性、具有时代性、体现生活性。课程标准要求"在教科书内容上注重基础性,体现时代性,加强与学生生活的联系"。根据课程标准的要求,在内容设计上注重基础性,选择最有价值及学生终身发展必备的知识,强调基本知识技能的掌握,在此基础上注重和其他学科之间的交融。增加了现代物理学的内容,尤其是20世纪以后物理学上的新成果。生活性体现在加强了课程内容与学生生活及现代社会科技发展的联系,关注学生的学习兴趣和经验。

第二,注重科学实验和科学探究。课程标准要求"在课程实施上注重自主学习,提倡教学方式多样化"。要求促进学生自主学习,积极参与、乐于探究、勤于思考、勇于实验。课程标准实验教科书贯彻并体现这一理念,将科学探究和科学内容的学习放到了同等地位。安排了一些典型的科学探究内容,除专门实验课中的探究内容外,还在小栏目中设置了一定量的探究内容。通过科学探究活动,学生不仅可以获得科学知识和技能,而且可以体验科学的过程,学习科学的探究方法,领悟科学的思想和精神。

第三,体现STS理念。STS探讨和揭示了科学、技术以及社会三者之间的复杂关系,研究科学、技术对社会产生的正负效应,其目的是要改变相互脱节的状态,使科学、技术更好地造福于人类。教科书中介绍了科学技术的发展给社会带来好的作用的同时,也不可避免地给社会带来不良后果。

第四，设置形式多样的小栏目。每套教科书都有形式多样的小栏目，如司南版最具特色的"迷你实验室"，让学生利用身边的简单装置进行物理实验；广东版最具特色的"我们的网站"，提供了丰富的物理资源。

第五，图文并茂，形式活泼。教科书上插图的数量越来越多，有精美的实物照片、幽默风趣的卡通图片、简单明了的工笔图，还有结构图、真实人物图等。这些插图和文字相辅相成，能够引起学生的注意，拓展学生的视野，成为不可或缺的一部分。

(二)三个版本普通高中物理课程标准实验教科书的各自特色

第一，人教版教科书较注重知识的基础性，语言通俗易懂。

第二，司南版教科书较注重把物理学史引入教科书。

第三，广东版教科书较注重利用信息技术，构建教学媒体一体化教科书。

第三节　物理基础教育教科书章节知识比较研究

本节选取人教版、鲁科版、沪科版高中物理必修一的第一章"运动的描述"为例，采用内容分析法和比较分析法对三个不同版本教科书中的新课题引入、知识分布、栏目设置、插图设计、课后习题编制和相关科学素养的培养进行比较、分析，发现各自的特点，进而总结出相关知识的最佳处理方法，能够让教师理清自己的教学思路，很好地改进自己的教学设计，让学生更容易接受和理解相关知识，最大化地提高物理课堂教学效率。

一、教科书知识内容

(一)课堂引入比较

对于高一的学生来说，物理知识是抽象的、模糊的，所以不同方式的新课题引入会不同程度地激起学生对物理知识学习的兴趣，新课题的引入会影响学生对这部分知识的学习兴趣和学习效率。开始一节物理课程之前，新课题的引入尤为重要，毕竟良好的开端是成功的一半。在不同版本的物理教科书中都有相关知识引入的设计。图2-5、图2-6和图2-7分别是人教版、鲁科版、沪科版高中物理必修一教科书中关于"运动的描述"内容的引入设计。

图 2-5　人教版中的图片　　　　图 2-6　鲁科版中的图片

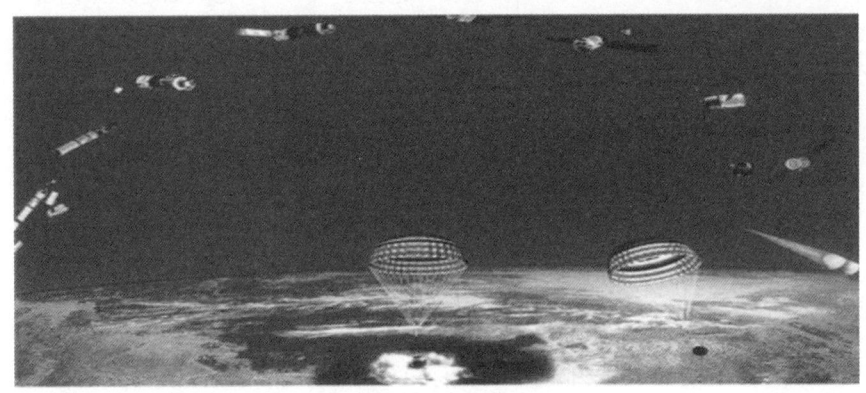

图 2-7　沪科版中的图片

由上图可以看出，三个版本都是以图文结合的方式引出本章的新课题，在物理教学中对课题的引入很重要，为了能够引起学生的好奇心和求知欲，三个版本中对新课题的引入都非常重视。图文结合的引入方式可以快速吸引学生，调动课堂气氛，激发学生的学习兴趣。人教版、沪科版是以漫画的形式呈现出来的，鲁科版是以实际图片的形式呈现出来的，让学生认识到从生活走向物理，从物理走向社会的知识。人教版在引入中应用了物理学家的名言警句："不了解运动，就不了解自然——亚里士多德。"鲁科版则是通过一个有关的重大历史事件进行联系。苏教版是直接给出目录，让学生清楚明白地理解这一章节所要学习的内容。

(二)知识分布比较

三个版本对"运动的描述"内容章节的知识分布是不同的，表 2-12 是人教版、鲁科版、沪科版中有关知识的分布比较。

表 2-12　知识分布的比较

教科书	人教版必修一	鲁科版必修一	沪科版必修一
章节	第一章　运动的描述	第二章　运动的描述	第一章　怎样描述物体的运动
题目	1. 质点、参考系和坐标系 2. 时间和位移 3. 运动快慢的描述——速度 4. 实验：用打点计时器测速度 5. 速度变化快慢的描述——加速度	1. 导入：认识运动 2. 运动、空间和时间 3. 质点和位移 4. 速度和加速度	1. 走进运动 2. 怎样描述运动的快慢 3. 怎样描述运动的快慢（续） 4. 怎样描述速度变化的快慢

"运动的描述"相关内容在人教版和沪科版都是在必修一第一章，而鲁科版是在必修一第二章。人教版中本章内容有五节内容，以基本概念展开对本章的讲解。从质点、参考系和坐标系、时间和位移做铺垫之后引出了速度，最后用实验验证它并且引出加速度。鲁科版中本章内容有四节内容，从运动现象出发去认识机械运动，理解空间和时间、质点与位移的概念，在此基础上引出速度与加速度。沪科版中本章内容有四节内容，从静与动出发，第二节就引出了速度，第三节介绍了瞬时速度，进而介绍加速度。

(三)学习栏目设置情况

表 2-13　人教版高中物理教科书必修一中的学习栏目　（单位:个）

学习栏目	做一做	思考与讨论	问题与练习	演示	说一说	例题	科学漫步	实验
数量	1	2	5	1	3	4	2	1

表 2-14　鲁科版高中物理教科书必修一中的学习栏目　（单位:个）

学习栏目	信息窗	讨论与交流	作业	例题	实验
数量	2	1	3	2	1

表 2-15　沪科版高中物理教科书必修一中的学习栏目　（单位:个）

学习栏目	实验探究	讨论与思考	多学一点	STS	家庭作业与活动	信息浏览	课外活动	案例分析
数量	2	4	1	2	5	2	1	3

人教版通过"科学漫步"等栏目展现富有时代气息的材料，这类材料有"变化率""速度与现代社会"等；鲁科版的"信息窗""物理与社会""科学人物"

等栏目介绍了诸如"空间与时间的尺度""全球定位系统"等内容。沪科版通过"STS""信息预览"等栏目介绍了诸如"速率记是怎样工作的""风洞"等内容。

这些栏目可以分为四类：一是实验类，旨在提高学生的科学探究和实验能力；二是拓展类，不仅有知识内容上的拓展，而且有科学思想方法的拓展；三是科普类，为学生了解现代科技、物理学发展史以及科学技术与社会的关系提供了平台；四是讨论类，为学生的自主学习、合作学习和深入思考提供了很好的论题。相比之下，沪科版栏目多、体例新、跨度大，生动活泼，反映课改精神、理念的力度较大。

(四)插图比较

表 2-16　人教版"运动的描述"内容插图使用情况　　　(单位：幅)

插图情况	漫画图	实物图	模型图	总数
数量	10	6	5	21

表 2-17　鲁科版"运动的描述"内容插图使用情况　　　(单位：幅)

插图情况	漫画图	实物图	模型图	总数
数量	4	11	7	22

表 2-18　沪科版"运动的描述"内容插图使用情况　　　(单位：幅)

插图情况	漫画图	实物图	模型图	总数
数量	4	5	17	26

三版教科书都引用了大量的图表辅助知识内容的陈述，直观、生动，有助于学生学习。这些图片大体上可以分为三类：一是示意图，比如《速度与时间的图像》等这些示意图可以帮助学生分析物理过程，为物理问题解决提供了图示；二是资料性表格，为学生提供基本的物理常数等，比如三版教科书都提供了《一些现实生活中可见物体的速度值》；三是图片，这些图片有卡通图和真实情景图，创设了物理问题情景，体现"从生活走向物理，从物理走向社会"的新理念。具体比较可以发现，人教版卡通图相对较多，形象、趣味性强；鲁科版真实情景图相对较多，让学生感受到物理就在自己身边。沪科版的示意图与物理模型图居多，让学生多了解本节内容并且了解相关物理模型。

（五）课后习题比较

表 2-19　人教版中"运动的描述"内容课后习题设置　（单位：道）

题目	简答题	画图题	计算题	判断题
数量	4	2	6	1

表 2-20　鲁科版中"运动的描述"内容课后习题设置　（单位：道）

题目	简答题	判断题	计算题
数量	1	1	1

表 2-21　沪科版中"运动的描述"内容课后习题设置　（单位：道）

题目	选择题	简答题	计算题	实验题	填空题	探究题	画图题
数量	7	6	9	1	1	2	1

三版教科书都选编了一定数量的习题，并且题型多样，人教版与鲁科版的习题一般都编排在节尾，章末没有编写复习题。而沪科版节尾与章末都有复习题。三版本教科书的计算题和分析说明题大多都创设了实际的情景，注重将生产和生活中的实际问题引入习题设计之中，培养学生抽象、概括和运用知识解决实际问题的能力。对比可以看出，鲁科版课后习题最少，而沪科版课后习题最多。

二、科学素养的培养

《义务教育物理课程标准》中明确提出物理课程应体现物理学的本质，并发挥物理课程在培养学生科学素养方面的作用。高中阶段的《普通高中物理课程标准(实验)》中强调高中物理课程的目标是进一步提高所有学生的科学素养。

（一）人教版"运动的描述"章节对学生科学素养培养的体现

教科书设立多个栏目以实现三维目标。"说一说""做一做""思考与讨论""科学漫步"成为教科书的一大特色，让学生了解更多科学知识，引发学生设疑解惑，引导学生动手实践，巩固所学知识，为后面内容做好铺垫，培养科学探索精神，强调科学素养的培养，强调科学、技术和社会的协调和谐，突出了对科学的文化解读，对科学的社会价值与人生意义的理解，使学生从科学、技术、社会等方面多视角、全面地了解科学世界的全面图景，更客观、更全面地认识现实世界,并在这个过程中实现科学素养的培养,在教师的指导下学生主动探究和主动参与,并在合作中注重个人责任的落实。它也是对学生进行价值观教育、道德教育好的素材,对落实三维目标起到很好的作用。这就是"从生活走向物理,从物理走向社会"的课程理念。

科学探究的思想贯穿物理学始终,符合人们的认知规律。一改以往教科书直接给出结论公式,然后分析辨析练习使用的思路,给学生思考发挥的空间。让学生体会科学发展的艰难历程,有利于培养学生的创新精神和严谨的科学态度。创造性地使用它,要根据教学内容采用多样的教学方式,才能充分调动学生的各种感官,从而使感知更加敏锐、有效,并充分利用左右半脑的不同功能,增强记忆,锻炼各种方式的思维活动。

(二)鲁科版"运动的描述"章节对学生科学素养培养的体现

鲁科版教科书呈现的方式特别有利于学生学习方式和教师教学方式的转变,在编写过程中注重不同板块的不同风格,各具特色,有利于学生学习方式的多样化和教师教学方式的多样化,有利于生动活泼的教学活动的进行。注意联系社会,结合生活实际,突出科学技术与社会相互联系和影响,注重表现科学技术和社会的互动关系,使学生了解科学、技术与社会的相互作用。具有新意和时代气息,在概念和规律、过程与方法的学习与探究等方面,设计合理、有趣、有新意,使学生愿意阅读,愿意参加所设计的探究活动。可以学习到生活中常见的与物理有关的现象、国内外科技发展的情况等。

在引导学生从科学探究中得到感悟与体验方面,鲁科版教科书使学生从情感上知道科学的语言表达能力与科学思维能力是密切相关的。智力因素是由动手能力、观测能力、思维能力和表达能力组成的。先进的实验教学方法和手段在培养学生的综合素质能力中具有重要的作用。通过实验可以使学生巩固学过的知识,系统、扎实地掌握基础理论,为学生提供必要的动手过程,让学生通过自己的实践过程,将感性认识提高到理性认识的高度,为进一步深入分析研究提供更加丰富的思维基础。同时通过实验,还能使学生受到严谨的科学作风和事实求是的科学态度的训练,全面提高学生的能力和智力,培养他们分析问题和解决问题的能力。

(三)沪科版"运动的描述"章节对学生科学素养培养的体现

沪科版教科书从自然与生活现象引入问题,注重学科间的渗透,人文精神与自然科学的融合,从自然与生活现象引入问题。通过探究寻找规律,然后介绍知识在生活、生产实践中的应用。将科学探究的各主要环节(七大要素)渗透于不同的课时中,让学生在科学探究的过程中,不仅学习知识技能,而且将体验科学探究的过程、学习科学探究的方法、养成科学探究的能力。注重学科间的渗透、人文精神与自然科学的融合,以便学生学习科学精神与科学态度,客观了解科学的社会功能,树立正确的科学观。 教科书栏目丰富多彩,有"学习栏目""实验探究""讨论与思考""多学一点""STS 家庭作业与活动""信息浏览""课外活动"。书中插图形式多样,能激发学生的学习兴趣。 教科书的语言简洁而有诗意;插图充满童趣及富有时代气息;引入的物理自然现象和实验事实情景鲜明、富有冲击力;教科书的结构体系循序渐进、台阶合理。 要建立教科书是课程资源之一,教师是用教科书教学生,而不是教教科书的思想。

第三章　学科核心素养背景下学与教方式的转变

　　人才是一个国家发展最需要的群体,而教育则是人才的"生产线"。近年来,我国的高中物理课程经历了层层改革并且取得了一定的进展。2017版《普通高中物理了课程标准》的基本理念着重于提高和培养全体学生物理观念、科学思维、科学探究、科学态度与责任的核心素养,要求教学满足学生的终身发展需求。但传统教学与学习模式的影响在教学方面根深蒂固,有一些教学仍然较看重传授书本知识和学生的考试成绩,疏于对学生学科核心素养的培养。因此,研究怎样转变学生的学习方式和教师的教学模式,可以最大化地开发学生的潜力、兴趣和创造力,对满足学生终身发展的需要是非常有必要的。

　　自从我国开展新课程改革以来,教师的教学模式和学生的学习方式都发生了很大的变化。随着我国科学的日益发展,社会更需要多方位全面发展的人才。以往的传统学习方式和教学模式的弊端越来越显现,已逐渐不适于社会的发展。本章对如何转变传统的学习方式和教学模式都作了相关研究,讨论新课标要求背景下的高中物理学习方式和教学模式的转变,并对每种学习方式及教学模式列举了对应的案例,最后将学习方式与教学模式进行融合,使教学效果达到最优。在确定学习方式、教学模式等相关概念的界定的基础上,对学习方式和教学模式的理论基础、分类及其具体内容进行深入探讨。最后,分别将教学模式与学习方式总结了部分案例,并使二者能有效结合,从而达到更好的教学与学习效果。

第一节 学与教方式转变研究概述

一、课程改革对学与教方式转变的要求

学习是指学习者因经验而引起的行为、努力和心理倾向的比较持久的变化,包括知识的学习、技能的学习和个性品质的养成。国外学者对学生学习方式及教师教学模式的转变研究相对较早,研究理论也相对成熟,研究成果已经相当丰富。"学习方式"一词最早是 1594 年由美国学者哈伯特·塞伦首次提出的[1],后来有研究者将其分为三阶段,即早期研究、近期研究和现代研究。其研究内容的焦点主要集中于学习方式的类型、内涵等方面。且国外学者的建构主义学习观、人本主义学习观以及现代心理学理论等研究成果为我国学者在这方面的研究提供了大量理论基础和研究方法,具有很大的借鉴意义。

另外,国外对教学模式的转变研究时间较长,研究理论比较成熟。20 世纪 70 年代,美国学者乔伊斯和韦尔出版了一本名为《教学模式》的书,打开了一个教学研究的新领域——教学模式论[2]。这种教学论在西方多个国家引起了极大的反响。20 世纪 90 年代,基础教育界又在实践教学活动中开拓了学科教学模式,但人们对教学模式仍有不同的理解和解释。比如冈特、埃斯特斯、施瓦布合著的《教学:一种模式观》一书提到,"教学模式"是指教师为完成特定的教学目标而进行的一步步程序。而安德鲁斯、古德森曾说,每种教学模式都是一组综合性成分,它能规定完成特定教学任务的活动及功能的序列。

我国许多学者对学生的学习方式以及教师的教学模式也作了诸多研究,如对自主学习、合作学习、探究式学习、探究式教学、抛锚式教学等学习方式和教学模式也作了大量的研究。研究至今,相关的研究理论和实验结果也在实践中有了显著的成效。但由于我国传统学习和教学的模式沿用时间久远,教育思想根深蒂固,所以即使我国教育理念和教育方式已经发生了很大的改变,但传统的教学和学习方式的影响还在,所以我们还必须不断尝试各种好

---

[1] 倪超. 新课改下中学生数学学习方式及其转变的调查研究[D]. 武汉:华中师范大学,2012.
[2] 张晓坤. 271 教学模式在高中物理课堂教学中的实践研究[D]. 昆明:云南师范大学,2014.

的、有助于学生今后发展的教学、学习模式。

(一)对学习方式转变的要求

1. 要求学生变之前的"要我学"为"我要学"

就是说要改变在教学时过分注重传授知识做法,而强调培养学生积极的学习态度和学习方法。这就要求学生改变对学习的认识并对学习产生浓厚的兴趣。让学生意识到学习是为了满足自身的成长和有机的发展而需要自觉担负起的责任,学习是为自己而学。当学生对学习充满了浓厚的兴趣,学习这项活动对他们来说就从负担变成了一种享受、一种乐趣。学生就会变得越来越喜欢学习,越来越想学习。

2. 要求学生的学习从依赖老师变为独立自主

其实每个学生都有能够独立学习的能力,只是他们对自己的学习能力不够自信。教师要引导学生相信自己,对自己充满信心,从内心肯定自己。传统教学低估并忽视了学生独立学习的能力,而新课改下的新教学应该尽可能地诱导学生产生非常强烈的表现欲。那么学生为了能有好的表现一定会在学习过程中日益独立,这样学生的独立学习能力就会大大提高。

3. 要求学生学会合作学习,加强集体意识

所谓合作学习,就是几人组成一个小组为了完成学习任务而有明确分工的互助型学习方式。若是处在长久的、竞争性的、以个人为中心的学习氛围之下,学生难免会变得孤僻、自私、冷漠。但合作学习不同,合作学习需要学生之间进行讨论与交流,这样就有助于培养学生的集体意识和团队合作精神,还有助于解决教师由于各种原因对学习能力有差异的同学照顾不周的情况,更有助于学生自身在小组讨论交流意见的过程中发生思维碰撞,从而擦出科学的火花,所以合作学习对学生创新能力的培养大有帮助。

4. 要求学生变以前的接受学习为探究学习

传统教学过程中教师更注重知识的灌输和填鸭,使学生只能机械地、被动地接受知识,而缺少对大自然、对真正的科学技术的直观感受,限制了学生的思维和视野。而新课改下的课堂应该是多姿多彩的、动态的、灵活的。新课堂应该把学生的被动学习方式转变为对大自然、对科学真理的探究式学习。这样的话学生就能更好地掌握物理知识、见识科学真谛、丰富人文素养、培养

自身的品质,以适应社会的发展,并能更好地回报社会。

(二)对教学方式转变的要求

1. 要求新的教学模式注重"以学生为本"的教学理念

新课改指出,对学生的培养要与时代的发展一致。要使学生具有初步的创新精神、实践能力、科学素养、人文素养以及环境意识,并培养学生终身学习基础知识和基本技能的能力。也就是说,教师不能只注重知识传授的教学观念,而要引导学生自主学习、合作学习,并培养学生的创新精神、社会实践能力及健全的人格。这就必须要求教师考虑到学生的个体差异,教师的课程和教学要服务于每个学生。

2. 要求教师的角色从学生的"主导者"转变为"引导者""帮助者"和"促进者"

传统教学活动中教师更注重学生对知识的掌握程度而忽略了学生自身的发展和需要。新课标的核心目标是要提高全体学生的核心素养,提倡让学生全面发展,强调学生是学习的主人,而教师是学生的"引路人",培养学生积极参与、乐于探究、勇于实验、勤于思考的学习态度。

3. 要求教师在教学过程中考虑学生的认知能力和"最近发展区",在学生的认知基础和现有的知识基础上帮助学生理解学到的新知识

所谓"最近发展区",就是指学生的现有水平和学生的可能发展水平,两者间的差异就是"最近发展区",即学生通过教学获得的内在潜力。教学应充分考虑学生的"最近发展区",为学生提供有一定难度的学习内容,使其发挥出所具有的潜能,从"最近发展区"发展到下一阶段,并达到下一个"最近发展区"。

二、相关概念界定

(一)学习的概念

学习的概念分为狭义与广义两种,狭义的学习指学习者通过听讲、阅读、理解、观察、研究、探索或实践等手段获得知识与技能、过程与方法、情感态度与价值观提升的一种行为方式。广义的学习指人类在生活中通过获得经验而产生的行为或潜能等相对持久的行为方式。

(二)学习方式的概念

"学习方式"一词是美国学者哈伯特·塞伦在1954年首次提出的。当时他给出的概念是指人们在学习过程中所习惯或喜欢的方式。但在教育界,教育家们对学习方式的定义各不相同,各有各的侧重点。在本文中,对学习方式的概念界定更倾向于学习方式是指学习者在学习过程中的基本行为和认知取向,也是学习者学习知识和技能的一贯方式。

(三)教学的概念

教学是指教师的教和学生的学为一个整体的人类所特有的培养人才的活动。教师通过这种活动有目的、有计划、有手段、有组织地引导学生学习及掌握相关文化知识和技能,提高学生的整体素质,将学生培养成为社会所需要的人才。

(四)教学模式的概念

目前,关于教学模式的概念有四种:结构程序说、行为范型说、系统要素说、层次中介说。结构程序说认为教学模式仅仅是结构程序,这样降低了教学模式的应用性。层次中介说认为教学模式是教学理论简化后的产品,这样的说法忽视了教学模式本身的价值与多样性。这两种说法都过于单一、片面。系统要素说则认为教学模式是一个完整的系统,该系统还包含理论基础、教学目标、教学流程、教学辅助、评价标准等要素。行为范型说是指教学模式是组成课程、作业、选取教材、在教室或其他环境中指导学生的一种范型。

综上所述,对教学模式概念的理解应注意:教学模式是包含多个要素的一个完整的系统,该系统不仅包含教学理论,而且包括教学内容、教学目标、教学手段、教师与学生的互动、教学环境、交流提高等。教学模式的选择需要考虑教学内容、教学目标、环境设施、学生认知水平等各种因素的影响。教学模式的背后一定有着某个或多个教学理论的支撑,同时教学模式也是教学理论和教学规律的创造性实践,并在实践中丰富和充实教学理论。①

---

① 安金典. 高中物理课堂教学中探究式教学模式的研究[D]. 济南:山东师范大学,2016.

第二节 学习方式理论和实践研究

一、学习理论基础

(一)行为主义学习理论

行为主义心理学形成于 20 世纪初期,20 世纪 50 年代盛行于美国和其他西方国家,是美国现代心理学的主要流派之一,也是对西方心理学影响最大的流派之一。行为主义学习理论是由行为主义心理学衍生而来的,主要在 20 世纪的前半个世纪盛行于美国以及西方的其他国家。行为主义学习理论主要阐述了学习者在已有的学习行为基础上建立新的学习行为的过程。美国的教育学家、心理学家桑代克(Thorndike)、美国心理学家华生(Watson)和斯金纳(Skinner)等是当时行为主义流派的主要代表人物。其主要观点有,学习者的学习活动是一种以公式 S–R 为判断机制的刺激和反应之间的联结,公式中的 S 代表的是刺激(Stimulus),R 代表的是反应(Response),刺激是反应的成因,反应是刺激的结果;学习者的学习过程是不断尝试、犯错又再次尝试、循序渐进地取得最后的成功的过程;学习者学习结果成功与否的关键因素是学习者要在学习过程中不断强化自己的学习能力。

(二)认知主义学习理论

认知主义学习理论是由认知心理学发展而来的。认知心理学来源于定格式塔学派,不同于行为主义心理学,认知心理学主要研究学习者学习过程中的内部心理变化过程,比如学习者对记忆的存储、加工、提取、记忆力减弱或行为增强的变化等。认知主义学习理论的主要代表人物有瑞士心理学家让·皮亚杰(Piaget),德国心理学家科勒(Kohler),美国的心理学家及教育家布鲁纳(Bruner)、加涅(Gagne)、奥苏贝尔(Ausubel)等。认知主义学习理论认为学习者对某事物的认识不是由于受到外界刺激而产生的反应,而是由外界刺激和学习者的内在心理共同作用的结果。认知主义将学习者的主体看作一个信息加工系统,则认知就是信息加工的过程。

认知主义流派对学习的观点主要有五点:学习不是行为主义学习理论中的刺激与反应的联结关系,而是对知识的重组。简单来说,即为学习是学习者对自身认知结构的组织与再组织,此关系可用公式 S-AT-R 来表达,其中的 S 与 R 就是行为主义理论中所确定的刺激(Stimulus)和反应(Response),而 A 代表的是同化(Assimilation),T 代表的是主体的认知结构(Cognitive structure)。学习是理解和顿悟的过程,不是逐渐地尝试与错误的过程,也就是说,学习不能通过依赖试误来实现。学习是学习者对信息的加工过程。学习凭借的不是盲目的尝试,而是智力和理解。产生学习的必要因素不是为了强化主体的外在。

(三)建构主义学习理论

建构主义学习理论兴起于 20 世纪 80 年代末期,形成于行为主义理论与认知主义学习理论之后,是人们再次解读皮亚杰、杜威、维果茨基等人的教育理论思想时逐渐衍生出的对教育心理学有着深远影响的一种学习理论。建构主义(Constructivism)原本是在认知主义理论的基础上发展起来的,是认知主义的一个分支。认知主义强调学习是学习者将客观知识结构内化为认知结构;而建构主义认为学习是学习者以已有的认知结构为基础,通过与外界的相互作用来建构内在知识结构的过程。

建构主义学习理论的主要观点有,第一,学习是学习者的内在认知结构的触动建构过程与表征过程。学习者没有把外界知识被动地、机械地搬运到自己的脑中,而是以已有的认知结构为基础,与外界进行相互作用,主动积极地选择、加工和处理信息,将其内化为自己的知识结构。第二,个体对认知的建构与一定程度的社会文化背景和环境有关。有大部分的建构主义研究者认为,学习不仅仅是个体与外界的相互作用,社会性因素也同样重要,甚至比前者更重要。人类的心理活动往往与一定的社会文化、历史背景、风俗习惯等因素密切相连,个体对知识的构建和学习是在一定的社会文化背景中进行的,大部分知识都来源于不同类型的社会实践活动。第三,知识并不能准确地描述现实,只能对现实加以解释和假设,这是一些较激进的建构主义者所强调的观点之一。他们认为,知识并不是现实事物的最终答案,反而会随着人类思想的进步被淘汰、被替换或被推翻。在某个具体问题中,并不能直接将知识拿来用,需要先进行分析看是否合理,然后才可以运用。

(四)人本主义学习理论

人本主义学习理论是在人本主义心理学的基础上发展而来的，强调发挥人的潜能——人性的自我实现。该理论更侧重人类个体自身对于发展的重要作用，认为学习是学习者本身能力的实现过程。人本主义与行为主义的不同之处在于，行为主义是从观察者的角度来解释个体的行为，而人本主义是从个体本身的角度来解释人的行为与思路，其主要观点有，若学习者自己意识到自己的学习是有意义的，那么意义的学习才有可能发生，而且若学习是学习者自愿发起的，这样的学习对学习者来说更有意义；人类本身就具有想学习的欲望；若外界环境对学习者的学习不构成威胁，则该环境就会促进学习者的学习；学习者去学习如何才能有效地学习对于学习者来说是非常有用的。

二、学习方式的分类

(一)自主学习

1. 自主学习的含义

自主学习是以行为主义学习理论、认知建构主义、人本主义学习理论为理论基础的一种学生的学习方式。Autonomous learning 翻译成中文即为"自主学习"或"自发学习"。顾名思义，"自主"可理解为自己支配、自己主宰，则"自主学习"指学习者自己对自己的学习活动进行支配和负责的一种学习方式。许多教育领域的学者们普遍认为"自主学习"是与"他主学习"相对的学习方式。关于自主学习的概念，国内外的学者流派对其解释各不相同，但本质却是大同小异的。行为主义学派认为自主学习是学习者将学习过程自我监控、学习策略自我指导、学习结果自我强化的学习方式。建构主义心理学家认为自主学习是学习者根据自己的学习目标和学习能力而有意识地、积极地调整自己学习策略的过程。美国一位研究自主学习的心理学家齐默曼(Zimmerman)则从不同的维度对自主学习的概念进行界定。他认为自主学习是学习者的元认知、动机、行为都能积极地参与到学习活动中的学习方式。学习者能够自己制订学习计划，在实施计划的过程中选取恰当的学习策略，创造良好的学习环境，监控自己的学习过程并自己评价学习结果。

大部分学者认为自主学习包含三个方面的含义:一是自主学习是由学习者的各方面能力(包括制订学习计划的能力、选择合适学习策略的能力、对学习过程自我监控的能力以及对学习结果自我评估的能力等)、学习态度、学习策略等诸多因素综合起来的能主导学习的内在机制。二是自主学习指学习者对自己的整个学习活动有绝对的控制权,也就是整个教育机制需要对学习者的自由选择给予最大限度的宽容。三是自主学习是一种在满足学习者具有自主学习能力及教育机制能够提供足够的自主学习空间的前提下,由学习者根据总体的教学目标进行自我宏观调控的学习模式。[①]

2. 自主学习的特征

第一,主动性。在传统的学习方式中,学习者只是被动地接受教师所传授的知识。由于教师比较侧重知识的传授以及学生对知识的掌握程度,所以在学生的学习活动中教师完全处于主导地位,而学生则缺乏对学习的主动性和积极性。但选择自主学习方式,学生学习的主动权完全掌握在自己手里,学生能够具有"学习是为了使我更好地发展,学习的过程需要我自己对自己负责"的意识。自主学习使学习者能够将"要我学"转变为"我要学",将学习变成自己的兴趣。这样学生就会越来越想学习、越来越爱学习,所以自主学习具有主动性的特点。

第二,独立性。自主学习注重强调学习者学习的独立性。自主学习要求学习者尽可能独立地控制并完成整个学习活动,包括对学习目标的确立、对学习计划的制订、对学习环境的营造、对合适的学习策略的选择、对学习过程的监控以及对学习结果的评价。但对于一开始独立性较差的学生,教师可以对其加以指导和帮助,使学习者的独立学习能力在实践锻炼中逐渐增强,直至学生可以自己独立地控制自己的学习。

第三,监控性。自主学习最大的同时也是最明显的特点就是学习者对自己学习过程的自我监控。学生的学习过程靠的不是教师与家长的看护和主导,而是依靠自己的自觉性积极主动地监控自己的学习过程。从确立学习目标到最后学习结果的评价以及对学习的自我补救,学生完成自己的学习任务

---

① 马书媛. 指导学生进行"渗透式"自主学习高中物理的研究[D]. 北京:首都师范大学,2006.

和学习目标。

第四,相对性。虽然自主学习要求学习者完全独立自主地完成自己的学习活动,但实际情况却有一定差距。部分学生并不能完全独立自主地进行自己的学习过程,还有一部分学生因学校、教育机制等客观因素而影响了自主学习的自主性,导致自主学习在有些环节或维度上是自主的,而在有些环节或维度上缺少自主性。学生的学习就有非自主因子存在了。针对这种情况,学者们应进一步深入研究。

3. 自主学习与自学的区别

自学是指学生在完全没有教师指导的情况下绝对独立地进行学习活动的过程。尽管自主学习主要强调的是学习者自己对自己的学习活动以及学习过程自我管理、自我监控,但这与自学还有一定的区别,两者之间是互相联系又不等同的。自主学习比较强调学习者的自学,但学习者对学习的控制权高于自学。自学的学习动机以及对学习结果的评价都受到教育机制、教师、家长等因素的影响,并不完全由学习者自己决定与控制,非自主的因素比较多。而自主学习只是在学习者的学习过程中既可以受到教师或其他人的指导,又可以与其他学习者进行合作交流。①

(二)合作学习

1. 合作学习的含义

合作学习是建立在建构主义学习理论、马斯洛的需要理论、维果茨基的认知学习理论的基础上的一种学习方式。合作学习是世界上大多数国家普遍采用的一种富有创新和实际效果显著的教学策略体系,被人们誉为是近十几年来最成功的和最重要的一项教学改革。美国著名教育家、教育评论家福茨(Founts)与埃利斯(Ellis)在《教育改革研究》一书中写道:"如果合作学习不是近年来最大的一次教学改革,也至少是最大的教学改革之一了。"

合作学习发展了这么多年,对合作学习有研究的流派可以说非常多,各流派对合作学习概念的说法与解释也各有不同,如美国明尼明达大学的研究员约翰逊兄弟(R.T Johnson & D.W Johnson)对合作学习的定义是"合作学习

---

① 李凯. 高一学生物理自主学习能力培养的研究[D]. 烟台:鲁东大学,2015.

就是使用小组教学的手段,使学生以共同活动的方式最大限度地促进自身的学习和他人的学习"。著名的教育心理学家沙伦(Sharon S.)博士说,合作学习是指一种更好地完成课堂教学、提高课堂效率的方法的总称,而这种方法的基本特点之一就是学生之间的合作共赢。教师将学生分组,每组三至五人,以小组为单位,各小组成员之间通过个人研究与相互交流的方式进行学习。我国学者王坦认为合作学习是一种为了达成共同的学习目标和学习计划而在异质小组中进行互帮互助相互合作,并以小组整体表现为奖励依据的教学策略体系。Cooperative learning 翻译成中文为"合作学习"或"协同学习"。合作学习是指多人为一个小组,各自分工又协同合作,互相帮助地完成学习任务,并以小组的整体表现为奖励依据的学习方式。总的来说,合作学习以学习小组为基本形式,有明确的目标指导,强调以小组中成员的互动、合作为学习动力,以小组整体为评价对象,让学习的竞争性从个人竞争上升为小组之间的竞争,培养学生的团体意识。①

2. 合作学习的特征

第一,群体性。合作学习是强调以集体授课和以合作学习小组的主要活动为主体和主要特征的教学与学习形式。与此同时,合作学习还有组内异质、组间同质的性质,既可以使学生个体间相互学习、产生思维碰撞,又可以为学习小组间的公平竞争创造很好的条件。虽说合作学习力求集体与个体的相互统一,但从整体来看,还是群体性更明显一些。

第二,互动性。传统教与学的互动性仅限于教师与学生之间的互动,且这种互动太过机械死板,不利于学生发散思维和创新能力的发展。合作学习则不局限于师生之间的互动,师生之间的互动可延伸到除师生互动以外的生生之间、师师之间的互动,并以生生之间的互动为主要焦点。因为合作学习认为,生生互动是教学活动能否成功、不可或缺的关键因素之一,是教学中亟待开发的宝贵资源,是能够充分利用教学中人力资源的一个环节。而传统教学活动中虽然教师们也经常在一起进行集体备课、评课,但并没有将这种形式正式地列入教学活动中加以统一和规范。合作学习则不同,在

---

① 向军. 新课程背景下初中地理学习方式研究[D]. 长沙:湖南师范大学,2006.

合作学习的教学活动中,教师之间的集体备课、评课、交流心得活动是必不可少的一个环节,这样可以扩大教学的外延,增强教师在教学上的创新能力。

第三,平等性。在合作学习的过程中,教师与学生的关系从以前的"权威—服从"变为了现在的"指导—学习"关系。教师角色变成了"导演",而学生角色则是"演员",从学生的认知特点出发,利用师生互动和生生互动,将大部分的课堂和时间留给学生,让学生之间相互切磋、相互交流,擦出不同思维之间的奇妙火花,从而增强学生的创新能力和学习能力。所以,合作学习的方式具有师生之间、生生之间的平等性。

第四,目标性。由于合作学习非常注重学生与学生之间的合作与交流,通过交流合作提高学生的成绩,更是通过这种方式培养学生的非认知能力,所以合作学习理论相较于传统学习理论更具有情感色彩。在小组学习的过程中,每位小组成员都有机会表达自己的看法、倾听小组其他成员的意见、接受其他成员的评价与指正,在这个不断交流过程中,每个人都能完整并高效地完成自己的学科、知识、技能、情感、态度、价值观的更高目标,同时还锻炼了自己的人际交往能力。[①]

(三)探究式学习

1. 探究式学习的含义

探究式学习是基于布鲁纳的发现学习理论的一种学习方式。探究式学习一词是由英文 Inquiry learning 翻译而来的,Inquiry 是"探究、调查、查询"的意思,而汉语中的"探究"一词则为"寻求、探索、探查、研究"的意思。可见,将 Inquiry learning 翻译为"探究式学习"是最为贴切的。探究是一个多层面、多过程的活动,包括观察现象、提出问题、浏览书籍等资料、制订探究计划、使用工具收集信息及有效地处理信息、根据实验结果进行分析判断,对所研究的问题进行解答、评价并交流。而探究式学习指的是学生就某学科领域或在生活中遇到某个问题,在教师的指导和帮助下,通过一些文本资料或实验设备,自主地、积极地寻求或建构所探究问题的答案、意义及理解,从而获得最基本的知识内容,学会基本技能,并深切体验情感、态度与价值观

---

① 申高文. 高中物理新课程中学生学习方式转变的教学策略研究[D]. 苏州:苏州大学,2008.

的过程。探究式学习大致可分为两种:接受式探究和发现式探究。学生作为学习的主体,需要自主地获取外部的信息,若学生所获得的信息是概念、定律或规律、结论,那么这种探究称为接受式探究;若学生所获得的信息是通过自主地观察、调查、实验、研究、反复论证而得出的,那么这种探究叫作发现式探究。

由以上探究式学习的概念可以看出,问题是探究式学习的源起与核心所在,学生自己围绕这个问题在教师的指导帮助下进行一系列的自主探究活动是该学习方式的基本特征。最主要的是学生在探究学习的过程中,学会的并不仅仅是基础知识与技能、情感态度、价值观,更重要的是实事求是的科学态度与探究精神,对所获得的数据、信息的处理方法及处理过程。

2. 探究式学习的特征

第一,过程性。探究式学习较为注重学生观察、发现、探究问题的过程,让学生通过自主探究的一系列活动去理解知识、解决问题,并不是直接将现成的结论或规律告诉学生。学生也不是直接通过老师得到知识、解决问题,而是靠自己发现问题、查询相关资料、设计相关实验等一系列活动,体会科学、人、自然、社会之间的联系。在这个亲身体验的过程中,学生既在实践中体验了生活,又获得了知识,还提升了自己的探究能力。

第二,开放性。探究式学习是一种较为开放的学习。学生在探究问题的过程中难免需要走出教室、离开课堂,去社会中、生活中找寻解决方案,且学生的探究结果往往会因学生选取的学习方法、途径的不同而不同。这就必然要突破原有的封闭式的课堂,置学生于更多元、开放、动态的学习环境之中。这样学生视野更开阔,有利于学生更好地体验生活、体验科学与社会的联系,更有利于在学生掌握知识与技能的基础上培养学生的创造性思维和提升学生解决问题的能力。

第三,交互性。正是由于探究式学习的开放性特点,在学生进行探究的过程中,采用不同的方法、站在不同的角度思考,往往得出的答案也大不相同,同一个问题可能会有不止一个答案。所以学习者在遇到问题时需要与同伴或合作者互相交流讨论,在交流中发现问题、解决问题。这样,每位学习者的潜能都能被最大限度地开发出来,从而提升自己的探究技能。[①]

3. 探究式学习的分类

定向探究与自由探究:根据教师与学生在探究学习过程中作用的不同,可以将探究式学习分为定向探究与自由探究。探究学习具有较多的环节与过程性活动,定向探究指的是学生在探究过程中的自主性不够强,需要教师进行大量的指导、引领与帮助;而自由探究指的是学生在探究活动中独立自主地完成各种探究活动和环节,极少甚至不需要教师的帮助和指导。其实,在所有探究活动中,学生的自主程度都是连续的。学生是否需要教师的指导、需要教师进行多大程度的指导都与这个自主程度成反比,随着学生自主性的增强,教师的帮助作用就越低。所以,在实际的探究教学中,教师应该根据多种因素,灵活地组织自主程度不同的学生进行探究学习活动。

演绎探究与归纳探究:同一个问题,不同的人有不同的解题思维,根据思维方式的不同,我们可以将探究式学习分为演绎探究和归纳探究。若学生从某个具体事例出发,经历探究的过程得出了一般规律或结论,在此过程中学生经历了从现象到结论的推理过程,这样的探究为归纳探究。如果教师直接给出某个概念或结论,让学生自己探究这个结论或规律与某个具体事例或某个现象之间的实质性联系与区别,这样的探究为演绎探究。学生在此过程中主要是对概括性的规律进行检验和应用,并体验了应用规则,体验了从一般规律到具体事例的变化过程以及它们之间的联系。

4. 探究式学习的环节

一般情况下,探究式学习主要有如下七个环节:

第一,提出问题。

学生根据生活经验、自然现象或教师所设置的特定情境发现问题并提出质疑,这是科学探究的第一步,也是整个探究活动的核心与基础。学生能对某种现象提出疑问,说明学生已经独立思考过这个问题,也说明学生对某个学科充满了好奇心与求知欲,这对后续知识的建构保证了非常重要的自主性。

第二,猜想与假设。

[①] 张桂清. 学习方式的变革与创新[D]. 聊城:聊城大学,2006.

在这一环节中,学生需要根据已经掌握了的知识和方法,在对提出的问题进行科学地分析与判断之后,作出合理的假设,并确定本次探究的主要内容与方向。

第三,设计实验(制订计划)。

通过制订探究活动的计划,学生能明确探究过程中应该搜集何种信息,以什么方式、通过哪些途径去收集资料并确定所收集资料的范围与要求。通过对探究实验的设计,学生能很好地明确实验原理及其过程、实验过程所需器材,并初步构建实验数据处理的方法和思路。总之,这个步骤能让整个探究过程更井井有条、更科学。

第四,进行实验(实施计划)。

物理是一门以实验为基础的学科,在这一步骤中,学生根据制订好的计划或者事先设计好的实验,开始着手收集材料,进行实验并记录实验数据与实验结果。

第五,分析论证。

分析论证是学生对科学实验的数据进行分析处理或对实验现象及结果进行分析,通过推理论证的过程对结果作出解释并回答提出的问题。这样的数据只是对所进行实验的客观记录,而科学的结论应该是在这些数据的基础上分析论证所得出的具有普遍意义的一般规律。

第六,评估结果。

评估结果就是学生对探究的过程、方法、结论及在此过程中对自己的学习进行反思评价。评估的过程不仅能够优化探究方案,而且能使学生在反思过程中再次增长知识、提升自己的一些技能。除此之外,在评估的过程中可能还会有新的发现或创新。学生在考虑猜想假设与探究结果之间的差异以及在探究过程中尚未解决的问题时,还可能会产生新点子或新发现,这有助于提高学生的创新性。

第七,交流合作。

学生把自己探究的结果分享给他人并与其进行相互交流、探讨,还可将自己探究的结果与新知识在其他学习情境中进行应用。这就使探究的过程与本身具有了一定的科学性。

第三节　教学模式转变研究

一、教学理论基础

（一）赞可夫：发展教学理论

苏联教育家赞可夫认为教师教学的出发点和归宿是一般发展，即教师的教学效果应最大限度地促进学习者的智力、意志和情感等的发展。所谓"教育"，即教和育，教为教师将知识和技能教给学生，育则是培养学生的各项能力并满足学生的发展需求。且教师在教学过程中制定教学目标时最好将学生的"最近发展区"考虑进去，即教学内容应适当增加难度。

赞可夫在自己导师维果茨基的相关教学理论基础上，提出了教师在教学时应该遵循的五个原则：以高难度教学原则、以高速度教学原则、以理论主导教学原则、使学生理解学习过程原则、教学要照顾到全体学生的一般发展原则。

（二）布鲁姆：掌握学习教学理论

布鲁姆认为，所有人都能学习并且都能学到学校所教授的一切知识，都能达到制定的教学目标。而影响学生学习效果的因素主要有学习时间、学生学习本课程的基础能力、教学质量、学习的持续能力、理解能力五个因素。学生没有取得较好的成绩的原因不是智力不过关，往往是没有找到与其相匹配的教学手段或学习时间不够。

掌握学习教学模式一般有五个步骤：第一步，诊断性评价，即测量学生的现有水平，教师根据这个水平制定教学目标；第二步，集体教学；第三步，阶段测验，测量学生的进步情况和存在问题；第四步，对已达到教学目标的学生进行巩固拓展，对未达到教学目标的学生帮助纠正，保证掌握度达到 80% 以上；第五步，学习下一阶段内容，并在学期末甚至每一阶段学习结束时进行总结性评价。

（三）巴班斯基：教学过程最优化理论

教学过程最优化理论将教学过程视作一个系统，该系统的各组成部分都有教学过程参与者（教师和学生）、教学条件（物质条件、道德条件、心理条件等）、教学结构（教学目标、教学内容、教学方法、组织形式、教学效果等）等。教学过程最优化是在全面考虑到各部分因素及条件的基础上以最小的代价取得最大化效果的教学理论。

评价最优化教学的两个标准分别是效果质量标准和时间标准。效果质量标准是学生在各方面都达到本阶段实际上可能达到的水平。时间标准是指教师和学生都达到规定的教学课时和家庭作业时数。为了更好地达到教学最优化效果,教师在选择教学方案时应注意以下原则:方案必须包含教学过程中的各基本成分和环节;必须严格参照教学论的所有原则;要根据教学内容、教学特点、组织形式等循序渐进地制定教学目标,并考虑整个系统可能的情况;选择某种教学方法或策略的优缺点应充分考虑到;可以选择多样化的教学方案;教学过程中的不可控因素较多,教师应随着教学过程中学生的变化慢慢改善方案。

(四)范例教学理论

范例教学又称范例性教学、示范方式教学等,范例教学指的是利用优秀的示范性材料帮助学生掌握个别到一般的规律性知识。范例教学的教学目标可总结为三个统一,即为解决问题的学习和系统性学习的统一、对知识的掌握和能力的培养的统一。范例教学在教学内容的选择上遵循基本性、基础性、范例性。范例教学理论认为教学要重新架构教学内容,选取学科典型材料,形成一个汇集各种知识的"稠密区",让学生在"稠密区"内进行思考和探究,从而达到触类旁通,通过掌握一个或一类材料掌握同类型或其他类型的规律性知识。

施腾策尔将范例教学总结为四个阶段:第一阶段,通过具体、直观地示范个例,帮助学生抓住该个例的内在本质和特征;第二阶段,示范同类材料,让学生根据特点归纳推理,认识这一类事物的特征;第三阶段,理解和掌握该类事物的规律;第四阶段,获得认识社会与生活之间的联系阶段。

二、教学模式分类

(一)探究式教学模式

1. 探究式教学的内涵

探究式教学模式是以布鲁纳的发现学习理论为理论基础的一种教学模

式。Inquiry 一词意为"探究、探索、寻求",而探究式教学则为 Inquiry teaching。说到探究式教学,首先要明确什么是科学探究。科学探究指在教育领域内学生学习知识所进行的各种探究活动。探究式教学的含义可以总结为两层:一是以探究的方式获得知识与方法,培养科学态度;二是将科学探究本身作为课程的主要学习内容,学习各种探究的方法步骤。探究式教学模式是以生活中的具体事例或具体问题为出发点,以解决问题为中心,让学生自主探究,从而提高学生的探究能力,培养学生的科学态度和科学素养。

我国的物理教学大多数是以包含第一层含义的探究式教学,而包含第二层含义的探究教学鲜少见到,往往被融入第一层中。需要注意的是,探究式教学模式以学生的实践探究为主要形式,不同的教学目标和课程逻辑会形成不同的教学形式。所以教师在进行探究式教学时,要考虑到由于课程内容的特点、数量、难易程度、学生的知识技能与水平等影响教学目标和课程逻辑的因素。

2. 探究式教学的分类

探究式教学的分类方式较多,较典型的有两种分类方式。

第一类,根据开放水平可分为结构探究、有指导的探究、开放探究。结构探究指教师将要探究的问题和探究方法告诉学生但不提示探究结论,让学生自己探究得出结论。有指导的探究指教师将要探究的问题告诉学生,学生需要自己选择探究方法、查找探究材料进行探究并得出探究结论。开放探究是一种将所有自由权都交给学生的探究方式,包括提出问题、选择探究方法、进行探究并得出结论。

第二类,依据探究目的的差异,将探究教学分为发现式探究、表达式探究、应用式探究和训练式探究。发现式探究指为发现某个事物或问题的特点、本质、规律等进行的探究。表达式探究指为表达或描述某个复杂的事物而创造一种形式化的表达方式的探究过程。应用式探究指为了解决一些应用型的问题而进行探究,该探究模式可以用已有的知识对一些疑难问题进行解释,可以用知识找出解决问题的方法,也可以通过制作一些仪器来解决问题[①]。

---

① 安金典. 高中物理课堂教学中探究式教学模式的研究[D]. 济南:山东师范大学,2016.

3. 探究式教学的方法

不同的课程内容、课程目标以及学生的认知水平,决定了探究教学的形式、手段、环节等的不同。不同形式的探究教学,其教学过程不同。目前我国中学物理探究式教学中最常用的探究教学流程如下:

第一步,创设情境,提出问题。教师通过现代技术、实验、观察图片等方式引入一种情境,从中发现问题并让学生描述出来,教师再帮助学生明确要探究的主题,提供给学生探究所需的材料、仪器等。

第二步,猜想假设,设计实验。本环节,教师要让学生自己思考问题并设想可能的结果,同时设计合理的实验方案证明自己的假设。

第三步,实验探究,得出结论。该环节学生根据自己设计好的实验方案、教师提供的资料及器材进行实践操作并完成实验,得出实际结论。

第四步,分析讨论,交流反思。学生比较实验所得结果与猜想假设的结论有何区别。实验小组间互相交流讨论并反思造成猜想结果与实际结论有差异的原因是什么以及实验误差对结果的影响能否忽略等问题。

(二)自学—辅导教学模式

1. 自学—辅导教学的概念

自学—辅导教学模式是基于建构主义学习理论、人本主义学习理论下的一种教学模式,该模式指的是学生在老师的指导下,以自学为主的学习过程。

学生要使用教师提供的资料或材料自己寻找问题的答案,但可以讨论、交流各自的观点和意见。接着需要教师启发,在教师对学生进行知识重难点启发的基础上,学生对知识进行总结和做一定的课后练习。在自学—辅导教学模式中,教师的主要职能从以前的系统性地讲授知识转变为以启发引导为主。学生的学习方式从被动地接受教师讲授的知识转变为现在从内而外地自我建构知识。这既使学生掌握了知识,同时又可以培养学生独立自主学习的能力与习惯。

2. 自学—辅导教学的建构原则

完整性原则,指应用自学—辅导教学模式进行教学时,必须囊括教学目标、教学方法、教学用具、教学过程、教学组织形式等各方面内容。

操作性原则,指该教学模式必须体现出可运用性和实践性。教学模式是教学理论的实践和具体化,所以在构建该教学模式时应充分考虑高中物理教学的实践性,必须确保该教学模式的每一环节都是可操作的、可实践的。

双主性原则,指在自学—辅导式教学模式中应当体现以教师为主导、以学生为主体的作用。模式的设计应该紧绕着学生的认知发展水平,以培养和提高学生的学习能力、学习兴趣为主,坚持以学生为主的教学原则。

发展性原则,指教师在运用该模式进行教学时还应该考虑学生今后各方面能力的发展。该教学模式不仅提倡培养学生的自主学习能力,而且强调在此基础上的合作学习和探究学习能力的提升。高中物理教学中该模式的应用比较少见,所以还应该在实践中多作改进。

(三)抛锚式教学模式

1. 抛锚式教学的概念

抛锚式教学(Anchored instruction model)是基于建构主义学习理论和人本主义学习理论的一种教学模式。教师以生活中的实例或与生活息息相关的例子来为学生创造一种学习情境,给予学生一个好的学习动机,让学生能自发地学习并解决问题,以此来构建学生自己的知识结构。而"锚"指的是教师为了创设某种学习情境而列举的某个具体的实例或抛出的某个问题。"抛锚"指的是确定所要研究问题的过程,就好像船将锚抛出到水底将船固定了一样。当这个问题确定之后,整节内容的逻辑思路与教学过程也就确定了,如此来激起学生的学习兴趣,让学生乐于学习知识,在解决问题、分析问题的过程中构建自己的知识框架。

2. 抛锚式教学的实施步骤

第一步,创设情境。教师给学生创设一个与生活实际密切相关的物理知识性的具体情境,这个情境可以是真实的也可以是类似真实的。其目的主要是为学生的探究指明方向,同时让学生体验物理与生活实际之间的密切联系。

第二步,确定问题。创造一个情境后,学生的注意力都在情境中,这时学生的学习兴趣非常高,在此时"抛锚",即抛出要研究的问题,这样本节课的教学内容就能大致确定下来。但需要注意的是,抛出的问题应难度适中,应结合学生的"最近发展区"来确定问题,这样学生就能通过自己的努力得到结果,增强成就感与学习动机。

第三步,自主学习。确定问题后,学生应先进行自主探究学习。这个自主学习并不是指自学,而是教师提供给学生线索和资料,让学生根据自己已有的知识和资料扩充自己的知识结构。

第四步,协作学习。抛锚式教学的优点之一就在于减少了教师讲、学生听的教学时间,将课堂交给学生。但由于学生的认知水平会有差异,所以对问题和知识的理解难免会有些片面,这就需要教师或同伴的帮助。协作交流可以让学生的思想发生碰撞,相互融合,这样也就有助于学生理解最终答案。

第五步,效果评价。抛锚式教学就是在处理问题的过程中收获知识,而学习的效果就体现在对问题解决的好坏上。在学生成绩的基础上进行自我评价、小组评价、教师评价等多方面的评价,能更全面更准确地反映学生的学习效果。

3. 抛锚式教学的优点

第一,抛锚式教学是有意义的教学。抛锚式教学是学习者在情境中发现问题、确定问题、解决问题并通过自主学习与合作学习扩展自己的知识框架,且每个学生对知识的理解都有不同。所以抛锚式教学是多元化的、有意义的教学。

第二,对学生的发展起到很大的作用。抛锚式教学的特点之一是学生要建构具有一定深度的知识,而这就需要生生互助与合作,但合作的前提是学生本身对知识也有一定的具体认识。所以抛锚式教学不但能提高学生的独立自主学习能力,而且能锻炼学生与人合作、交流的能力以及语言表达能力。

第三,抛锚式教学中教师的角色发生了较大的改变。教师变成了课堂教学的合作者,与学生共同建构知识,还要把控教学的节奏。学生遇到困难时教师可以提示但不能将方法都告诉学生,并且在教学推进的过程中,教师要慢慢地减少教学的脚手架,让学生的学习逐步地接近独立自主。这样教师的教学就不再是像教书匠一样拿着课本讲,而是用教材研究教学,从而转变成教育专家。

(四)范例教学模式

1. 范例教学的概念

范例教学模式是一种以建构主义学习理论、范例教学理论为理论基础的教学模式。"范例"指可供后来者参考的典型例子。"范例教学"指教师选取包含物理本质的典型例子,学生通过分析具体典型例子从中观察分析某事物的特征、规律等来掌握从个别到一般的学习知识的方法。这样既可以创新学生的思维,又可以培养学生独立思考、解决问题的能力。

范例教学要求教师在备课时确定清晰的教学目标。选取的范例要有典型性和范例性。教学过程要遵循基本性、基础性、范例性等原则,让学生自己在范例中发现问题,自己探究、寻找问题的答案。

2. 范例教学的优势

第一,范例教学有助于学生更系统地掌握物理知识的原理。物理范例教学是利用基本性和基础性的原则进行教学,主张通过范例让学生对物理概念或物理规律形成从特殊到一般的系统性认识,也让学生在此过程中掌握这种分析事物的方法,在今后的学习中也能快速地掌握其他知识。

第二,范例教学有助于促进学生知识迁移。范例教学是将典型的例子、好的例子加以剖析,让学生从中发现问题、独立地解决问题。教师起到引导学生分析的作用,在引导的过程中可以发散学生的思维、增强创新意识,使学生将问题理解后加以创新再进行迁移和应用。这样可以培养学生独立自主、合作探究的学习能力。

(五)合作教学模式

1. 合作教学的概念

合作教学模式是以建构主义理论、多元智能理论、最近发展区理论为理论基础的一种教学模式。小组合作教学就是将整个班级分成规模为三至五人的若干个小组,在每个小组中分别确定一个小组长,再根据小组成员的能力和特长将教学任务进行分配,使他们承担不同的角色和位置,对教学任务合作实施,最后小组内部进行异质交流,组间进行同质竞争的教学模式。

2. 合作教学的特点

第一,合作教学能极大限度地激发起学生的学习兴趣。分组合作的教学方式能充分体现以学生为本的教学原则,教师根据学生的发展需要和认知水平将教学任务设置成不同难度的问题再分配给小组。小组通过合作交流得出答案,这样能很大程度地提高学生的学习兴趣。

第二,合作教学能培养学生的团队合作意识。教师将问题分配到小组后,小组内每个人先独立思考,在组内进行合作交流,最后全班的小组之间再进行讨论。这样能让全班学生都参与到学习中,团结合作、共同进步。

第三,合作教学能有效地提高教学效率。俗话说:"众人拾柴火焰高。"众人的力量比一个人的力量要大得多。教师提出的问题有易有难,一个人可能无法将所有问题都解决掉,但大家的想法汇聚在一起,思想之间发生碰撞,就会有不一样的效果。教师在学生讨论得出结果的基础上再加以纠正或提点,能非常有效地提高课堂教学效率。

第四,合作教学能提高学生的多项能力。"授人以鱼,不如授人以渔。"教师不能只传授给学生知识,更重要的是传授给学生学习知识的方法和技能。而合作教学能让学生在与同伴交流探究的过程中既学习了知识和方法,又锻炼了团结协作的交际能力。

(六)发现式教学模式

1. 发现式教学的概念

发现式教学模式是一种以布鲁纳发现学习论为理论基础的教学模式。发现式教学模式是指教师引导学生发现问题、分析问题、解决问题,以学生发现问题和探索解决问题为主要目标的一种教学模式。这种教学模式非常注重学生学习的过程与方法,而不是结果,教师要引导学生,而不能将结果告诉学生。发现式教学模式充分体现了"教师为辅导,学生为主体"的教学理念。

2. 发现式教学的实施步骤

第一步,引导学生提出问题。提出一个问题往往比解决一个问题更重要。因为解决问题需要的是知识和技巧,而提出问题却需要有创造性的大脑。教师首先创设相关的情景并启发学生,让学生在情境中发现问题、分析问题,寻求解决问题的方法并解决问题。

第二步,引导学生对问题提出假设。教师启发学生发现问题并提出问题后就要着手解决问题。引导学生运用现有知识对提出的问题先分析再作出合理的假设,并设计验证假设的方案。在这个过程中学生的思维都比较活跃、开放,积极性也较高。

第三步,形成概念。假设被提出后就要接着论证假设的正确性。学生要根据自己设计的方案进行论证。若假设成立,那么这就是本节课学生要学习的内容,并且学生要将这些知识进行归纳总结,从而形成物理概念。

第四步,知识迁移。教师要引导学生应用形成的概念,这样能巩固学生对该知识的记忆,也能增强学生对知识的理解。

(七)支架式教学模式

1. 支架式教学的概念

支架式教学是基于建构主义学习理论、认知主义学习理论的一种教学模式。"支架"一词最早出现在300年前,其原意是指在建筑行业中,工人们在建造、修屋时所用来提供暂时性的、起支撑作用的脚手架,当房屋建好之后,脚手架就会被撤去,只剩建筑物。而在教育中,学生的学习和成长需要成人或较强的同伴的协助,而这种协助应该建立在学生当前的认知层面和结构基础上。当学生的认知水平逐渐增强到一定程度的时候,就能自己建构知识、自己完成学习任务。所以,教师的教其实就是在为学生搭"脚手架",当学生的学习能力和认知水平达到能自己完成学习任务的时候,教师就可以及时地拆掉支架。

2. 支架式教学的环节

第一步,搭建支架。在该环节中,教师需要根据教学的内容,结合学生的"最近发展区"搭建适合的支架,使学生按照教师搭建的支架逐步达到能自己学习的高度。

第二步,进入情境。在该环节中,教师需根据搭建好的支架,寻找合适的契机将学生带入合适的情景当中。

第三步,独立探索。在该环节中,在学生独立探索初期,教师应该对学生加以引导和启发,并提供相关知识概念及原理。在学生探索中期,教师可为学生提供合适的支架,使学生沿着支架上升。学生达到探索后期时,教师可逐渐撤掉支架,让学生自己探索。

第四步,协作学习。在该环节中,教师将学生进行分组,然后以小组为单位进行讨论。教师可在组间巡视然后加以提示指导。最后让小组进行汇报交流,使学生能全面学习到本节知识。

第五步,效果评价。在该环节中,教师引导学生对自己所学内容和学习过程进行自我评价,小组对学生进行评价。教师在该过程中既要关注学生的学习过程,又要关注学生的学习结果。

第四节 学与教方式有效结合案例

将学生的有效学习方式与教师的有效教学模式互相同化、融合,能分别将学习方式和教学模式的作用最大化地发挥出来,教育效果更佳。笔者根据对高中物理学习和教学中几种常见方式的研究,将能达到更好效果的方式两两结合,总结出如下几个案例。

一、探究学习—合作教学

《实验:研究平抛运动》(片段)

教学过程			
教师活动	学生活动	探究学习	合作教学
课前将学生分组(5人一组) 一、复习回顾,引入新课 上节课我们学习了平抛运动的理论知识,这节课我们来通过实验的方法探究一下,平抛运动的特点与我们上节课的理论是否一致。本实验可以不考虑空气阻力的作用。请大家思考一下我们要怎样得到物体做平抛运动的轨迹?得到平抛运动的轨迹之后应该怎样处理?	学生:抛出小球,大致记下小球位置,再多次抛出小球,使位置更精确。对轨迹中的某几个点,求小球在这几个点的速度大小。学生讨论得出做平抛运动的物体在水平方向做匀速直线运动,若轨迹上任意点的横坐标为x,则有: $$v_0=x\sqrt{\dfrac{g}{2y}}$$	提出问题	学生分组 独立思考

81

续表

教学过程			
教师活动	学生活动	探究学习	合作教学
二、进行实验,推进新课 水平抛出的物体在竖直方向做自由落体运动,所以物体的加速度等于 g,它在 y 方向的位移变化符合自由落体运动的物体的位移时间关系: $$y=\frac{1}{2}gt^2$$ 根据轨迹线上任意一点的纵坐标可以得出时间 t 请以小组为单位讨论,若要计算物体的初速度,还需要得到什么量?应该怎样计算? 小组讨论:实验具体步骤和需要注意的、可能会出现的问题以及解决方法 实验操作:学生到实验室以小组为单位开始进行实验 在学生实验过程中教师进行记录和指导 三、得出结论,总结交流 请学生将所得平抛运动轨迹在测量和计算后将数据填入表格。小组讨论在实验过程中会遇到什么困难,如何解决困难,应在实验中注意什么,结果产生误差的原因有哪些	学生可能存在的问题: (1)小球运动太快,不容易记录小球的位置 (2)由于实验装置不够精确,小球的抛出点并不是绝对水平 (3)小球位置的记录本就不够准确,用刻度尺来测量小球的位移,误差更大 解决办法: (1)第一次抛出后,粗略记录小球大概的位置,再多次抛出,更准确地记录小球的位置 (2)利用铅垂线来判断斜槽末端是否水平 计算小球速度时,选几个不同的点,先测出各点的横坐标和纵坐标 y,利用公式 $v_0=x\sqrt{\dfrac{g}{2y}}$,可计算出小球的初速度,最后根据测得的多组数据算出 v_0 的平均值 学生:小球被抛出后运动太快,来不及记录小球的位置,导致小球的位置记录不准确	独立思考 猜想与假设 设计实验 动手实验 数据记录及数据处理 得出结论	 讨论交流 合作学习 总结提升
课后反思			
本节课从理论上学习推导了平抛运动初速度的计算公式。在实际操作中学会了怎样得到平抛运动、得到平抛运动的轨迹,如何在实际中控制平抛运动,在实际中怎样计算平抛运动的初速度等			

二、合作学习—支架式教学

《机械能守恒定律》(片段)

教学过程			
教师活动	学生活动	探究学习	合作教学
一、新课引入 前面我们已经学习过动能、重力势能和弹性势能的相关概念和表达式,且不同形式的能量之间是可以相互转化的	课前按照分组坐好	划分小组	
而物体所受的合外力对物体所做的功的大小等于物体动能的变化,重力对物体做的功等于物体初末位置的重力势能之差 今天这节课我们就来定量地学习动能与势能之间的转化以及转化的规律			搭建支架
二、推进新课 动能和势能的转化 演示单摆: 如图所示,将用细线悬挂的小球在 A 点释放,若不考虑空气阻力,则小球可以到达与 A 点等高的 C 点。到达 C 点后又往回摆,继续到达 A 点所在的高度	学生观察单摆运动		学生进入情境
请大家先独立思考,再小组讨论以下几个问题: (1)在整个过程中,有哪些力做功? (2)动能与势能如何变化?	学生先独立思考,再讨论交流	讨论交流、合作学习	独立探索、协作学习

续表

教学过程			
教师活动	学生活动	探究学习	合作教学
请每个小组派出一位代表来说一说你们的讨论结果			
同学们说得很对,所以当小球运动到最低点时,速度达到最大,在 A 点和 C 点时小球速度最小。从 A 点运动到最低点的过程中,动能增大,重力势能减小,重力势能转化为动能;从最低点运动到 C 点的过程中,动能减小,重力势能增大,动能转化为重力势能。在整个过程中,动能和重力势能的总和保持不变 同理,弹性势能和动能之间也可以相互转化。比如拉弓射箭的过程中弹力做正功,弹性势能减小,物体的速度增大,动能增加 我们把动能、重力势能、弹性势能统称为机械能	所有小组都能得到以下结论: (1)小球从 A 点运动到 C 点的过程中,只有重力做功 (2)小球从 A 点到最低点的过程中速度不断增大,动能逐渐增大,重力做正功,重力势能减小;从最低点到 C 点的过程中速度逐渐减小,动能逐渐减小,重力做负功,重力势能逐渐增大	讨论交流、合作学习	独立探索、协作学习
请每个小组的每位成员都举出动能与重力势能或弹性势能互相转化的例子并加以分析,然后每位组员对这位同学的分析打分,并说明你打这个分数的原因,以十分为满分,现在开始(教师巡视学生对学习任务的完成情况) 教师对整节课所有学生的表现作出记录与评价	学生所举例子中,以弹簧为例分析弹性势能与动能转化、以小球从光滑斜面滚下为例分析动能和重力势能互相转化的居多,还有以圆周运动为例分析机械能是否守恒的(学习兴趣很高、气氛比较活跃)	独立思考、合作交流	效果评价

三、合作学习—抛锚式教学

《生活中的圆周运动》(片段)

教学过程			
教师活动	学生活动	合作教学环节	抛锚式教学环节
一、创设情境,引入新课 将全班学生按照合作学习分组原则进行分组 大家都知道林志颖是谁吧?对,他是一位明星,但了解他的人都知道他不仅是一位明星,他还是一位国际赛车手。他在参加国际比赛时,开着赛车经过弯道时都要减速,如果不减速的话会发生侧滑,这样会有生命危险		学生分组	创设情境
请大家思考并讨论一下,为什么赛车会侧滑?什么样的办法可以让赛车手既不用减速又能保证不发生侧滑?	学生先独立思考,再与小组成员进行讨论交流	以组内异质、组间同质的形式进行组内和组间的讨论交流与合作学习	抛"锚",让学生自己独立思考问题
讨论结束,请每个小组派出一位代表来说一说你们组的观点	学生回答:因为赛车转弯时做圆周运动,静摩擦力提供向心力,当摩擦力不足以提供向心力时就会侧滑		
我们先看一个更典型的例子:火车转弯的问题。(课件展示火车转弯的相关图片)火车转弯时的运动近似为圆周运动,铁轨对轮缘的压力提供向心力,这会对轮缘和铁轨造成磨损,而铁路工人经常将火车转弯处的铁轨外侧垫高,请大家思考这是为什么?	学生思考后回答:因为火车转弯需要向心力。将外侧垫高的话可以提供火车所需要的向心力		
能通过画图来表示一下吗?	有的学生能勉强画出示意图,大多数学生表示不会作图		

续表

教学过程			
教师活动	学生活动	合作教学环节	抛锚式教学环节
请小组内讨论一下如何通过画图说明垫高铁轨能提供火车需要的向心力	学生分组讨论	合作交流	协作学习
检查讨论结果	当把铁轨的一端垫高后,火车受到的重力与支持力的合力提供火车做圆周运动的向心力 （图：斜面上的物体，受力 F_N、F、G，角度 θ）		
对的,这样火车的轮缘就不会挤压内外铁轨,因此也能起到保护铁轨的作用 且有 $mg\tan\theta = m\dfrac{v_0^2}{r}$ 则 $v_0 = \sqrt{gr\tan\theta}$ 所以,若要使火车转弯时对铁轨无磨损,就要以规定的速度行驶	学生讨论: (1)当 $v=v_0$ 时,$F_合=F_向$,火车对内外铁轨均无压力 (2)当 $v>v_0$ 时,$F_合<F_向$,火车对外侧铁轨有压力 (3)当 $v<v_0$ 时,$F_合>F_向$,火车对内侧铁轨有压力	讨论交流,学生之间取长补短,提升理解力与语言交流能力	
课堂训练: 通常情况下,火车转弯处的铁轨两侧都是有高度差的,对此说法正确的是(　　) A. 为了让火车顺利转弯,减少车轮与铁轨间的摩擦 B. 火车速度越小,车轮对内侧铁轨的压力越小 C. 火车速度越大,车轮对外侧铁轨的压力越大 D. 这是为了使火车转弯时,由重力和支持力的合力提供部分向心力	学生对错比较明显,有一部分学生不会分析		学习效果评测

第四章 物理基础教育教学策略与方法研究

教学的过程中所运用的手段和方法总称为教学方法,它是教师和学生的共同目标。然而,国界不同、文化历史与底蕴的不同,以及不同学者对教学方法有认识偏差,即使在不同时期,研究学者对教学方法的概念界定也不尽相同。但是教法、学法以及教与学的方法之间存在着共性:为了满足教学目标而提出教学方法,教学方法完善师生双方的教学活动内容。

苏联教育学家巴班斯基的《教育学》里说:"教师和学生在教学过程中为解决教育和发展任务而展开有秩序的,相互联系的活动的办法。"由此可以看出,这种说法是从本质和内涵揭示教学方法。美国教育学家拉斯卡对教学方法的解释是"教师发出和学生接受学习刺激的程序"。教学方法的分类有很多,根据新行为学习理论,可以将教学方法分为呈现方法、实践方法、发现方法、强化方法四种基本教学方法。微斯顿和格兰顿都为英国的教育学家,根据教师和学生交流的媒介,教学方法被分成四大类,所以操作性和描述性是他们教学方法所侧重的。

按照外部形态,李秉德教授将教学方法分为五大类:第一类以欣赏活动为主,第二类以直接感知为主,第三类以引导探究为主,第四类以语言传递为主,第五类以实际训练为主。但是黄甫全教授则将教学方法分为三个层次:第一层次原理性教学法(假设设教学法、启示法、发现法)。第二层次技术性教学法(讲授法、谈话法、演示法、参观法)。第三层次操作性教学法。

第一节 教学策略和方法概述

物理学科中存在着一些微观的现象概念和规律。如果完全依靠老师的讲解和学生的想象是达不到理想的教学效果的。对于初中学生,虽然有一定的独立思考和想象能力,但其抽象思维能力还不完善,对于一些物理的过程是不能在脑海中展现出它的过程的。另外,传统的初中物理教学方法有很多不足之处,如学习策略和教学方法,受应试教育压力的影响。物理教师角色定位出现偏差,大多是以教师为中心采用灌输式教学,没能独立解释物理现象,只是教师单面地要求学生识记相关概念公式。

在日常生活中,学生已有自己的知识经验。因此,教师在教学过程中不能忽略学生已经具备的这些经验,要把学生已经掌握的知识经验铺垫成新知识的"垫脚石"。启发学生从现有的知识经验之中得出新的经验知识。学习是一个学生自己构建知识的过程,在这一过程中,学生不是单纯地接受知识的人,而是意识的主动构建者,这种构建只能由学生自己完成,而不能被他人代替。教师在教学中要为学生创造良好的学习氛围和环境,激发学生的推理,加强学生之间的合作,提高学生分析等高级思维能力。

一、中学生学习特点

(一)学习的互动性

学习的过程实质上就是学生学和教师教的过程,这两者之间严丝合缝的结合,使学生和教师互相促进发展实现共赢。在另一个方面,学生与学生之间的互动也属于学习过程的互动性。交互教学和合作学习是教改的主要趋势。

(二)学习的间接性

在学习的过程中,学生学习的是前人的经验,没能亲身发现经验。故此经验的获得具有间接性。

(三)学习的全面性

在教学的过程中,教学设计有三维目标,学习的目标也围绕这三维目标次第展开,学生的发展不单单限于课程的知识和技能,智能也是不可或缺的一个方面,良好的行为习惯、高尚的道德品质都是人格发展的需要。

(四)学习的连续性

在学习的过程中,课本内容的安排是一环紧扣着一环的,逻辑性强、紧凑性严。前面课程的学习为后面奠定了基础,后续的学习课程又是前面课程的延续和提升。

二、物理教学方法概述

受不同文化背景、社会氛围的影响,不同国家的学者对物理教学方法存在不同的认知。苏联学者侧重于概念本质,教师和学生为了完成特定的教学任务,从而进行理论和实践认识活动,把这种途径称为教学方法,同时也是为了有秩序地展开教育和发展任务的活动而产生的办法。

我国教育专家所认为的教学目标是为达到教学目的、实现具体教学内容、在教学原则指导下形成的一套师生相互作用而进行的教育活动。

这些看法虽然并不一致,但都在试图揭示教学方法这一概念的本质属性,可以看到它们之间存在着一些共性特点。

三、物理教学方法选择原则

各种教学方法有各自的优缺点,所以一堂课教学方法的选择是多种教学方法的结合,在教学过程中,我们要根据教学目的、学生特点、教材内容以及教学环境选取合理的教学方法,达到最理想的教学效果。

(一)实现教材内容

通常而言,动作、情感、认知是教学目标的三个领域。三维目标又分为多个层次。对于不同领域的目标要相应地选取教学手段和方法。例如,教学目标是为了老师和学生共同解决 个实际问题,则可采用问题讨论法,以此来启发学生思维、培养学生解决问题的能力;如果以观察某个物理过程为目的,则可以利用教具或者实物甚至现代教学媒体进行演示,也就是演示法。因此,对教学方法的选择主要看教学的目的,也就是知识与技能、过程与方法、情感态度价值观三个方面的目标。

(二)满足教材内容

对于一门自然学科,学科的性质也是制约教学方法选择的一个重要因素。初中用到的教材有人教版、苏科版、鲁教版等多个版本。不同版本的教材在内容的编排上会有所不同,而且在学科的不同阶段内容也不相同。对于学生来说,能力的要求、知识的侧重与技能的培养也不一样,故此,选择教学方法要灵活多变。这要求教师熟悉每一个教学方法的适用范围、条件,能够依照不同教材、不同单元、不同内容选取合理的教学方法。例如,可以用实验探究法来学习滑动摩擦力与哪些因素有关;用启发式教学来学习静摩擦力的方向和大小。

(三)符合学生特点

初中学生受智力因素、非智力因素以及知识水平、认知方式等诸多因素的影响,他们对不同方法接受能力不同,对一堂课知识的吸收也有差异。所以,教学过程中教学方法的选择受到学生具有的知识水平和心理特征的制约。同一个年级,学生个体之间,教学方法的适用性也不相同,据此,要求老师在教学过程中先要系统科学全面地研究学生的特点,再针对性地选择教学方法。

(四)适合教学环境

受经济条件的制约,学校与学校之间在教学设备、教学空间、教学时间和教师资源等方面存在较大差异。这些因素在一定程度上制约了教学方法的充分发挥。例如,多媒体教学就要求学校安装媒体设备。所以,教师在选取教学方法的时候也要把这些因素考虑在内,最大限度地发挥教学设备和教学空间条件的功能与作用。

四、常用教学方法

(一)讲授法

"讲授法是教师运用特殊的语言表达,同时辅以演示实验,给学生进行授课的一种教学方法"。讲解的方法不一而足,有从整体到部分、先分解再综合、举例与概括、抽象与具体等的结合,也有教师分解问题启发学生思考,学生先分析,老师再指导。讲授法教学主要要求老师能够从不同层面帮助学生领会新知识的要点和含义,从而使学生将新旧知识联系起来,归纳到自己的知识体系中。

讲授法曾被称为"填鸭式"教学,为什么会被如此诟病呢?主要与教师采取的不当做法有关。教师在讲授的过程中一定要注意讲授内容应处理得当,符合学生的认知心理。能够突出重难点,语言精练、准确、得当,激发学生积极思考。更要立足于学生的感性认识,运用多种思维过程和形式,结合艺术手法使学生发现、处理、解决问题。讲授法对教师的要求较高。教师对教材的掌握要准确、系统、稳定;同时要求老师应把自己掌握的知识吃透,用清晰的表达做出透彻的讲解,对学生的知识盲区及时提问和反馈,激起学生思考,引起学生共鸣。这样就可以提高学生的兴趣,保证学习的效果。

(二)问题探讨法

问题探讨法是师生共同围绕一个问题展开讨论,学生通过教师的启发和指导自主解决问题的方法。以学生质疑、辨析为主,辅以其他教学方法,提高学生综合分析能力,发展创造性思维。使用该方法的前提是问题的设计,在课程开始之前由老师精心设计问题,从而来解决较复杂的问题。这里所说的复杂,是指那些混淆不清,涉及观察、推理、综合、分析、取舍信息等多种解决问题的知识和技能。这样,有利于学生独立解决复杂问题,养成认真、仔细的品质,对学生独立获取知识的能力有着十分重要的意义。但是,这种方法有着严密的逻辑,要求学生具有一定的知识经验和思维发展水平。

问题探讨法的使用要有以下四个步骤:第一,确定含有复杂问题;第二,确定师生角色;第三,确定掌握知识和技能的目标;第四,确定教学时间表。师生的角色发生了根本的变化,确定以学生为主体,负有主要责任,教师则是指导者和评价者。在使用的过程中要注意问题的难度应适当,概念性要强,把重点落在对物理意义的理解和过程的分析上,问题的推出要波浪式前进,有层次、有梯度,能吸引学生的讨论。

(三)演示法

演示法是指"教师向学生展示实物、直观教具,进行示范性的实验或者借助现代化教学手段展示,并结合讲解,促进学生学习的教学方法"。它有直观性、形象性、生动性等特点。学生在教师的演示过程中细心观察,可以提高学生的观察和抽象思维能力以及学生的兴趣。随着科技的日新月异,现在利用高科技演示已经层出不穷,这就更深层次地将以前无法演示的现象得以演示。演示类型包括实物演示、实验演示、模型演示、图片演示、电视电影演示、计算机多媒体演示等。在使用演示法的时候要结合教学的明确目标、学生的感知来合理地决定是否使用演示法,采用什么样的演示法。演示法的使用一定要与教学阶段相适应,教师要根据不同阶段的教学选取不同的演示内容和方式。而且演示的现象要明显,使学生能够明显、直接地观察到现象,从而引发他们思考。同时演示的主题要明确、突出,层次分明。

(四)指导自主学习法

指导自主学习法是指在教师指导的前提下,学生自己阅读课文,从而达到理解、掌握和应用知识的目的。指导自主学习法是一种非常高效的教学方法,学生先要自我监控、自我管理、自我调节、自主进行学习,然后标注出自己不能理解或者理解不透彻感觉有问题的知识点,再寻求教师的指导,以解决学生最近发展区问题。它的核心是激发学生学习的主动性、积极性,体现学生的认知主体作用。首先要明确学习的意义,使学生把握学习的方向,这样有利于培养学生自主学习的能力。其次揭示学习目标促进学生自主建构知识。教师应根据学生的知识经验指导学生主动学习而编制目标,帮助学生将新旧知识建立起联系。

但是学生在学的过程中会遇到很多干扰因素,比如不能够很准确地把握重难点,也不善于归纳和分析,对于自身的能力认识不足等,这时候老师依据学生的个性差异,适时提供指导,帮助学生对自己的学习方式作出自主选择,帮助学生排除干扰。

指导自主学习法的一般模式是公布提纲—制定自学范围—自由讨论—全班讨论—师生质疑—答疑小结—检查结果。教师还应该巡视,了解学生存在的问题,加以指导。

(五)科学探究法

科学探究也指学生们用于获取知识、领悟科学的思想观念、领悟科学家们研究自然界所用的方法而进行的各种活动。

在应用科学探究法的过程中要明确教师角色。鼓励学生搜集证据形成解释,养成有据可依的习惯,也要鼓励学生之间进行比较、拓展思维、评估解释。教师要构思一个用学科知识才能解决的议题,充分发挥学生们的想象能力。让学生在观点不和或者矛盾的时候进行探讨交流,引导学生认真听取别人的意见。指导学生领悟科学探究的方法和思想,重视对科学方法的正确掌握,注重科学方法的整体性,养成正确的科学精神和科学态度。

科学探究法和科学家的探究是有根本区别的。这两者的主体不同,科学探究法的主体是正在学习经验知识的学生,而科学探究的对象是未知的自然事物和现象。科学探究法是一种积极向上的教学方法。它要求教师把科学当作一种过程,而不仅仅注重教学的过程。

第二节 探究性实验教学策略及实践

面对日益竞争激烈的高科技发展,社会急需创新型人才。物理学的发展促进了各个领域科学技术的进步,使人类的生产和生活发生了翻天覆地的变化。如今中学物理基础教育不仅注重知识的传授,而且关注学生创新能力与实践能力的培养。要求学生经历科学探究过程,具有初步的科学探究能力,养成良好的思维习惯,会用科学知识和科学方法分析问题、解决问题。拥有独立思考,尊重事实,敢于质疑、勇于创新的科学态度和科学精神。这就要求教师在教学的过程中革新教法。理论和实践表明,探究性实验教学不仅能让学生主动地学到知识,而且能让学生参与到实验过程中,锻炼学生的实践能力,培养学生的科学态度与科学精神,从而提升学生的科学素养。

一、探究性实验教学的内涵

要知道什么是探究性实验教学,首先要清楚什么是探究性实验。探究性实验是以问题为对象,进行猜测假设,经过自己思考与探索,得到正确结论的一种活动。探究性实验的步骤为提出问题—猜想假设—实验探究—分析论证。探究性实验教学就是将物理教材中的知识,作为探究性实验的结论,在教师的指导下,以学生为主体,让学生自己拟定实验计划,设计实验方案,选择实验器材,动手操作,收集证据,总结得出结论,表达交流。这样的教学形式就是探究性实验教学。

探究性实验教学的教学过程为创设情境,引入问题—分析问题,提出假设—制订计划,设置实验—进行实验,获取证据—分析数据,得出结论—表达交流,完善结论。

探究性实验教学一改传统教学模式,将学生被动地接受知识转变为主动地探究知识,强调了学生的主体性。有效地结合学生的心理特征,在实验探究的过程中,激发学生的兴趣,调动他们的好奇心。通过观察实验现象,促进学生的形象思维向抽象思维更好的过渡。学生自主探究实验,锻炼学生的动手能力,培养学生的创新思维与观察能力,让学生学会用科学的思维与方法分析问题并解决问题,从而养成严谨求实、敢于创新的科学态度和科学精神。探究性实验教学教给学生的是"渔"和"鱼",能让学生更好地全面发展,培养出现代化需要的人才。

二、探究性实验教学存在的问题

探究性实验教学是在一定的问题情境中,让学生像科学家一样模拟地探究问题,体会科学的研究过程,领会科学研究方法,建构科学知识系统,为以后学习奠定基础。通过调查与研究探究性实验教学,在现今探究性实验教学的实施过程中,笔者发现存在以下几个问题。

(一)不重视学生自主提出有价值的问题

1. 提出有价值问题的意义

牛顿说过"提出问题往往比解决问题更重要"。问题的提出,体现了学生对事物进行了分析与思考,有价值、有意义的问题提出是相当重要地。探究性实验教学注重学生的问题意识,培养学生的思维能力,让学生能大胆、积极、主动地提出有价值、有意义的问题。通过对问题分析与思考,让学生从发现事物的表面问题向发现事物的本质问题发展,逐渐提升学生敢于质疑的能力。当一个人发现问题并思考如何解决时,他的思维才算真正启动。

2. 存在的问题

第一,学生表现出不敢问、不愿问、不会问的现象。出现这些现象,一方面是学生性格胆小害羞,学生对所学知识不感兴趣,学生没有融入问题的情境中,对问题的理解不到位;另一方面是教师在教学过程中过于严厉。课改强调平等的师生关系,这样有利于教育发展,但传统教育观念仍起主要作用。在现实教育中,一般会有这样的情景出现:当学生满怀欣喜地向教师提出没有价值的问题时,教师往往会忽略这样的问题,打消学生提问的积极性。

第二,教师直接给出问题。教师不能创设有效情境引出问题,当学生提不出问题时,着急之下直接给出问题,让学生进行探究。受传统教学的影响,有的教师不注重问题的引入。

3. 改进措施

通过对以上问题地分析,提出几点改进措施:第一,教师营造宽松、和谐、愉悦的课堂气氛,让学生知道自己是学习主体,让学生敢问。对于胆小害羞的学生,教师应多鼓励、多给提问的机会。第二,联系实际的生活情境,考虑学生的亲身体验,激发学生的提问热情,培养学生的提问思维。第三,教师应注重自身能力的培养与教学模式的转变,关心未来人才的培养,不急于求成。一个有价值问题的提出,能给人的思维提供方向和动力,激发探索求知的欲望和克服困难的勇气。提问能培养学生的创新思维,是探究性实验教学的开始,对科学发现有重要意义。

(二)不重视学生的自主性

义务教育课程目标强调学生主动地参与到实验探究的过程中,让学生自己动手,启发学生用科学的思维去解决问题。

1. 重视学生自主探究的意义

让学生自主探究,体现了以学生为主体,让学生主动挖掘知识,增强学生的理解能力、记忆能力的教学目标。亲手操作实验,锻炼实践能力,体会科学过程,领悟科学方法,培养学生创新思维与严谨求实的科学态度。

2. 忽略学生自主性的原因

第一,教师讲解探究性实验的过程。有些教师担心学生做不好实验,把实验过程及结论讲授给学生,学生按部就班地完成实验活动,枯燥无味,降低了学生学习的兴趣和主动性。也有教师让学生提前预习实验,这让学生有过多的参考资料,不利于探究能力的培养,达不到探究性实验教学的目的。

第二,分组实验安排不合理。学生性格的差异在实验中也要注意。首先,如果一组的人数较多,会出现部分同学没有实践实验的机会。其次,教师不注重学生的差异性分组,会造成后进生过度依赖优秀生,又或者说,是优秀生过于主导实验过程,进而主导了其他同学的探究过程。还有的教师分组时不在意男女性别比例,小组内男女比例严重失衡。

3. 改进措施

第一,让学生对本学期所要探究的仪器提前熟悉并掌握操作方法,这有利于学生自主选择仪器。第二,课堂上引导学生制订实验方案,学生自己完成实验,教师只起主导作用。第三,把学生分为优等生、中等生、后进生,将层次不同的分在一组,分组时考虑学生性格、性别、能力的搭配。初中生的好奇心强,精力充沛,对新生事物充满兴趣,让学生自己动手探究、操作实验,会启迪学生的心灵,开发他们的大脑,让他们对科学心生敬畏,培养他们严谨求实的科学态度和敢于创新的科学精神。

(三)不重视学生实验的过程

1. 重视实验过程的意义

探究性实验教学由学生提出问题,制订方案,进行实验并搜集证据,得出结论。这一过程,启发了学生的创新思维,培养了学生的观察能力、动手实践能力,养成学生实事求是、敢于质疑的科学态度与科学精神。

2. 存在的问题

第一,教师过分注重实验结论。如果学生的实验结果正确,就直接地认为学生已掌握实验。不注重实验过程,导致学生为了使实验数据达到预期的结论而拼凑数据。这不利于养成学生实事求是的科学态度。

第二,时间紧迫,对"个性数据"处理不当。"个性数据"是指没有规范操作实验而得到的数据。它从侧面反映了出现正确结论的条件,让学生对正确结论产生更透彻的理解。课堂时间有限,任务繁重,当面对"个性数据"时,有的教师用"误差"搪塞学生,没有对其进行分析解释,打消了学生求知的积极性,让学生对老师的能力产生怀疑。

3. 改进措施

第一,转变教学观念,注重过程发展。教师提前做好实验,总结归纳过程中可能出现的问题,对问题进行分析并做出解释,以便在课堂上及时给学生讲解。第二,依据教学时间,拓展课外探究活动。教师可以利用课外活动时间,对实验中出现问题的学生,指导其再次实验。将有些可以在课后完成的探究活动,让学生利用课后时间或周末完成,教师对其进行检查提问。

三、探究性实验教学的策略

(一)巧设问题情境,开启探究之旅

教师设置巧妙的问题情境,可将学生的注意力吸引到对问题的研究上,激发学生的兴趣,调动学生的好奇心。如何巧设问题情境,这要对初中学生的心理有一定的了解。初中学生的思维以形象思维为主,逐渐向抽象思维过渡。在一定程度上,学生依靠以往的经验分析判断事物,不习惯从理论上进行推导。这就要求教师依据教学实际,透彻掌握教材内容,结合现实生活,给学生提供足够的感性材料,将学生引入问题的情境中,激发学生的探求欲望。

(二)以有效问题为引领,鼓励学生大胆猜想

有的教师泛泛而问的形式不能引发学生的主动思考,起不到提问的效果;有的教师提出的问题超出了学生的认知范围,不论教师怎样引导,学生都面面相觑,没人回答教师的提问。因此,有效提问能引发学生积极主动思考,给学生的探究指明方向。

猜想,意为猜测和想象。大胆的猜想要以有效的问题为引领,这样可以少走弯路,朝着科学的方向迈进。没有有效问题的引领,大胆的猜想就变成胡思乱想。

(三)注重学生自主探究及过程,培养学生的科学素养

中国有句古诗道:"纸上得来终觉浅,绝知此事要躬行。"诗人强调实践的重要性,这符合唯物论的观点。如果教学中只注重理论教育,而放弃了实践教育,培养出来的学生将是思想上的巨人、行动上的矮子。在探究性试验教学中,让学生自主探究,学生不仅可以学到科学知识,练习操作技能,而且可以培养学生学习的积极性和主动性。让每个学生参与到教学过程中,通过思考与实践,充分发展学生的实践能力和创新思维。

(四)延展课堂,拓展课外教学

探究性实验教学的课堂时间有限、目标明确并且形式单一,满足不了学生的好奇心,不能明显地体现出科学与生活的联系。在实验室做实验,实验仪器往往都准备就绪,这使学生形成固定的思维模式。实验本身早已失去了探究实验的特点及培养目标。因此,延伸课外教学,可以解决课堂时间不足的问题,让课堂实验更好地完成。让学生以生活的物品为器材,自己设计实验,对本结论再次验证。学生也可以根据结论,制造一些有趣的玩具,更好地将物理融入生活。

(五)总揽全局,精心设计评价

传统模式的教学下,只有教师一个人对学生进行评价,并且教师大多以学生的学习成绩为主,成绩好的学生总能得到好评,成绩差的学生则被教师批评,这样的评价过于片面,不利于学生全面发展。在探究性实验教学中,应该这样设计评价:

第一,在教师的评价下,引进其他同学的评价,学生自己也参与评价。多人参与评价,能面面俱到,将每一个细节都能体现出来。学生自己参与评价,能让学生更主动地在实验过程中制订计划、实践、检查、纠正等。

第二,终结性评价的同时注重形成性评价。在评价学生实验结果的同时,也要对实验过程进行评价。例如,《探究杠杆的平衡条件》这一节中,学生做实验时得到三组数据与结论对应,即 $F_1 \times L_1 = F_2 \times L_2$,得到了教师的肯定评价,得出结论。实际上,实验数据应存在误差,不可能完全吻合。由于学生早已知道结论,对数据进行了微略修改,教师对这些数据展示并进行肯定评价,这对认真做实验并得到误差数据的学生有误导作用,不利于培养学生严谨求实的科学态度。

第三,关注学生个体差异,对每一位学生合理评价。在教学中,每个学生的能力千差万别,教师应结合学生状况,给予适当评价。对于实验完成优秀的同学,不给予过高评价,适可而止。对试验完成不好的学生,教师应帮助其分析原因,多给鼓励,争取下次完成实验。

十年树木,百年树人。培养人才是一个漫长而艰辛的工作。在教学过程中,教师应该关注每一个细节,注重全面培养学生。因此,要想更好地实施探究性实验教学,教师必须熟练掌握教材结构,透彻理解教材内容,对实验过程细致分析,掌握学生的基本状况,站在培养学生能力及科学素养的角度上教学,才能为社会培养社会需要的新型人才。

第三节 理论课教学策略选择及案例

教学策略是对完成特定的教学目标而采用的教学活动的程序、方法、形式和媒体等因素的总体考虑。在教学中教师合理地选择教学策略和方法,既能吸引学生的注意力,又能激发学生的学习兴趣,从而达到优化课堂的教学效果,提升教学质量。

一、讲授法教学案例

以《质量》教学设计为例,说明讲授法的应用。本节课选自苏教版八年级下册第六章第一节,是继声音和光之后所学的第一种物体固有的属性。本节内容从生活中常见的几种物体引入,区分物体和物质,并得出物体是由物质组成,得出质量的概念。再引导学生结合日常生活得出质量的单位及换算、属性特点以及质量的测量(使用实验测量质量的工具——托盘天平测量物体的质量)。质量概念的建立是本节课的重点,正确使用托盘天平测量物体的质量是难点。学生已能够应用观察、归纳、分析、比较等方法学习新知识,这为质量的学习提供了便利。在生活中经常听到质量,所以中学生对质量已经存在感性认识,但是还不能完全理解和诠释质量的概念。

一、教学目标
1. 使学生形成质量的概念,掌握质量的单位,能够对质量单位进行正确换算 2. 形成质量是物质的一种基本属性,不随物体的形状、大小、位置而发生改变的科学观念 3. 通过教师的讲解,使学生对质量的概念形成基本的认识 4. 通过实验观察,学会托盘天平的正确使用方法,提高学生的实践操作技能,培养良好的操作习惯和实事求是的科学态度
二、教学重点和难点
重点:理解质量的概念;区别生活中的质量和物理学中的质量,它是一种本身的属性 难点:学会正确使用托盘天平测量物体的质量
三、学法和教法
教法:讲授法
四、教学环境及资源准备
多媒体教室、教材、自制课件、托盘天平、体重秤、杯子、水、大头针

续表

教学过程	教师活动	学生活动	设计意图
五、教学过程			
创设情境感知导入	让学生观察上课用的木讲桌和多媒体的铁箱子,再让学生观察铁箱子和大头针 【设问】这几种生活常见的物品之间有什么异同点,大家是如何去分类的?	学生讨论后举手回答	通过身边的实际物体引发学生的思考
	【总结】大头针、铁箱子和木桌子这些具体的有形状的我们称为物体;而抽象的铁和木材我们称为物质	铁箱子是铁制品,木讲桌是木制品 大头针含有的铁比铁箱子含有的铁少	激发学生的学习兴趣,导入新课
	结合生活实际,我们如何理解物体和物质?	物体:具体,具有一定的形状和体积 物质:它是抽象的。又是构成物体的原材料,没有形状或体积 物质组成了物体	启发学生能够明确区别物体和物质。示例的结合使学生能够理解物体和质量之间的差异,使其更直观,更易于理解
提出问题引导学生思考	【思考】生活中的一切物体都由物质构成,物体存在大小之分,我们如何去衡量构成一个物体的物质的多少呢?	结合刚才的生活实例和已有的知识进行思考	培养学生独立思考的能力
新课:建立质量的概念,认识质量和单位	【总结】物理学中把物体中含有物质的多少叫作物体的质量。用符号小写 m 表示	总结现象	
	【结论】 基本单位:千克(kg) 常用单位:吨(t)、克(g)、毫克(mg) $1t=10^3 kg$;$1g=10^{-3} kg$;$1mg=10^{-6} kg$		学生要积极思考、归纳总结、理解记忆
	【补充】 生活中质量的单位还有公斤、斤、两 1公斤=2斤;1斤=10两 1公斤=1kg;1斤=500g;1两=50g		

续表

教学过程	教师活动	学生活动	设计意图
新课导入	【过渡】同学们,大家有没有称过体重呢?知道自己有多重吗?(现场展示体重秤)	学生通过老师提供的体重秤称量出自己的体重,深化学生对质量的理解 一位男中学生的质量大约50kg	学生通过感受,认识到物理和我们的生活息息相关,调动了学生学习物理的兴趣
	我们日常生活中还有哪些测量质量的工具?		学生举出生活中的各种测量质量的工具
1. 认识天平的构造	【过渡】 在实验室中用来测量质量的仪器叫作天平 (天平结构图:分度盘、指针、横梁、托盘、平衡螺母、底座、游码、标尺) 【设问】 1. 用天平能不能测量一个中学生的质量? 2. 用手直接拿砝码会有什么后果? 3. 液体和化学物品用天平直接测量会有什么后果? 【总结】 1. 天平都有称量范围,测量时不能超过其量称 2. 砝码的取放必须用镊子,不能用手触碰,取用后的砝码应该放在砝码盒中 3. 干燥的固体药品须放在质量相同的称量纸上称量,易潮解的药品须放在玻璃器皿中称量	给每人一学生天平及相应砝码盒 首先认识天平的原理及构造,掌握各部位的名称以及称量和感量 因为超出天平的测量范围,所以不能直接用天平测量自身质量 因为我们的手上有污垢和汗液,会加速砝码的腐蚀,生成铁锈,增加砝码质量,影响测量结果	熟练地掌握天平的使用方法,严格把控天平的使用细节 熟练地掌握天平的使用方法,严格把控天平的使用细节

续表

教学过程	教师活动	学生活动	设计意图
2. 质量是物体本身的属性	只给出天平,如何测量出固体质量? 能否把天平放在水平台之后就直接称量固体?如果不能,要做什么处理? 引导学生通过实际操作懂得若指针指在0刻度线的左边,要将平衡螺母向右调接;若在右边,则要向左边调节,直到天平平衡为止	不能,测量前要先调节天平平衡,然后再进行称量 学生动手测量小石块的质量。通过测量,然后读数,记录数据。实验完成后,所有物体都放置到原来位置	动手实验加深学生的理解让学生通过实验学会天平的使用,在发现中锻炼探究物理规律的能力,为终身学习打下基础

二、问题探讨法教学案例

以《力与运动的关系》教学设计为例,说明问题探讨法的应用。本节教材主要内容是关于力与运动的关系,由于牛顿的第一定律是通过分析、归纳和思考在理想的实验基础而建立的,所以对学生的逻辑思维和想象力更具挑战性。因此,对本节中材料的顺序做了精心设计,也就是从日常生活中看到的现象开始。通过对学生的询问,引发学生思考,加强了学生对力与运动之间联系的理解。

一、教学目标

1. 使学生知道什么是物体运动状态的变化
2. 认识到力是改变物体运动状态的条件;知道在受力不平衡时,物体状态将如何改变
3. 通过对实验的观察和实例的分析,总结出力的作用效果、力与运动的关系,加深对力与运动关系的理解
4. 通过问题的分析和推导,培养学生的分析概括能力
5. 通过对生活中实例的分析,激发学生探索自然、认识自然的兴趣以及与自然和谐相处的观念

续表

二、教学重点和难点		
重点:力是改变物体运动状态的原因,明确力与运动之间的联系 难点:明确什么是物体运动状态的变化		
三、教法		
问题探讨法		
四、教学环境及资源准备		
多媒体教室、教材、自制课件		
五、教学过程		
(一)新课导入 问题提出:力既然看不见,那么我们如何判断物体有没有受到力的作用呢? 演示:将膨胀的气球口扎住静放在桌子上,然后再向气球吹一口气	复习:平衡状态是什么?平衡力是什么?二力平衡又是什么?它的条件有哪些?牛顿第一定律的内容是什么?它说明了什么? 师:大家说我们应该怎么做,什么现象可以说明物体受到了力的作用? 生:用力挤压气球时,气球形状发生了变化 师:也就是说力可以改变物体形状,换而言之,如何判断物体是否受到力的作用呢?	创设出一种物理情景,激发学生的学习兴趣
(二)力的作用效果 请同学们仔细观察、分析、讨论课本 P69 图 9-8	让学生看物体形状有没有发生变化 师:力作用在物体上就一定会使物体发生形变吗?或者说力就只能使物体发生形变吗? 师:我们看到什么现象? 生:气球位置发生了变化 师:这又说明了什么问题呢? 生:静止的气球在力的作用下运动了 师:将膨胀的气球口扎住,静放在桌子上,然后再向气球吹一口气,观察气球状态的变化 生:推力作用下,火箭开始由静止变为运动,运动速度也逐渐加快 生:在刹车阻力作用下,进站火车的运动速度由快变慢,最终停了下来 生:在运动员的脚作用下,飞起来的足球改变了原来的方向 师:我们把物体运动快慢和方向的改变叫作运动状态,所以物体运动状态的改变应包含以下三个情形:方向的改变;大小的改变;速度和大小都改变。进而归纳出力的作用效果有两个方面:使物体发生形变;改变物体的运动状态	通过再现前面的实验现象,自然过渡到新知识 让学生感到知识来自我们日常的生活,更适用于我们的生活

续表

演示:用一根细绳子系一个小木球演示下面的实验,还原教材中的情景	物体 → 加速直线运动 物体 → 减速直线运动 → 运动状态改变 物体 → 改变运动方向(曲线运动) 通过实验发现,力是改变物体运动状态的原因 教师在讲台上放一个小球,用手轻轻推动,观察小球从静止到开始运动,然后又从运动变为静止 在小球运动的方向上,如果用手挡住小球,观察此时小球的运动过程 用一根细绳的一端系住小球,用手握住细绳的另一端开始甩动,使小球做圆周运动,观察此过程中小球运动方向的改变	让学生体验使用知识解决实际问题的过程,为学生提供成功经验的空间并激发学生的学习热情
(三)力与运动的关系 过渡:牛顿第一定律指出,当所有物体不受外力作用时,它们将始终保持静止或者匀速直线运动状态 1. 当物体受一对或者几对平衡力,运动状态是否改变呢? 2. 如果物体上的力不能达到平衡状态,物体的运动就会改变 3. 使用多媒体播放物体在平衡力作用下的运动和受非平衡力影响的运动 4. 通过总结得出力与运动之间的关系	师:定律所说的一个物体不受力是一种理想的情况,并不存在于现实中。因为实际上没有不受力的物体,那么现实世界中的力和运动之间的关系是什么? 师:比如静止在课桌桌面上的所有课本 师:因为静止在桌面上的课本受到地球对它的重力和支持力的作用,两个力的大小相等且方向相反,两个力从相反的方向改变物体的运动状态,导致相互抵消,所以桌面上的课本是静止的。那同学们思考,行驶中的火车受到牵引力和阻力的作用,它的运动情况将会怎样呢? 分组讨论交流:火车的牵引力和阻力大小相等、方向相反时,火车做匀速运动 师:所以物体如果受一对平衡力,它的运动状态就不会改变。受力平衡下,物体的运动状态不会改变 师:思考火车受到牵引力大于阻力、牵引力小于阻力时的运动状态 小组讨论: 1. 花瓶静置在水平桌面上。因为花瓶的重力和桌面对花瓶的支持力是一对平衡力 2. 在轨道上匀速直线行驶的列车,受到的牵引力和阻力是一对平衡力 【问题】 1. 自由下落的小球运动变 <u>快</u>,因为小球受到 <u>重力</u> 的作用 2. 火箭发射时运动变 <u>快</u>,因为火箭受到 <u>推力</u> 的作用 3. 火车进站运动变 <u>慢</u>,因为火车受到 <u>阻力</u> 的作用 4. 从桌面上滚下的小球 速度大小发生了改变,运动方向 <u>发生了改变</u>,因为小球受到 <u>重力</u> 的作用 5. 足球有时速度发生变化,有时运动方向发生改变,这是因为足球受到 <u>力</u> 的作用。所以,力是改变物体运动状态的原因	提升学生合作学习的能力,减少学习的困难 感性认识的进一步增强,增强学生对理论的思考 通过竞赛的方式,为学生提供现实、有意义和具有挑战性的练习,激发学生的学习兴趣,并为学生提供发展空间 让学生在自己的脑海中构建一套完整的知识理论体系

三、演示法教学案例

以《弹力》教学设计为例，说明演示法的应用。在本课中，学生通过使用拉伸和压缩的弹簧来了解弹性产生的原因和条件。然后通过实验探究弹力大小与形变量的关系，推导出胡克定律。本节课的重点是弹力的方向和大小，难点是弹力方向的确定。本节内容从定性研究到定量研究，先假设再通过实验检验。整堂课的知识和方法都具有预备性和基础性，是初中学习的重点之一。本节课的教学对象是普通初中学生。学生在上一节课中学习了《重力 基本相互作用》，对力的三要素已经有了初步掌握，同时在日常生活中对弹力有了一些感性的认识，因此在这一节教学中要深化学生对弹力的理解，使学生能够掌握和应用弹力的定量计算。其中关于弹力产生的原因、方向的判断、大小的计算，学生普遍存在问题。为此实验是这节课必不可少的环节，通过实验探究胡克定律，让学生掌握物理学基本的思想方法。

一、教学目标
1. 能够区别物体的塑形形变和弹性形变
2. 掌握弹力产生需要的条件，学会分析弹力的方向，能够正确地画出弹力的作用示意图
3. 通过放大微小形变的实验过程，培养学生用放大方法观察微小物理过程的科学思维
4. 通过探究弹簧弹力与形变的关系，培养学生的科学严谨的态度

二、教学重点和难点
重点：1. 判断某一过程是否有弹力的存在以及如何判断弹力的方向
　　　2. 掌握胡克定律的具体内容，学会运用胡克定律解决问题
难点：在微小形变中，弹力是否存在的判断和弹力作用方向的判断

三、教法
演示法

四、教学环境及资源准备
多媒体教室、教材、自制课件、自制教具、魔术棒、细铁丝、海绵、竹片、橡皮泥、玻璃瓶、装水的气球、三合板、橡皮筋、钩码等

五、教学过程

教学过程	教师活动	学生活动	设计意图
创设情境感知导入	表演魔术：丝巾变棒	学生感到新奇，猜测魔术的原理	激发学生的学习兴趣，引入课题——弹力

续表

教学过程	教师活动	学生活动	设计意图
创设情境 感知导入	让学生自己动手制作小弹簧，并用手拉或压弹簧 【问题】手有什么样的感受？	用桌上的细线做一个小小的弹簧，然后轻轻地拉动或按压，说出体会	引导学生感受弹力的存在
设置疑问 引导思考	【思考】这又是什么力呢？它是怎样产生的呢？它的大小、方向呢？	联系刚才的实验及已有的知识进行思考	培养学生独立思考的能力
体验形变	【演示实验】分别用手压弹簧、海绵、竹片，可以明显地看到什么现象？	通过观察总结现象	学生亲身经历探究的过程，知道形变的概念，并能明确两类形变
	【结论】看到形状或体积改变。我们把物体形状或体积的变化叫作形变		
	【情景设置】给学生提供不同的物体，如弹簧、橡皮泥，引导学生观察它们形状变化之后的现象	这些形变都有怎样的用处？有的形变之后能够恢复原来的形状，有的则不能	
	【结论】能够恢复原来形状的变化，叫弹性形变；反之则叫非弹性形变		
	【实验探究】通过什么方法可以使物体发生形变？		通过实验，让学生感受到物理思想方法的教育，激发学生的求知欲，从而激发他们学习的兴趣 【实验】让学生使劲拉同型号的小弹簧，看哪一组拉得最长，并观察现象
	【结论】物体间要相互接触并相互挤压		
	学生分组，然后进行拉弹簧比赛		
	如果弹簧的形状变化太大并且超出了一定的范围，则在拉力撤销后，弹簧不能完全恢复到原始状态，这个形变的限度称为弹性限度		
	【问题】弹性形变的应用有哪些？（播放视频）	【举例】生活中有关的例子	
	与学生一起来揭秘魔术弹棒，体会弹棒的作用力，引导学生逐步得出弹力的概念和弹力的产生条件	思考弹棒的原理，探讨弹力的特点	观看视频并解决课前问题，从而形成印象。让学生感觉到物理很实用，物理就在我们身边，从而调动起其学习物理的兴趣 【猜想】桌子可能发生了形变，但是由于形变量太小，肉眼观察不出来
	回忆一下刚才用手压弹簧的过程 【结论】发生弹性形变的物体由于要恢复原状，对与它接触的物体会产生力的作用，这种力叫作弹力		
	【问题】什么物体可以发生形变？什么物体不能？		

续表

教学过程	教师活动	学生活动	设计意图
用放大法观察	【举例】用手使劲压桌子 【演示实验】 观察桌面的微小形变 【结论】只要两个相互接触的物体相互挤压,就一定能产生弹力的作用 举例并演示,引导学生分析弹力的作用点		随机请几位学生上讲台体验这个实验,激发学生的自信心,使学生进一步体会到自然科学的乐趣,增加求知欲 仔细观察,掌握用放大法观察微小形变的实验思想 在老师的引导下,运用之前所学知识,自主分析得出弹力的作用点
分析类比突破难点	【演示实验】 1. 气球装满水,用三合板使劲挤压桌面 2. 拉伸橡皮筋	【小组讨论】通过对实验现象进行分析,概括总结出压力和支持力以及绳子的拉力都是弹力产生原因	将枯燥的抽象思维转化为生动的学习体验 在实验过程中,共同完成探究 让学生自主探究实验,归纳总结之后得出胡克定律,锻炼学生探究物理规律的能力。为以后的学习打下坚实基础
	【实验演示】让学生手拉伸弹簧,感受在拉的过程中弹力的变化。并提出弹簧弹力的大小与哪些因素有关?		
	老师引导学生总结传统实验的误差,并用自制教具进行实验,实验的目的是寻找与弹簧的弹力与形变量的关系 传统实验: 改进实验: 自制教具: 改进教具:		

续表

教学过程	教师活动	学生活动	设计意图
分析类比 突破难点	【设计思想】将弹簧改为弹簧测力计,可以对弹力进行准确读数,左端固定且水平放置,可以减小弹簧在拉伸过程中因重力而产生的误差,在弹簧测力计下方标有直尺刻度,以弹簧测力计右端与直尺零刻度对齐,并对应于坐标轴的原点。由于用手拉弹簧测力计无法稳定读数,因此用钩码提供拉力,在教具的最右侧装有小滑轮可以大大减小实验过程中的阻力影响。试验中可以将数据准确记录在坐标纸上,在教具上直接作图分析,很好的节省了课堂教学时间 【结论】通过分析实验过程中所绘制出来的图像,运用数学知识得出弹簧弹力的大小与形变的正比关系 【总结】总结实验规律,得出用 F=kx 表示二者之间变化的关系式,其中 F 是弹簧受到的弹力的大小,x 是弹簧的形变量,既可以是弹簧的伸长量,又可以是弹簧的压缩量 【胡克定律】在弹性限度内,弹性体的弹力和弹性体伸长(或缩短)的长度成正比,即 F=kx,其中 k 是劲度系数,单位 N/m		将枯燥的抽象思维转化为生动的学习体验 在实验过程中,共同完成探究 让学生自主探究实验,归纳总结之后得出胡克定律,锻炼学生探究物理规律的能力。为以后的学习打下坚实基础
自主探究 寻找规律 (10分钟)			让学生自主探究实验,归纳总结之后得出胡克定律,锻炼学生探究物理规律的能力,为以后的学习打下坚实基础

四、指导自主学习法案例

以《功》教学设计为例,说明指导自主学习法。《功》是人民教育出版社新版八年级《物理》下册第一章第一节的教学内容,主要研究做功和能量,在初中物理教学中占有非常重要的地位。"功"一词最初是法国数学家贾斯帕·古斯塔夫·科里奥利创造的。功也叫机械功,是物理学中表示力对物体作用空间的累积的物理量,国际单位制单位为焦耳。

一、教学目标	
1. 理解功的物理含义、计算公式和功的单位,并能够进行简单的运用 2. 掌握物体做功的两个必要条件,会判断物体有没有做功 3. 体会简单机械给人们和社会带来的便捷,能够从物理学做功的角度理解和使用简单机械省力和省距离的辩证关系	
二、教学重点和难点	
重点:理解物体做功和做功的必要条件,会运用功的公式进行简单计算 难点:判断在一个物理过程中物体是否做功	
三、教法	
指导自主学习法	
四、教学过程	互动与反馈
(一)课题引入 1. 回忆前面学过的关于动滑轮提升重物,虽然可以节省力,但要费一定的距离;相反,利用定滑轮来提升重物,没有省力,也没有费距离 2. 分析和归纳杠杆省力与省距离二者之间有何明确的关系 3. 请同学们思考有没有既省力又省距离的机械 (二)斜面探究实验 1. 向学生介绍实验装置并装好装置 2. 提问: (1)本实验中需要测量的物理量有哪些(小车的重力、砝码的重力、匀速拉动小车时的拉力、斜面的总长度、斜面的高度) (2)小车在拉动的过程中一定要注意哪些问题? 3. 将自己测得的数据记录在如下表格中:	请学生回答 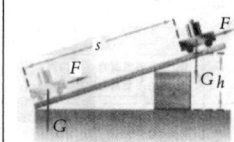 先由学生们分组讨论,然后回答

测量总次数	F (N)	S (m)	G (N)	H (m)	Fs (N·m)	Gh (N·m)
(1)						
(2)						
(3)						

续表

四、教学过程	互动与反馈
4. 通过对表格中数据的分析,指导学生得出实验结论 三、功的概念的提出 1. 进一步分析得出这样的结论:忽略摩擦等因素的影响,不存在既省力又省距离的机械 2. 力与物体在力的方向上通过的距离二者的乘积是一个有物理意义的量,因此引入一个新物理量——机械功,简称功 3. 功的计算公式为 W=Fs,其中 W 表示做功,F 表示受到的力,s 表示物体在力的方向上通过的距离 4. 在国际单位制中,功的单位是焦耳,用符号 J 表示	结论:Fs 与 Gh 近似相同,Fs 略大于 Gh

五、科学探究法案例

以《密度》教学设计为例。《密度》是八年级物理上册第六章第二节,是这一章节的重点。在物理学中,密度是一个最基础而又重要的物理量,属于课程标准中要求的七个掌握层次的重点知识之一。另一方面,本节的内容为后面学习质量奠定了一定的基础,所以这一节尤为重要。学生在学习密度之前学习了质量的概念,而且在日常的生活中经常涉及和密度有关的知识,因此,这就为学生学习密度奠定了一定的基础,但是学生对密度的概念、定义没有一个系统的认识和了解。我们将试验和生活实例结合起来,可以使学生实现由现象到本质的认识。

一、教学目标
1. 定义密度的概念并熟练掌握密度的概念及其物理意义 2. 学会运用密度的知识解决一些简单问题 3. 通过实验探究和生活中的实例,得出质量和体积之间的关系 4. 通过实验探究和实例,激发学生探索科学问题的兴趣,培养学生的科学观念
二、教学重点和难点
重点:密度概念的形成及其物理意义,能够运用密度知识解决一些简单的问题 难点:根据实验探究得出质量和体积之间的关系
三、教学方法
科学探究法

续表

四、教学过程

教学环节	教师活动	学生活动	设计意图
新课导入	教师提问：怎样能够区分出外表面涂成相同颜色、体积大小一致的铁块和塑料块？ 提示学生：根据质量的概念，我们知道物体是由物质组成的，那么作为物体属性的质量会不会也受物质的某种性质的影响呢？ 探究活动1：影响不同物质的质量有哪些因素？ 结论：物体的大小、体积等 探究活动2：物体的质量与体积之间有怎样的关系？ 从两种情况来讨论： 1. 同一种物体的质量与体积有什么关系？ 根据展示的这些图片提问：曲别针、夹子和砝码都由铁制成，质量为什么会不同？ 猜想1：体积大的质量大 指导学生进行实验探究，记录数据。根据得出的数据，让学生分析 对于相同的一种物质，它的质量随着体积的变化而变化，通过 m-V 图像得知，它们成正比关系 2. 不同种物体的质量与体积有什么关系？ 根据展示的这些图片提问：体积相同的情况下质量为什么不同？ 猜想2：相同体积的不同物质质量不同 指导学生进行实验探究，记录数据。根据得出的数据，让学生分析	让学生仔细观察实验现象，认真思考，讨论回答	通过提问的形式吸引学生的注意力，引导学生积极思考 这一小节主要讨论物质的一种性质

续表

教学过程	教师活动	学生活动	设计意图
探究新知	对于不同物质，体积相同时质量不相同，而且根据 m-V 图像我们发现，对于不同种物质，m 与 V 仍是一种正比关系，对于不同物质，这种正比关系稍微存在不同，那么有什么不同呢？ 引导学生得出结论： (1)对于同一种物质，质量与体积成正比 (2)对于体积相同的不同物质，通常情况下质量是不同的 (3)对于不同种类的物质，通常情况下质量与体积的比值不同 1. 密度 让学生思考，m 与 v 的比值存在什么物理意义？ 2. 密度是物质的属性 通过阅读课本中的密度表，根据密度公式，总结气体、液体、固体的密度规律 探究活动 3：根据得出的密度公式和已经掌握的知识来验证	让学生仔细观察实验现象，认真思考，讨论回答 让学生意识到不同的物质有某种特性是不同的，而这种特性，似乎就是 m 与 V 的比值	

第五章　物理基础课堂教学设计与实践

教学设计的发展历程与其他学科的发展一样，都经历构想、理论形成、学科建设等几个阶段。早期人们对教学进行研究，把主要精力放在分别探索学习机制和教学机制上，对教学过程中涉及的教师、学生、教学内容、教学方法和手段等各个要素和相互间的关系进行了大量的研究，但是在实践中遇到了许多关于这些要素如何协调、如何控制的问题，从而萌发了教学设计的构想。最初提出这种构思的代表人物是美国教育家杜威和美国心理学家桑代克。杜威在 1900 年曾提出应发展一门连接学习理论和教育实践的桥梁科学，它的任务是建立一套与设计教学活动有关的理论知识体系。桑代克也曾提出设计教学过程的主张和程序学习的设想。[1]

第二次世界大战期间，心理学与视听教育结合是教学设计的初步尝试。美国要在最短的时间内为军队输送大批合格的士兵和为工厂输送大批合格的工人，这一急迫任务把当时的心理学和视听领域专家的视线引向学校正规教育体系之外，关注当时社会所能提供的一切教育、教学手段，关注教学的实际效果和效率，由此产生了教学设计的初步尝试。

第一节　物理基础课堂教学的一般环节

一、自主预学

在中国学生的核心素养中，培养学生自觉学习很重要。在传统的教学课堂中，上课方式以讲授法为主，有些学生是教师讲什么，自己听什么；有些学

---

[1] 乌美娜. 教学设计[M]. 北京:高等教育教育出版社,1994:13.

生学习习惯稍好一点,可能对新课会进行课前预习,但也只是对新知识做一个简单的预习,与之前学过的知识、生活中遇到的实际现象不会产生联系,是一种较为被动的学习过程。而要将被动变主动,就得突出以学生为主体,让学生主动学习。自主学习与传统的简单预习有所不同,预习往往只是针对新课的内容、课本的内容,而且只在有新课时候才预习,而对于习题课、复习课,学生不预习甚至不会预习。对于物理这门学科,由于书本提供的内容较少较直接,学生的思维会受到限制,而且书本的知识非常简单,只有关于知识点的一些简单的结论,所以很多学生通过预习往往发现不了问题。自主预学可以更好地促进学生主动参与、乐于探究、勤于动手的能力,培养学生搜集和处理信息的能力、获取新知识的能力、分析和解决问题的能力。

自主预学是让学生回顾学过的知识以及生活接触到的案例,联系新问题,在老师讲解前自主地独立思考,培养自主学习能力,到课堂上,带着自己的问题听课,达到高效率掌握新知识的目的。在这个环节中,不仅要求学生学会主动获取知识、自主学习、合作交流,还要求老师根据不同的课程类型,为学生提供丰富的素材,教师还要坚持"少教多学"的原则,把点拨、引导、激励作为教师发挥作用的主要方式,为培养学生自主学习提供帮助和支持。

二、创设情境,提出问题

这个环节在课堂教学中是不可或缺的。在这个环节中,一方面是对要解决的问题的提出过程,另一方面也是能否提起学生积极性的过程。所以对于教师,在上课之前,要研究一节课需要解决的问题。只有教师对要研究的问题了如指掌,才能使学生有效、顺利地解决问题,针对不同的课程类型,解决问题的性质不同,问题的提出也就有所不同。所以教师在引入或创设情境时,首先必须紧扣该堂课的学习知识,其次对于情境的创设要符合学生的思维,符合社会科技的发展,能激发学生对于本节内容的兴趣,让学生有想解决这类问题的冲动,从而调动学生在课堂中的积极性。加上学生的课前自主预学,这一环节可以帮助学生理解教学内容,培养学生的探究素养。

三、合作探究

新课标明确提到,在课堂中,起主体作用的应该是学生。而"传递—接受式"传统的讲授式教学不仅没有体现"以学生为主体"的教学理念,而且忽视了能提高学生科学素养的重要环节,即合作探究环节。

在合作探究这个环节,目的就是为了激发学生科学探究意识的潜力,比如,与同组同学相互分工、主动合作的能力;在学习中善于观察,在教师的引导下发现问题的能力;面对问题能提出有力的原理证明,并设计出合理的探究方案的能力;在讨论的过程中遇到不同意见,分析辨别论据及化解矛盾的能力;在小组合作交流中遇到新问题时,提出应对策略的能力;在解决问题后进行自我反思的能力;在独立自主思考时,培养对知识的建构能力等。而合作探究的小组成员又是最熟悉的同学,所以在这个过程中不会感到紧张,也不会担心失败,同学间互帮、互助、合作的平等环境能更好地使每个学生参与其中。合作探究的过程可以对不同层次的学生有帮助,学习能力较强的学生可以带领能力稍差的学生,运用已有知识及预学的知识,对观察到的实验现象、收集到的数据或者以前接触过的题型进行讨论分析,最后得出结论。这不仅使学生对新的知识有更加深刻的印象,而且对于能力稍差的学生还可以针对自己不懂的知识与同伴进行充分讨论。合作讨论是学生自主地通过特定的物理情景和同学之间的讨论建构知识,学生有更多机会独立探索和利用自己所学到的知识解决问题,不再只是被动地接受教师已经建立起来的知识。

合作探究一般是在老师创设情境,引出问题之后,小组成员先将问题各自整理一下,设计出自己的实验方案或解决问题的思路,再进行组内讨论。意见不同的或有些问题没有答案的,可以通过小组探讨得出初步结论,并将存在的集体问题传递给老师,等待小组间的共同解决;接着老师组织各组同学将实验猜想、现象、数据和结论或解决问题的思路和结果展示出来,并对大家有分歧的问题进行组间辩论分析;最后由教师对学生的结论进行规范性总结,并对学生在整个探究过程中遇到的问题统一进行解答。

而对于教师来说,在学生进行合作探究之前,做好以下几个方面是很重要的。

第一,讨论探究的内容。有些教师认为只有实验课需要讨论探究环节。实际上，无论是知识点的归纳、规律的推导、实验的合作，还是解决习题的方法，复习的总结都是有同学、师生的合作探究环节的，所以老师要针对不同的课程类型，设计不同的合作探究主题。

第二，小组成员的设置。首先组成小组的人数不宜过少，太少思维不够开阔；也不宜过多，过多会有同学不思考，只等结果，所以小组成员以四至六人为宜。其次每个小组同学不应该全是学习能力强的，这样会使学习节奏过快，显得其他小组进行得太慢，而且全是学习能力弱的，遇到问题没人指引，所以小组成员应该是学习能力较强的和学习能力较弱的混合搭配。最后要注意男女比例，男女同学思考方向不同，也应混合搭配。

第三，小组内的分工。在实验课中，如果分工不明确，会有些同学太忙，有些同学太闲，造成时间的浪费，试验成功率不高，实验效率降低。相反，如果分工明确，使所有同学融入实验中，仪器的整合、实验的操作、现象的观察、数据的记录与分析相互配合，相互监督，会使实验进行得特别顺利。

四、知识总结

知识总结这一环节，在以往的传统教学中是由教师直接告诉同学们知识点的概念、规律的结论、实验的结果、习题的做法和复习的总结。这样的课堂教学不利于学生核心素养的提升，但是如果小组先进行合作探究，然后由老师指导各小组进行讨论结果的展示，老师和同学共同将结论总结出来，不仅可以使学生加深对该知识点的理解，而且在这个过程中小组之间的竞争意识会让课堂的学习气氛更加浓厚，提升学生物理观念。而对于老师而言，在这个环节中，纠正学生的问题也是对老师的一种提升。

五、巩固练习

巩固练习这一环节，在以往的传统教学中只是针对学生高考的一种应试练习，而在2017版新课标中已将核心素养纳入高考，所以在这一环节应注重核心素养的培养。教师应让学生以本节课所学的知识、掌握的观点为基础，用自己所理解的话解释自然现象和解决社会中的实际问题，这是对物理观念的深化。并且教师在设计习题练习时，应以实际生活中正能量的例子出发，让学生在解决物理问题的基础上提升学生的科学素养与社会责任。

第二节 物理概念课堂教学设计

物理概念是在观察与实验的基础上,通过对其本质特征的概括而形成的,是对物理现象的抽象描述。作为物理学的重要组成部分与学生学习物理规律的基础,物理概念一直是物理教学的重点。《普通高中物理课程标准(2017年版)》明确提出"注重体现物理学科本质,培养学生物理核心素养",并将其作为高中物理课程的基本理念。物理观念是物理学科核心素养的重要组成部分,是从物理学视角形成的关于物质、运动与相互作用、能量等的基本认识,并且物理观念的形成过程离不开物理概念在头脑中的提炼与升华。因此,为了培养学生的物理观念,必须关注物理概念在高中物理教学中基础性。

一、相关概念

(一)概念

心理学认为概念(Concept)是人脑对客观事物的本质特征的反映。由于概念具有不同的等级和层次,因此可以用一定的词进行记载和说明。

1. 概念的分类

基于概念本身的复杂程度,可以将概念分为初级概念与二级概念。比如"力"与"运动"就可以看作一个初级概念,而"压力""摩擦力""电场力"与"匀速直线运动""曲线运动"等可以看作是这两个初级概念的二级概念,并且这些二级概念的作用一般说来是对初级概念的归类与具体化。基于概念所揭示的关键属性的特点,可将概念分为具体概念(Concrete concept)和抽象概念(Abstract concept)。例如,在高中物理静电场这部分中,"电容"是一个具体概念,而"电场强度"则是一个抽象概念。

2. 概念的功能

概念具有的功能主要包括称谓功能、简化认识过程的功能以及系统化功能。其中称谓功能是指可以通过概括性的词汇对概念的特征加以概括;简化认识功能是指概念可以反映一类事物的最本质特征,简化人们对于复杂的客观环境的认识,便于排除无关因素的干扰,从而抓住事物的主要矛盾;系统化功能是指概念反映了事物间的内在联系,并且根据概念之间的联系可构建不同的概念体系,从而使人们的知识经验系统化,优化人们的认知结构。

(二)物理概念

物理概念是在物理现象的基础上,通过对其本质特征的概括而形成的。对物理概念的学习不仅仅是完成对某一特定物理概念本身的理解,还应从物理概念的特点与分类这一宏观层面对该概念进行把握。

1. 物理概念的特点

物理概念除了具有概念的共同特点之外,还具有自身的特点。

首先,物理概念具有客观性。物理概念是对大量物理客观事实(物理现象与物理实验)的一种概括,突出反映了物理现象的本质特征,而物理事实的客观性属性决定了物理概念也具有客观性。

其次,物理概念具有抽象性。物理概念来源于实践,却高于实践。比如,"电场强度""电势能"与"磁感应强度"等物理概念有一个共同的特点,学生对这些概念都缺少感性认识,而且实验的开展比较困难,所以这类物理概念也成为抽象物理概念。

最后,大部分物理概念都具有可测性。大部分物理概念不仅从质的角度有所规定,而且从量的角度也表现出可测性。因此,对于物理概念的学习与理解,在明确其物理意义与质的规定性的同时,还应对其进行定量化研究,从而更全面地掌握物理概念。

2. 物理概念的分类

从不同角度出发,可以将物理概念分为不同的类别,下面仅从认识论和质与量的辩证关系两个视角对物理概念进行分类。

从认识论的视角出发,物理概念包括两大类,即具体概念与抽象概念。其中,具体概念是以物理情景为基础,通过对其外部特征加进行概括而形成的概念,如"力""速度""加速度"等。抽象概念指是以对物理现象为基础,并伴随有思维的抽象概括与加工,如"能""场""质点""绝对黑体""光的波粒二象性"等。

从质与量的辩证关系视角出发,物理概念应包含两大类,即定性概念与定量概念。其中,定性概念是根据物理概念的质的规定性,通过对物理情景的分析与综合,抽象出其所具有的最本质特征,并通过语言进行描述,如"机械运动""电磁波"等。定量概念从物理概念量的特征出发反映物理现象的本质属性,如"电场强度""电势""磁感应强度"等。

综上所述,使学生在宏观层面明确物理概念的特点与分类,并在具体物理概念教学中使学生形成清晰的物理概念,使学生的智力、能力得到充分的发展,应作为中学物理概念课堂的核心问题。

(三)物理概念教学

物理概念教学作为高中物理课程的一种重要类型,其主要任务表现为通过创设物理情景使学生获得丰富的感性经验与认识,并在此基础上,归纳总结出物理现象的本质特征,从而理解概念的物理意义,明确物理概念的内涵与外延,掌握物理概念的教学过程涉及的研究方法。

新课程的教育理念为物理概念教学如何实施指明了方向,具体来说物理概念教学的实施应该从以下几个方面考虑:

首先,精心营造物理情景。物理课程标准中明确提出了"从生活走向物理,由物理走向社会"的教育理念。对于物理概念教学来说,教师应该创设生动有趣、切近学生生活的物理教学情景,用生动形象的直观感受使学生产生对新知识的向往,使教学过程能最大化地激发学生的学习潜能。

其次,引导学生主动思考,积极提出问题。在物理概念教学过程中,教师不但要对教学中的提问进行预设,而且要关注引导学生提出有价值的物理问题。在物理概念教学中,教师应鼓励学生在物理概念教学中大胆地提出自己的疑惑,使学生体会从提出问题到问题解决这一过程的成就感。

最后,重视学生科学探究意识的培养。这就要求在学生积极思考的同时,鼓励学生多动手。在物理概念教学中,学生进行自主探索是其形成物理概念的一个重要环节,通过自主探索,增强了学生间的交流与合作,也为澄清自身原有模糊认识,正确建立内化物理概念奠定了良好的基础。

二、物理概念是物理教学的基础

从物理知识构建的角度来说,物理概念是物理知识体系的基本元素,而物理规律则是对若干概念之间相互关联的描述。学生物理知识体系的构建过程实质上就是学生对物理概念不断理解与扩充的过程,物理教学中应重视物理概念。

"概念是思维的细胞",也是人们进入理性认识的第一步。物理概念不但是物理学知识体系的基本组成要素,而且是学生学习相关物理规律的基础。例如,在高中物理"静电场"这一章,"点电荷""电场强度""电场力""电势能"等构成了这一章的基本元素,是学生开始学习电场这一部分的开端,也为学习带电粒子在电场中运动的规律做好了铺垫,使学生可以更好地理解与分析在这一过程中电场力做功与电势能的变化规律。且物理概念的学习,不仅是理解概念的定义,会用物理概念去进行一些计算,更重要的是要学会其中所涉及的研究方法与蕴藏的伟大物理思想,例如控制变量的物理学方法、类比的思想、极限的物理学思想等。

总之,学生形成正确物理概念的过程,不仅仅是获得物理知掌握物理学常用的研究方法与习得物理学思想的过程。可以说,学生物理知识体系的不断扩充与发展都是在物理概念教学的基础上展开的。

三、物理概念教学的功能

物理概念教学作为高中物理课程的一种重要类型,旨在使学生明确物理概念的内涵,明确物理概念的外延,掌握物理概念教学过程中涉及的研究方法,并培养学生的探究能力。物理概念的特征与物理教学的特点共同决定了物理概念教学具有多方面的功能,主要体现在以下三个方面。

首先,发展学生的思维能力[1]。在进行物理概念教学的过程中,学生通过对物理现象的观察、与同学间的交流讨论产生对物理概念的猜想。当教师引导学生对比自己猜想与物理概念标准表述的区别时,学生也会进行反思与归纳。一旦学生学习并理解物理概念的物理意义和内涵后,就会尝试用其来分

---

[1] 潘斌尧. 高中物理概念转变教学策略研究[D]. 武汉:华中师范大学,2017.

析和解决实际问题。这些过程都会涉及思考、分析、归纳与反思,从而发展学生的思维能力。

其次,使学生掌握涉及的研究方法[①]。物理概念教学包含的研究方法很多,例如理想模型的方法、放大的方法、逻辑推理的方法等。同时,在物理概念课堂教学中,为了使学生更好地完成对研究方法的掌握,教师应当使学生明确关于研究方法所涉及的三点内容:一是研究方法的特点;二是研究方法的适用条件;三是研究方法的主要优点。

最后,有助于提升学生的学习兴趣[②]。物理概念教学与学生学习兴趣之间的关系主要表现在以下两个方面:一方面,学生学习兴趣的提升,会促使其更加积极主动地学习物理概念;另一方面,由于物理概念教学过程总会涉及大量生动有趣的物理情景,易于激发学生的好奇心,从而引发学生的学习兴趣,当学生真正理解所学的物理概念,明确了概念与概念之间的区别和联系,完成了物理概念体系的构建,运用物理概念解决相关问题就会得心应手,也会进一步提升学生学习物理的兴趣。

四、学生物理概念的形成

(一)学生物理概念的形成过程

如下图 5-1 所示,学生形成物理概念的心理过程一般包含四个阶段,即感知阶段、思维加工、理解应用与物理概念内化。这四个阶段既相对独立又相互联系,同时表现出一定的逻辑关系,即后一阶段的开展总以前一阶段为基础。

图 5-1 学生物理概念形成过程图

首先,通过创设包含特定物理概念的物理情景,学生以高昂的热情主动

---

① 李天华,陈雪星. 物理课程理论与实践研究[M]. 北京:中国水利水电出版社.2015:62.
② 徐国亮. 高中物理概念有效教学的优化策略[J]. 新课程导学,2013(14):45.

地探索物理概念,并根据对物理现象所表现的物理事实的观察、思考与归纳,感知物理现象所蕴含的物理特征,明确物理概念所涉及的物理现象的共性。

其次,通过对若干相关物理现象的归纳,学生抓住这些物理概念的本质属性,忽略次要因素与无关因素的影响,并结合教师的引导与同学间的讨论交流,采用自己的逻辑思维方式,运用物理语言对物理的本质属性进行概括。

再次,通过对物理概念的合理解剖,学生领会物理概念包含的物理意义,明确物理概念的内涵与外延,并通过巩固练习加深自己对物理概念的理解,尝试用所学的物理概念解决日常生活中的问题,强化对物理概念的掌握。

最后,通过积极主动地整合本节乃至本章所学的各个物理知识点,尝试绘制出包含所学物理概念的概念图,理解与明确不同概念间的相互关系与所处层次,从而完成自身物理知识体系的构建。

(二)学生物理概念形成过程中的障碍

结合学生物理概念的形成过程,可以发现学生在学习物理概念的过程中形成的障碍主要可能来自以下四个方面:感性认识不足、思维方法不当、思维定势的消极影响、相关概念的干扰。

相应地,教师应从以下四个方面做好学生物理概念学习的指导工作。

首先,创设有针对性的典型物理情景及充分利用学生已有的关于物理概念的生产生活经验,使学生获得丰富的感性认识,并在此基础上完成对物理概念的意义构建与内化。例如,在"电容器的电容"这节物理概念教学中,可通过事物展示、学生实验及视频演示等,帮助学生获得丰富的感性认识与经验。

其次,使学生掌握建立概念的思维方法,对物理概念学习中涉及的常用物理学研究方法进行整理、归纳,并在物理概念的课堂教学过程中进行强化[1]。例如,利用理想化模型的方法得到质点、点电荷的概念,利用极限的物理学思想得到瞬时速度与瞬时加速度的概念,运用类比的方法定义物理概念等。

---

[1] 王较过. 物理教学论[M]. 西安:陕西师范大学出版社,2009:197.

再次,使学生明确概念的内涵和外延。在教学中,教师不但要抓住关键词,对物理概念的表述进行一字一句的讲解,对词语的含义进行剖析,同时还必须引导学生从物理概念的内涵与外延两个角度对物理概念进行解读。

最后,引导学生运用所学概念解决实际问题,加深学生对物理概念的理解与掌握,真正落实"从生活走向物理,由物理走向社会"。

五、高中物理概念课堂教学程序

通过对相关文献的梳理,结合笔者的实习经验及高中物理教师的建议,笔者对高中物理概念教学的主要程序研究进行了梳理。虽然不同教师的教学程序存在一些差别,但总体而言,高中物理概念教学程序都会包括教学准备与教学过程两大部分。

(一)教学准备

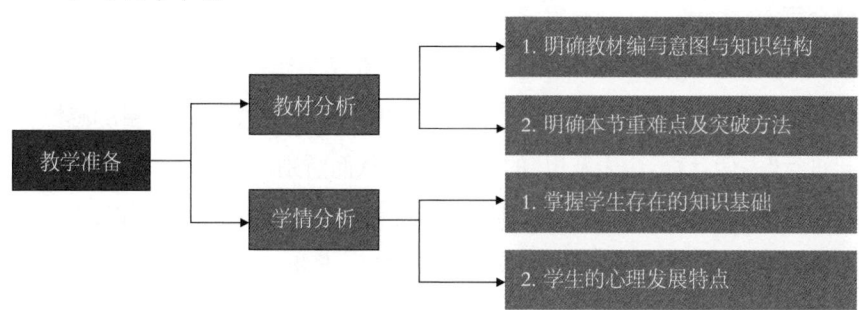

图 5-2 教学准备内容示意图

上图为教学准备的主要内容,包括教材分析与学情分析,其中学情分析的主要任务是使教师明确本节概念教学教材的编写意图与知识结构,明确本节课的教学重难点并寻找有效的突破方法。而对于学情分析,教师要掌握学生的心理发展特点和知识基础,由于物理概念间的相互联系,教师必须明确学生头脑中已存在的知识基础。

(二)教学过程

结合物理概念教学的主要任务,物理概念教学的程序必须包含三个阶段,即物理概念的引入阶段、物理概念的形成阶段以及物理概念的巩固与深化阶段,如下图 5-3 所示。

图 5-3　教学过程流程图

首先,物理概念的引入阶段。该阶段作为物理概念教学的起始阶段,同样也是物理概念教学中的重要环节①。在物理概念教学中,教师应结合将要学习的物理概念,有针对性地创设能引发学生思考与探索的物理环境,并使学生明确物理概念引入的原因,体会物理概念引入的意义,进一步激发学生学习物理概念的兴趣。物理概念引入的常用方法包括利用学生日常生活经验引入物理概念,通过演示实验或学生实验引入物理概念,利用物理学史引入物理概念等。

其次,物理概念的形成阶段②。该阶段是在学生获得对于物理概念丰富感性认识的基础上,通过教师的引导帮助学生进行积极思考,对大量的感性材料进行"去伪存真,由表及里"的整体加工,从而辨别出物理现象的本质与非本质特征,抽象出物理概念的本质属性,将感性经验上升为理性认识,进而形成物理概念。该阶段主要包含三个主要环节:一是揭示物理现象的本质属性,使学生形成清晰的认识;二是给物理概念下定义;三是讨论概念的物理意义与使用条件。

最后,物理概念的运用阶段③。学生初步形成某一物理概念后,教师应当引导与鼓励学生运用所学物理概念分析、解决日常生产生活中的实际问题。因为只有在分析与解决问题的过程中,学生才能真正掌握物理概念,才能使所学物理概念得到真正的巩固与深化。

---

① 洪焕灼. 高中物理教学中有效形成正确物理概念的策略研究[D]. 昆明:云南师范大学,2017.
② 郭玉英. 中学物理新课程教学概论[M]. 北京:北京师范大学出版社,2018:106.
③ 罗质华. 物理课程与教学论[M].广州:广东高等教育出版社,2013:116.

第三节　物理基础课堂教学设计实践

一、概念课教学设计

下面，以人民教育出版社《高中物理必修一》中的《运动快慢的描述——速度》为例，来说明概念课堂教学的设计。

案例名称	运动快慢的描述——速度		
课时	1课时	所用教材	人教版高中物理必修一
一、教材分析			
本节内容的前一节是关于位移、时间测量，后一节内容要学习加速度。所以本节内容起到衔接、过渡的作用。关于速度这一概念，学生在初中和高中都有接触，但二者并不相同，我们要让学生会区别速度，这对理解矢量有很大帮助，接着由平均速度通过极限的方法引到瞬时速度，并让学生会用其物理观念解决相应的实际问题			
二、学情分析			
对于高一学生来说。他们的思维比较活跃，在初中已经接触过物理，并且拥有一定的科学探究能力，会对提出的问题进行整理、分析。通过前面一节内容的学习，已经会在一维坐标轴上进行位移的变化量的分析。所以这节课由老师创设情境，引导学生提出问题，针对问题，学生积极思考，合作解决问题，得出结论，在老师的帮助下，对结论进行规范性表达。而对于极限思维，学生还是第一次接触，教师不宜过多主动地引导，适当的讲解，在后面的学习会慢慢使学生理解。而本节内容将以我们熟悉的实际问题出发，经过合作探究得出结论，并培养学生从生活中提出问题，最终以物理观念来解决实际问题的物理观念			
三、教学目标			
(一)物理观念 1. 理解高中时期速度的概念，知道高中时期和初中学习"速度"的区别 2. 理解平均速度的意义，会用公式计算质点的平均速度 3. 知道描述物体运动的快慢，什么时候用平均速度，什么时候用瞬时速度 4. 认识生活中的平均速度和瞬时速度 (二)科学探究 1. 通过在实际问题中对速度的感知，以及与初中所学的"单位时间内做的功"进行类比，体会定义一个有意义的物理量的方法 2. 通过对瞬时速度的学习，初步体验极限的思想 3. 通过对生活中一些速度的分析，学会判断平均速度和瞬时速度 (三)科学思维、科学态度与责任 1. 通过对速度的定义，培养学生的物理观念及科学思维 2. 通过得出瞬时速度的极限思想，培养学生的抽象思维能力 3. 通过对生活中不同速度的认识，注重学生的科学态度与社会责任感			

续表

四、教学重点和难点
重点:速度、平均速度、瞬时速度的概念 难点:对瞬时速度的理解
五、学法和教法
教法:讲授法,讨论法,探究法,类比法 学法:观察法,合作探究法
六、教学环境及资源准备
多媒体教室、教材、自制课件等
七、课前预学
在初中,学生对"速度"已经有系统的学习了,那本节课的自主预学首先就是回忆初中所学的"速度"知识。知道"速度"是单位时间内通过的路程,知道速度的国际单位和常用单位以及之间的相互转换,以及回顾初中阶段学习定义快慢的物理量(如功率)。其次对上节课学习的位移和在一维坐标轴上表示位移进行复习。最后对生活中的速度做出列举
八、教学过程

教学环节	教师活动	学生活动	设计意图
情境引入 提出问题	回顾上节课,为了描述运动位置的变化,我们引出了一个物理量是什么?我们学到了关于位移的哪些知识? 知道了位移的概念,在我们的生活中,我们可以发现物体发生的位置变化快慢是不一样的,也就是说位移的快慢是不一样的,那对于物体运动的快慢,我们要怎样的定量描述呢,今天来一起探究一下	位移 位移是描述物体运动位置变化的物理量,知道位移是初位置指向末位置的有向线段,以及在一维坐标轴上表示位移及位移变化量	复习巩固,由学生自己对已学的知识进行回顾,加深记忆 告诉学生我们学习的思路和今天的课要研究的是物体运动的快慢
合作探究	例如以下这三种情况,大家一起讨论一下,判断哪个物体运动的快,你判断的依据是什么?	学生通过观察题目,首先把题目自己思考分析一下,然后和同学进行小组讨论	由老师抛出问题,学生进行分析讨论,并由学生得出结论,充分发挥教师主导,学生主体的教学理念

续表

教学环节	教师活动	学生活动	设计意图
合作探究	(1) 播放视频:2018年2月6日,中国短跑运动员苏炳添,在国际田联男子60米短跑比赛中,以6秒43夺得冠军,刷新亚洲纪录,判断哪个运动员运动的快 (2) 自行车十分钟可以行驶4千米,而相同的时间内,小汽车可以行驶15千米,哪个物体运动的快 (3) 对于30分钟行驶了12千米的自行车和10秒通过百米跑道的运动员,怎么判断谁运动的快	(1) 苏炳添运动的快;由于运动员都是运动了相同的位移,所以花费时间少的运动员运动的快 (2) 小汽车运动的快;由于自行车和小汽车都运动了相同的时间,所以在这段时间运动位移较长的小汽车运动的快 (3) 运动员运动得快;对于不同时间的物体,运动的位移也不一样,所以化成单位时间内通过的位移来比较,通过计算可得,运动员每秒运动十米,自行车每秒运动约6.67米	教师通过查阅最新的一些时事资料,为学生设计问题,一方面可以使问题从实际出发,引起学生解决问题的兴趣,另一方面还可以使学生了解到关于为国家做出贡献的运动员实例。在形成初步运动观念及正确运用科学思维的同时树立学生的爱国情怀和责任感设计问题的时候应该由简单到复杂,让学习底子稍差学生可以有信心做下去,让稍好一点的学生也感觉不枯燥。从前面两个定性的解决问题到第三个定量的算出结论,全部由学生自主交流、分析培养学生的科学思维
	由以上分析可见,物体运动的快慢都与什么物理量有关系呢?通过解决第三个问题,我们发现单位时间内的位移又有特殊的物理意义,那我们能否找一个统一标准来定义运动的快慢呢?(提示:可以类比初中学的功率)	回答:与物体运动的时间和这段时间通过的位移都有关系。学生思考并讨论,回顾课前预学知识功率,知道描述做功快慢的物理量用功率定义,是单位时间内做功的多少,而本节课研究的是物体位置变化的快慢,所以通过讨论提出可以类比功率的定义去定义同样意义的物理量	再高中物理的学习中,常常会用到类比的思维方法,是很普遍的学习方法。而用比值定义的物理量,速度只是高中物理的第一个,以后还会用到

续表

教学环节	教师活动	学生活动	设计意图
知识总结	实际上,正如大家所猜想的一样,我们用速度这一物理量来描述物体运动的快慢,那我们一起来将速度进行总结一下	学生思考,和老师共同完成知识总结	对于概念教学,物理意义、定义、定义式、单位、标矢量性是必不可少的五个因素。在前面的合作探究环节已基本涉及这五个因素,教师起到规范表达的作用,与学生共同总结整理知识点
	物理意义:描述物体运动快慢的物理量 定义:位移与发生这段位移所有时间的比值表示速度 定义式:$v=\dfrac{\Delta x}{\Delta t}$ 单位:米每秒(m/s),千米每小时(km/h),1 m/s=3.6km/h 矢量性:既有大小,又有方向,其方向为物体运动的方向		
提出问题	同学们对于速度还有什么疑惑	初中对速度也做了学习,而初中与高中的速度如何区分?	引导学生回忆初中学习的速度,让学生主动的发现问题
合作探究	这个问题提得特别好,我们发现对于速度概念的学习,在高中和初中学习的是不一样的,那首先我们来讨论一下它们之间有什么区别呢?	有课前预学的基础,学生很容易对两种概念进行对比做出分析。初中所学速度是单位时间内通过的路程,而高中所学速度为单位时间内通过的位移;前者是标量,后者是矢量	首先,对学生提出的质疑与问题表示肯定,培养学生的批判思维,对学生以后的创新能力有所提高;其次,学生小组讨论,引起学生对该问题的思考,并解决问题,对提出问题的学生和思考问题的学生都能加深理解,培养学生的科学探究意识
知识总结	所以,在我们初中所学习的"速度"其实用"速率"表示更为贴切,即速度(矢量),速率(标量)		同样,学生已经知道了其中道理,教师只是将学生的观点系统性、概括性的描述
提出问题	百米运动员,10s 时间里跑完 100m。那么他的速度是多少呢?是不是代表百米运动员在每一秒都运动了 10m 的位移呢?	学生根据刚才学习的定义式求出速度为 10m/s 学生回答不是	通过已有的知识提出新的问题,因为该问题在初中也接触过所以完全可以由学生独立思考解决,不必浪费时间

续表

教学环节	教师活动	学生活动	设计意图
合作探究	我们算出 v=10m/s 又代表什么呢？	代表在这整个的 10s 内，运动员平均速度为 10m/s。	
知识总结	定义：利用公式 v=△x/△t 所计算的速度为这段时间的平均速度		
提出问题	一般来说,物体在一段时间内的运动,快慢程度不是一成不变的,而我们利用定义式所求的速度,只能粗略的表述在这一段时间内的运动快慢。那请同学们积极地思考,通过怎样的计算才能准确描述运动的快慢呢？	提出问题,学生思考。	从描述运动的快慢出发,提出速度概念,发现定义式 v=△x/△t 只能粗略地物体运动的快慢,又提出新的问题。整个过程中都是围绕一个主线:描述物体运动快慢。使学生体验对问题研究的严谨过程,培养他们树立的正确科学态度
合作探究	如下表所示 某物体的运动情况 | 时间(s) | 0 | 1 | 2 | 3 | 4 | 5 | 6 | | 位移(s) | 0 | 1 | 2 | 2 | 2 | 3 | 4 |	学生思考。	对于高一年级学生来说,将时间趋于零,不是那么容易接受,更不要说引导学生自发的运用极限思维。所以在瞬时速度这一知识点,可以以老师讲授为主,后面多几次的接触极限思维,学生也可以慢慢理解
知识总结	瞬时速度 (1)定义:运动物体经过某一时刻的速度,叫作此时刻的瞬时速度。 (2)意义:能精确地反映物体在某一时刻时运动的快慢。		与学生一起总结,对瞬时速度规范的表达
巩固练习	(1)举例生活中遇到的有关速度的标示,并说明该标示代表的是本节课所学的哪一知识点 (2)哪种情况速度和速率的表示是一样的？ (3)某物体沿一直线运动,首先以一定的速度运动了 20 米,又沿反方向运动运动了 30 米,期间共用时 30 秒,问该物体在这 30 秒的平均速度是多少？		让学生来列举生活实例并加以解释,是对学生的物理观念的培养,体现从生活到物理,从物理到生活

续表

教学环节	教师活动	学生活动	设计意图
课堂小结	由学生进行小结和补充		由学生自己回忆总结，对漏掉的知识也由学生进行补充，比教师总结更能起到记忆作用

九、板书设计

运动快慢的描述——速度

一、速度

1. 物理意义：
2. 定义：
3. 定义式：
4. 单位：
5. 矢量性：

二、速度和速率

1. 速率：
2. 日常生活和物理学中说到"速度"，有时是指速率。

三、平均速度和瞬时速度

1. 平均速度
2. 瞬时速度

(1)定义：

(2)方向：

十、教学反思

二、规律课教学设计

下面，以人民教育出版社教材《高中物理必修二》中的《重力势能》为例，说明规律科的课堂教学设计。

案例名称		重力势能	
课时	1课时	所用教材	人教版高中物理必修二

一、教材分析

在《重力势能》这节课的前面学习了关于功的一系列知识,在之后又学习的是关于能量的有关知识,因而本节课内容在本章恰好起承上启下的作用。而关于重力势能,在初中阶段学生定性的学习过,所以在本节课中,我们需要定量的去表述重力势能。本节课首先学习重力做功,通过重力做功的结果来分析,发现重力势能的表达式,培养学生的科学思维

二、学情分析

关于重力势能,高一的学生已经在初中阶段进行了定性的分析,但是对于定量的表达式并没有做进一步的推导。而本节内容将以重力做功规律得出重力势能的表达式,这对高一学生来说,是一节较为抽象的教学。重力势能的相对性和系统性,学生更是不容易理解,所以教师应设计相关的题目,激发学生的探究能力,让学生定量的理解。至于重力做功,学生在上一节已经可以熟练运用功的有关计算,所以问题不大

三、教学目标

(一)物理观念
1. 理解重力做功的特点,知道重力做功与重力势能的关系
2. 理解重力势能的概念
3. 知道重力势能的相对性
(二)科学探究
1. 通过对任意路径的重力做功的分析,体验极限的思想
2. 体验定量的得到重力势能表达式的过程,让学生从中提升自己的科学推理能力
(三)科学思维、科学态度与责任
1. 由生活中的具体实例着手,引起学生的好奇心及对重力势能的具体计算公式的探索欲望
2. 通过具体的实例展示重力势能的对人们的生活的利弊,使得学生有珍爱生命、规范道德的责任感

四、教学重点和难点

重点:重力做功的特点,重力势能的概念
难点:重力势能的系统性和相对性

五、学法和教法

教法:启发式教学法、小组讨论法、分析归纳法、讲授法
学法:自主学习法、合作学习法

六、教学环境及资源准备

多媒体教室、教材、自制课件等

续表

七、课前预学
学生在初中时,对重力势能做过了定性的学习,那本节课的自主预学首先就是回忆初中所学的重力势能的相关知识。知道重力势能的物理意义,并且知道这种能量会随着物体的质量和高度的增大而增大,在高中课堂中就不再详细探究这一点,所以由教师让学生自主预学很重要。其次,因为本节课是由功向能量的过渡,所以学生得将上节课学习的功的有关知识进行复习,一方面加深对功的理解,一方面在本节课较简单的地方少浪费时间。最后,熟悉一下求解瞬时速度及探究向心加速度时用的极限分割方法,为探究任意路径重力做功打下基础

八、教学过程

教学过程	教师活动	学生活动	设计意图
创设情境	教师向学生展示以下几个场景: (1)教师描绘在冬天的时候,会看到雪花从天空中飘落下来,给人以纯洁的感觉;播放视频:但是当发生雪崩的时候,此时美丽的白雪却会给人们造成巨大的破坏力 (2)图片展示最美妈妈吴菊萍:在一个下午,吴菊萍看到了十楼坠落的两岁女童,毫不犹豫地用双手接住了她,但却造成了自己手臂的多处骨折	学生仔细观察,注意老师的解读情境	以自然中的例子作为创设的一个情境。一方面可以引起学生的兴趣,让学生迅速回到课堂中,另一方面,对于学生知道的场景,学生却解释不出来,可以激发的求知欲。达到让学生主动学习的目的 关于重力势能的一个典型的案例就是最美妈妈吴菊萍,不仅可以说明问题,还可以培养学生的社会责任感,传播正能量
提出问题	请同学们仔细思考,为什么美丽的雪在雪崩时候会有如此大的能量,小片的雪花及在地面的积雪为何没有这么大的破坏力? 同样的两岁大的女童,平时妈妈抱着的时候为什么不会对妈妈的手臂造成伤害?以上这两个案例有什么共同点,这种能量是什么?有什么特点? 那重力势能怎样定量计算它的大小呢的?我们一起来探究一下	学生根据课前预学的知识对两个案例进行分析回答:雪崩由于积累的雪从高处落下,小孩也是由于从一定高度落下。我们把这种能量称为重力势能,他的特点就是随着高度的增加、质量的增大,重力势能也随之增大	带领学生由具体实例出发,对初中所学的重力势能复习巩固,也让学生可以用所学知识来解释时间现象,加深学生的物理观念 根据学生已有的知识,提出了要解决的新问题,以便让学生可以时刻抓住主线,不盲目的跟着老师的思路

续表

教学过程	教师活动	学生活动	设计意图
合作探究	除了重力势能的特点之外,我们发现随着物体的高发生变化的时候,重力也在做功,所以研究重力做功也是很有必要的	学生联系重力做功	初步地让学生了解到功能之间存在关系
	图示:小球沿竖直方向、斜面、任意路径下落(h_1、h、h_2、θ、任意路径)		
合作探究	现有以上几种关于重力做功的例子,请大家讨论一下,用所学知识来求一下小球的重力做的功是多少?第一种情况,小球由沿竖直方向下落,下落的路径如图所示;第二种情况,小球沿倾斜的路径下落到,下落的路径长为L;第三种情况,小球沿任意路径下落(提示:怎样能使任意路径化为直线)	同学先自己思考,然后小组合作讨论,并给出答案: (1)小球的重力与小球的位移方向相同,利用W=FL 可得 $W_1=G(h_1-h_2)=mgh_1-mgh_2$ (2)小球的重力与小球位移不在同一条直线上,有夹角,利用 W=FLCOSθ 可得 W_2=GLCOSθ=mg(h_1-h_2)= mgh_1-mgh_2 (3)小球所受的重力与小球的位移有夹角,但是这个夹角的度数时刻都在变化。但是,如果将这条路径分割成如图所示的小段,这些小段可以看成无数个直线间隔,则:W_3=mg$\triangle h_1$+ mg$\triangle h_2$+…+ mg$\triangle h_n$= mgh_1-mgh_2	教师在设计问题时,根据学生学习的先后顺序,有简单到复杂。首先让学生对上节课功的学习做一个复习检测。其次培养学生在简单的问题中遇到新问题的处理方式 第一、二种情况都是上一节课所学习过的,由学生合作完成,对于差一点的学生,小组同学可以给予帮助 对于第三种情况稍显复杂,但是由于课前的知识预学,以及教师的稍加引导,让学生自主的运用极限思想,培养学生的积极思维,锻炼学生的创新能力

续表

教学过程	教师活动	学生活动	设计意图
知识总结	那从以上三种情况,大家可以发现什么规律,可以总结出什么结论?(引导:什么才是因素与重力做功密切相关)	学生小组讨论,发现规律:以上三种情况,如果开始运动的高度和结束运动时的高度一定时,那么重力做的功也是相同的,都为 $W=mgh_1-mgh_2$。得出结论:重力做功与路径无关,只与初末位置有关	对于有规律的问题,应该让学生自主地发现规律,思考造成该规律的因素是什么,并在教师的引导下可以总结出规律中的含义
提出问题	从前面三个例题中我们总结出了重力做功的特点及重力做大小 $W=mgh_1-mgh_2$,那么 mgh 到底代表什么呢?有没有特殊的意义?	学生思考	问题的设置环环相扣,从得到的结论中发现问题,可以让学生跟紧教师的思路,不易掉队
合作探究	我们说物体位置的变化会引起重力做功,我们观察"mgh"这个式子,它和我们刚上课提出的重力势能否找到联系。我们小组讨论一下	小组讨论:"mgh"这个式子,当 m 增大的时候整体式子会增大,当 h 增大的时候整体式子也会增大。而对于定性的"重力势能"恰好也是随着质量或物体所处位置的高度增大而增大	在这个过程中,老师进行合理的引导,提出问题。学生进行定性和定量的科学分析,进行大胆的猜测,找出规律,从而形成结论。让学生体会这个科学推理过程,锻炼学生的科学思维,也对学生以后的创造力有所提升
	那我们能否大胆的猜想,"mgh"这个式子就是定量的表述重力势能	通过前面的分析,"mgh"这个式子的大小与重力势能的特性恰好吻合,所以可以把"mgh"这个式子定义为重力势能	
知识总结	既然我们找到了重力势能的定性表达式,那我们一起将定性、定量结合起来总结一下重力势能		在得出重力势能的表达式后,应该对重力势能系统的总结一下,而由老师和学生共同完成这一环节更是可以加深学生的理解
	物理意义:物体由于被举高而具有的能量 定义:物体的质量与物体此时所在高度的乘积 定义式:$E_p=mgh$ 单位:J 标量性:只有大小,没有方向		对于重力势能这一概念,五要素必不可少

续表

教学过程	教师活动	学生活动	设计意图
创设情境 提出问题	在学习了重力势能之后,我们来看这样一道例题:在距讲台1米的距离,老师拿着一本质量为0.2kg的教材,站在教学楼二楼,请问这本书的重力势能为多少?	学生思考	利用例题来引出下一个问题,让学生可以在巩固学过的知识同时发现新的问题
合作探究	请学生进行小组讨论	通过小组讨论,有了不同的答案: Ep=mgh=0.2×10×1=2J Ep=mgh=0.2×10×(1+H)=2(1+H)J H为一层教学楼的高度	发挥高中学生的积极思维,在巩固学过的知识同时,通过小组的合作讨论拥有不同的答案,产生知识冲突。引发学生的兴趣,可以跟好的突破本节课的难点
	对于同一道题,为何有不同的答案?哪种答案正确? 那怎样做才能消除答案的不唯一性呢?	都正确;第一种答案是以讲台到书为高度,第二种是以地面到书的距离为高度 选定一个高度	发现问题后,由学生讨论解决。培养学生运用知识正确判断问题的能力,以及让学生领悟思考问题要从多角度出发
知识总结	通过上面这个例子,我们可以总结。研究物体的重力势能时,需要选定一个准确的高度,即零参考面。并且在零参考面上的物体重力势能是大于0J的,在零参考面以下的物体重力势能是小于0J的。而一般情况我们选地面为零参考面 换句话说,重力势能具有相对性		在引导学生研究清楚一个知识点时候,往往应该由教师进行知识点的正确归纳
巩固练习	(一)如上图,某物体质量为0.6kg,现从A点沿以上三种路径运动下来,问哪种情况重力做功最多,是多少?		对重力做功的特点加深掌握。上课时,详细运算了三种重力做功的情况,现在用所求知识来解释具体现象,突出重点 由于重力势能的相对性为本节课的难点,所以当堂进行联系,对难点进行加深印象

续表

教学过程	教师活动	学生活动	设计意图
巩固练习	(二)如下图,小球 A 在如图所示的位置,问小球此时的重力势能为多少?一直小球的质量为 m		
课堂小结	请学生进行课堂小结、补充		对本节课的所学知识加深理解
八、板书设计			
重力势能 一、重力做功特点 物体运动时,重力做功与路径无关,只与初末位置有关 二、重力势能 1. 物理意义: 2. 定义: 3. 定义式: 4. 单位: 5. 标量性: 三、重力势能的相对性 物体的重力势能具有相对性,一般取地面为零参考面			
九、教学反思			

三、实验课教学设计

下面,我们以人民教育出版社教材《高中物理必修二》中的《验证机械能守恒定律》为例,说明实验课的课堂教学设计。

案例名称		验证机械能守恒定律	
课时	1课时	所用教材	人教版高中物理必修二

一、教材分析

本节实验课设置在重力势能、动能以及机械能守恒定律理论学习之后。也就是说在实验课之前,学生已经对相关的理论进行了学习,本节课通过学生亲自动手做实验,研究动能和势能之间的具体变化,从而得出验证机械能守恒定律。机械能守恒是高中学生学习的第一个守恒定律,对以后的学习会有示范作用

二、学情分析

本节实验课的教学对象是学习高中物理已经一年的高一学生。他们思维比较活跃,在接触了一年的高中物理学习中,已经具备了一定的科学探究及小组合作的能力。在知道实验的目的的前提下,可以根据已有的知识,设计出简单的实验。同时对数据的记录、分析也有了一定的能力,以及对于结论的评估和误差的分析也可以通过小组合作来完成。但是对于实验过程中的安全及要注意的问题仍需要教师的进一步强调

三、教学目标

(一)科学探究
1. 理解实验的设计思路,明确实验中需要测量的物理量
2. 知道实验中选取测量点的有关要求,会根据实验中打出的纸带测定物体下落的距离,掌握测量物体运动的瞬时速度的方法
3. 能正确进行实验操作,能够根据实验数据的分析中得出实验结论
4. 能定性地分析产生实验误差的原因,并会采取相应的措施减小实验误差
(二)科学思维
通过验证机械能守恒定律的过程,体验验证物理定律的研究方法
(三)科学态度与责任
通过亲自实践,培养学生观察和实践能力,培养学生实事求是的态度和正确的科学观

四、教学重点和难点

重点:掌握验证机械能守恒定律的实验原理,会对实验进行合理的设计
难点:实验数据的处理和相应的误差分析

五、学法和教法

教法:讲授法,讨论法,启发式教学法
学法:观察法,科学探究法,小组讨论法

六、教学环境及资源准备

教材,实验室,铁架台,打点计时器等

七、课前预学

续表

首先因为是对已有知识的验证,所以在实验前,对于机械能守恒的内容、条件和表达式这些知识的复习是必不可少的。其次,本着立足于课本的思路,则在实验教学中选择自由落体运动来验证定律,那就得学生将自由落体的有关知识做一个自主预学,避免实验中出现有关自由落体速度计算的错误。接着对于重力势能,要知道重力势能的相对性,这对实验的精确性会有很大的帮助

八、教学过程

教学环节	教师活动	学生活动	设计意图
情境引入提出问题	回顾上节课,我们学习了机械能守恒定律,那么机械能守恒的内容是什么呢? 但是这个定律在前面是通过理论推出来的,而我们说物理是以实验为基础的学科,所以对于机械能守恒这个定律,是不是符合现实实例?我们需要一起通过实验来探究一下	在只有重力做功或弹力做功的系统内,动能和势能可以互相转化,但总的机械能不变	复习巩固,由学生自己对已学的知识进行回顾,加深记忆,为后面的实验做铺垫 告诉学生实验是检验真理的唯一方法,使同学们体验严谨的科学探究精神
合作探究	要验证机械能守恒,大家思考一下,最终运用怎样的原理?以及要验证机械能守恒需要满足怎样的条件? 现在提供给大家这些的实验器材:铁架台,打点计时器,重物。大家通过小组讨论设计一套只在重力做功的系统中,来验证机械能守恒的方案 根据同学们设计的方案,老师进行引导完善实验是在只有重力做功的前提下完成的,那在重物下落时要尽可能地减小阻力,该如何设计呢?	根据课前预学环节,复习上节课的知识得出: $E_{K1}+E_{P1}=E_{K2}+E_{P2}$ 只有在重力或弹力做功的系统内 学生通过小组讨论得出设计方案 因为只有重力做功,所以选择如下的设计思路:令地面为零势能面,刚开始时,势能为重物所在位置的重力势能,动能为零;落在地面时势能为零,动能为地面时相应的动能。多测几组,取平均值,然后计算	在做实验前一定得对实验原理以及条件熟练理解,才能设计出合理的实验 由于在前一节内容的理论学习中,物体都是由最高点运动到最低点(即势能最大动能为零到动能最大势能为零),而在现实的实验中会存在测量等问题 让学生小组自主设计方案,主动发现问题,并通过小组合作来将实验进行改进。培养学生的科学思维和科学探究意识

续表

教学环节	教师活动	学生活动	设计意图
合作探究	引导学生找出在该方案下需要测量的物理量,并判断每个物理量的测量是否可行 如果不可行,那请同学们小组合作讨论,该如何改进 确定好实验方案后,引导学生安装仪器,并进行实验	在老师的启发下,学生讨论解决得出:应选用密度大的重物做实验 学生通过探讨,发现在这种思路下,实验需要测量的物理量有:重物的质量 m,初始时物体距地面的高度 h 以及末了时刻的速度 v,同时也发现末了时刻的速度 v 无法测量 小组讨论将实验改进:用天平测出重物的质量。在纸带上取一段均匀的点,标注 A 点为起始位置,B 点为末了位置,并求出两点的瞬时速度即可求出两点的动能。量出 AB 的距离,令 B 点为零势面,即可求出 AB 两点的重力势能 多次实验,进行验证	
知识总结	与学生一起对实验数据进行分析,并讨论造成实验误差的原因 	实验次数	质量(kg)	A点速度	B点速度	A、B距离
---	---	---	---	---
1				
2				
3				| 并得出在误差的允许范围内,机械能守恒 (一)注意事项: 1. 在安装打点计时器的时候,务必要求两纸带在同一竖直线上,以此来达到减小摩擦阻力的作用		

续表

教学环节	教师活动	学生活动	设计意图
知识总结	2. 重物应该选择质量和密度较大的，其原因是：增大重力可以使阻力的影响相对变小，增大密度可以减小物体体积，以此可以用来减小空气阻力 3. 实验结束进行数据处理时，选择纸带应尽量挑选第一、二点间距接近 2mm 的，点迹清晰且各点呈一条直线的纸带 (二)误差分析： 1. 偶然误差：测量长度时会存在一定的误差 2. 系统误差：实验中重物和纸带下落过程中要克服阻力(主要是打点计时器的阻力)做功，故动能的增加量 ΔE_K 要略小于势能的减少量 ΔE_P (三)思考： 1. 本实验有必要测量物体的质量吗？ 2. 我们该如何确定纸带上第一个点是开始下落的起点呢？ 3. 在数据处理时，可以忽略起始点吗？或者说找不到起始点还能验证机械能守恒吗？		与学生共同总结实验结论，也是对机械能守恒定律的再次理解
巩固练习	例题：某同学要验证机械能守恒定律。采用自由落体的方法，打出 16 个点 (1) 如果该同学选择第 4 个点到第 9 个点来分析，那么需要测量哪些量？ (2)下列实验顺序正确的是(　　) A. 在铁架台上安装打点计时器 B. 接通电源，松开纸带 C. 换下纸带，测量新的纸带 D. 将纸带穿过打点计时器，与重物相连，用手提着纸带 E. 在纸带上选取清晰的点，用刻度尺测出物体下落的高度 $h_1、h_2、h_3\cdots h_n$，计算出对应的瞬时速度 $v_1、v_2、v_3\cdots v^n$ F. 分别算出 ΔE_K 和 ΔE_P，在实验误差允许的范围内看是否相等		对实验过程加深掌握。由于实验的方案选择和实验是本节课，所以当堂练习，对重点加深巩固
课堂小结	本节课主要学习了： 1. 实验目的：用自由落体运动验证机械能守恒 2. 纸带的选取及重物速度的测量方法 3. 实验的误差来源及注意事项		对所学知识综合的巩固，对重点加深理解

续表

九、板书设计	
	实验:验证机械能守恒定律
	一、实验器材
	铁架台、重锤、打点计时器(纸带)、交流电源、刻度尺、导线
	二、实验原理(落体法验证)
	三、实验步骤
	1.安装好装置;
	2.进行实验,并多做几组;
	3.选择纸带,处理数据;
	4.误差分析
	四、实验结论
	在误差的允许范围内,只在重力做功的前提下机械能守恒
十、教学反思	

四、习题课教学

下面,我们以人民教育出版社教材《高中物理必修一》中的《"隔离法"与"整体法"做题》为例,来说明实验课的课堂教学设计。

案例名称	"隔离法"与"整体法"的练习		
课时	1课时	所用教材	人教版高中物理必修一
一、教材分析			
"整体法"和"隔离法"的应用是在学习了"力"与"牛顿三大运动定律"之后,通过对问题的处理过程,发现的两种处理受力分析的方法。本节内容虽然在课本上没有列出,但是对于实际解题有着很重要的意义,也是对之前的所有理论知识与实际问题进行相结合起来的过程			
二、学情分析			
学习了"力"和"牛顿运动定律"的相关知识之后,学生已经会对物体进行简单的受力分析,并根据受力分析判断运动情况。对于单个独立物体的掌握还不错,但是当出现连接体或者由几个物体组成的系统时,学生就会遇到不会分析,甚至无从下手的问题。所以本节课通过习题对这一类问题的进行讲解,也让学生在这个过程中体会对特定问题的归纳和总结的方法			

续表

三、教学目标
(一)科学探究 1. 能熟练掌握对物体的受力分析 2. 会用隔离法和整体法解决问题 (二)科学思维 1. 在对遇到问题的时候,学会选择适合的方法求解 2. 掌握对隔离法和整体法问题归纳的方法 (三)科学态度与责任 1. 体会用模型对实际问题建构的过程 2. 培养学生运用物理观念解决实际问题的能力
四、教学重点和难点
重点:对物体进行受力分析,掌握隔离法和整体法 难点:掌握整体法和隔离法,对需要受力分析的问题进行归纳
五、学法和教法
教法:讲授法,讨论探究法 学法:合作探究法
六、教学环境及资源准备
多媒体教室、教材、自制课件等
七、课前预学
学生在上课之前,自主地复习如何对物体进行受力分析,知道在进行受力分析时,先分析重力,接着弹力,再摩擦力,最后根据条件分析物体所受的合力。熟悉牛顿运动的三大定律,能熟练掌握运动状态与力之间的转化
八、教学过程

教学环节	教师活动	学生活动	设计意图
情境引入 提出问题	我们已经会对物体进行受力分析,用牛顿运动定律,对物体的运动状态做判断。那我们来看这个例题:有一个物体A,在水平向右的F作用下匀速直线运动,求地面对物体的摩擦力。 而在我们接触看到的更普遍的情况,则不是单独的一个物体,那对于这类问题要怎样处理呢?	学生回答: 题目中告诉该物体在做匀速直线运动,属于平衡状态,所以分为竖直方向和水平方向,也受到平衡力,即 $G=N$ $F=f$。所以水平方向所受的摩擦力大小等于 F,方向与 F 相反	对于习题课来说,是对所学内容深化的过程,在此之前对于有关的理论知识和简单的应用一定要熟练掌握。所以本节课在同学课前预学的前提下由一道简单的受力分析题引入,是对学生学的理论知识的巩固。只有对与所学知识直接对应的简单的单个物体会受力分析,才可以谈后面较复杂的习题

续表

教学环节	教师活动	学生活动	设计意图
合作探究	![图：F←A压在B上，B在地面上] 如上图所示，A物体是压在B物体上的。现已知，这两个物体一起在做匀速直线运动，方向向左 (1) 问 A 受到的摩擦力是多少 (2) 求地面对 B 的摩擦力 请同学们分组讨论并将你们的做法展示	学生小组讨论，将结果告诉所有同学： (1) 对于 A 物体来说，根据已知条件，做匀速直线运动，说明 A 为平衡状态，即竖直方向，$N_A=G_A$；水平方向，$F=f_{BA}$，方向与 F 相反 (2) 在第一步的基础上，A 收到 B 的摩擦力，A 也对 B 有一个相互作用力，而物体 B 也是平衡状态，所以地面对物体 B 的摩擦力大小等于 f，方向为水平向右 对于第二问，有不同解法 由于 AB 物体同时做的匀速直线运动，所以 AB 物体组成的系统为平衡状态，即对这个整体而言：竖直方向，$G_A+G_B=N_A+N_B$；水平方向，$F=f$，方向与 F 相反	简单的受力分析掌握之后，对于较复杂的组合体来说，教师设计问题时，仍然对单个物体分析，引导学生在组合体中先利用隔离法解题，然后让同学们在解出问题的基础上，发散思维，发现另一种方法。在这个过程中，除了让学生自主地发现隔离法和整体法，也有利于培养学生发散性思维和创新能力 让学生首先接触到受力分析的这两种方法，然后在理解方法的基础上进行总结
知识总结	根据同学们对上面例题的讨论，我们发现了对这种两个物体组成的系统的受力分析可有两种方法，我们一起总结一下 例如上面的例题，求地面与 B 之间的摩擦力时，我们除了对 B 单个一步步分析之外，同学们运用的第二种方法，把这个组合体看成了一个整体来研究，我们把这种方法称为整体法 例如求 A、B 之间的摩擦力，我们对单个物体 A 或 B 进行受力分析，我们把这种方法称为隔离法		让学生初步在例题中体验隔离法和整体法，并和教师一起总结这两种方法的概念

续表

教学环节	教师活动	学生活动	设计意图
巩固练习	知道了对系统问题的受力分析方法,我们再来练习一下 (一) 如上图,一块物体被分成A、B两部分,并处于静止状态。问A、B之间(　　)有摩擦力;B与地面之间(　　)有摩擦力。(填可能或不可能) (二) 如图所示,物体A与B靠在一起,已知两个物体向右加速,求A对B的作用		仅仅知道两种方法的概念还不够,必须得对具体的方法进行归纳,在具体题目中具体对应,而要完成这一目的,最好的方法就是让学生在巩固练习中发现规律,总结方法。在这个过程中,教师要积极引导,不能让学生处于题库之中,而是要培养学生在题中掌握方法的本领
提出问题	根据我们今天做的这些关于"整体法"和"隔离法"的例题,我们能否总结出关于这两种方法的选择呢?以及在解题过程时,这两种方法是不是出现"隔离法"就不用出现"整体法"了呢?	学生思考总结	
合作探究	同学们一起对以上例题分析,讨论一下	学生通过对以上例题的分析,将使用整体法的问题整合在一起,将用到隔离法的问题整合到一起,通过小组同学对比、分析、归纳	让学生小组为单位,自己进行梳理这些习题,锻炼学生的小组配合能力和交流能力
知识总结	我们一起来对这两种方法的选择做一个总结:如果不考虑组合体中各物体的受力,则用整体法;反之用隔离法 隔离法与整体法不一定要单独出现,在我们解题过程中,要灵活的选择方法,相辅相成,才能解决难题		本环节内容将本节习题课学习的方法进行总结。习题课主旨不是为了刷题,而是在对典型例题的研究下,对某类问题进行规律总结。对于"隔离法"与"整体法",在学生找到结论,与老师共同总结,是对该两种方法的再掌握过程

续表

九、板书设计
"隔离法"与"整体法" 一、方法的概念： 二、方法的选择： 三、两者之间的关系：
十、教学反思

五、复习课教学

下面，我们以人民教育出版社教材《高中物理必修一》中的《匀变速直线运动的研究》为例，说明实验课的课堂教学设计。

案例名称	匀变速直线运动的研究		
课时	1课时	所用教材	人教版高中物理必修一
一、教材分析			
本节课是对第二章内容的一节复习课。这章内容是对匀变速直线运动进行了系统的学习，主要可以分为匀速直线运动的运动规律研究和它的特殊情况自由落体运动这两个部分，既是高一这一学期在运动学知识中的重点内容，也是学习第四章牛顿运动定律的基础，所以对该章做一个复习是很有必要的			
二、学情分析			
本节课是一节复习课，对于学生来说，是刚学过的内容，比较熟悉。所以在复习时候，对于基础的概念，公式等知识只是做一个简单的回顾过程。但对于本章的难点——图像法在解题中的应用，学生理解应用起来还是比较困难，应该着重来复习。除此之外，本章有关运动的解题过程中，学习了很多公式，放在单一的一节中，运用基本公式计算是比较简单的，但是放在章末的习题中，有些同学就出现无从下手，不知道运用那个公式的情况，所以在这次复习课中，将这些方法进行系统的归纳			
三、教学目标			
(一)物理观念 1. 掌握本章所学的概念、公式 2. 学会图像法在运动学中的应用 3. 会对不同的题选择简单的解题方法			

续表

(二)科学思维与探究
1. 在解题过程中,掌握利用数形结合思想在图像中求得相关物理量的方法
2. 在对公式和解题方法做归纳时,掌握这种归纳的方法
(三)科学态度与责任
1. 培养学生对知识归纳总结的能力
2. 培养学生运用物理观念解决实际问题的能力

四、教学重点和难点
重点:对本章的概念、公式的掌握与运用;会利用图像来解决运动问题
难点:利用图像求解匀变速直线运动问题

五、学法和教法
教法:讲授法,讨论探究法
学法:合作探究法

六、教学环境及资源准备
多媒体教室、教材、自制课件等

七、课前预学
本节课虽然是复习课,但更多的是在学习完本章知识之后,对有疑惑的地方做一个讲解,对于基础的知识不再浪费时间重复,所以学生必须在课前,自主地对本章学过的内容进行复习。并将解题所用的公式、方法做一个归纳,然后带着问题来上这节复习课

八、教学过程

教学环节	教师活动	学生活动	设计意图
情境引入提出问题	第二章,关于运动,我们已经学完了,对于这一章,我们将主要学习了关于匀变速直线运动的一些解题公式和推论,但是这章的题灵活多变,同学们往往会有公式不会用,或者不会用复杂的转换关系,那对于具体的题怎样选择公式呢?	学生结合自己的做题情况,进行相应的思考	针对学生在应用中遇到的问题进行复习,提起学生对本节课的兴趣
合作探究	首先对这一章所学的基本公式进行复习: 自由落体运动是特殊的匀加速直线运动,初速度为0,加速度为g 速度与时间的关系 $v=v_0+at$,匀变速直线运动的平均速度公式 $\bar{v}=\dfrac{v+v_0}{2}$,位移和时间的关系 $x=v_0t+\dfrac{1}{2}at^2$,位移和速度的关系 $v^2+v_0^2=2ax$		这一章最基本的就是匀变速直线运动的一些公式,所以在研究其他解题方法前,首先应该把所学的公式进行复习

续表

教学环节	教师活动	学生活动	设计意图
合作探究	直接运用这些简单的公式来解题是最基本的方法，除此之外，我们再总结一些方法供大家做题时候选择（一）一辆摩托车以20m/s的速度在马路上行驶，看见前方有特殊情况，立即做匀减速运动，花了5s的时间停车，问该摩托车的加速度？请大家积极思考，尝试用两种方法计算	学生讨论,总结出方法回答 根据$v=v_0+at$,$0=20+5a$ 可得$a=4$m/s²，方向与初速度相反；可以把这道题看为摩托车做匀加速直线运动，初速度为0，末速度为20m/s，则：$20=5a$可得$a=4$m/s²，方向与初速度相反	让学生对一道题思考多种解题方法，培养学生的逆向思维和创造力，得出第二种方法
	(二)某物体的初速度为4m/s，做匀加速直线运动，加速度为3m/s²，问，经过1.5s物体运动的位移。仍然考虑用多种方法解题	根据位移时间公式$x=v_0t+\frac{1}{2}at^2$,$x=4\times1.5+\frac{1}{2}\times3\div1.5^2=9.375$m 对于匀变速直线运动,可以算出平均速度公式$\bar{v}=\frac{v+v_0}{2}$计算出平均速度为6.25m/s，进而得到位移9.375m	
	(三)某物体在做匀加速直线运动,已知他的初速度为0，在第1s内,运动的位移为7m,问第二秒运动了多少?	根据位移时间公式$x=v_0t+\frac{1}{2}at^2$解得加速度$a=14$ m/s²，在2s运动的总位移$x_2=v_0t_2+\frac{1}{2}at_2^2$,解得$x_2=35$m，所以第二秒内的位移为 35m-7m$=28$m 第二种:根据做匀变速直线运动的推论,我们知道$x_1:x_2=1^2:2^2$，所以第二秒内的位移为$4\times7=28$m	教师为学生设计问题,让学生从不同角度分析,采取多种解题方法,在不同方法中选择最简单的,并让学生在这个过程中学会总结

续表

教学环节	教师活动	学生活动	设计意图
知识总结	在这几种方法中,我们来观察它们在什么时候用是最合适的 第一种,称为公式法,任何时候都可以用,但要注意矢量性;第二种,称为逆向思维法,若物体做匀加速直线运动,那可以反过来看就是匀减速直线运动;第三种,称为平均速度法,在题中遇到时间的平方比较难算的情况,可以简单算法;第四种,称为比例法,这种方法是推导出来的,对于初速度为0的匀加速运动,特别方便		在针对特定的方法复习了特定的例题,然后由教师指导和学生一起总结这几种方法,在这个过程中,可以加深学生的理解也可以培养学生的归纳,总结能力
提出问题	除了运用公式解题之外,运动在图像中的表示也是很重要的,那么不同的运动怎样在图像中划出来呢?我们一起来复习一下	学生进行思考	在本章内容中,利用图像解决匀变速直线运动问题也是重中之重,复习利用公式解体题后提出图像问题,顺理成章
合作探究	对于下列这个图像,请同学们讨论一下物体做得是什么运动?	学生观察,得出结果。对甲物体做的运动分析,纵坐标一直保持2m/s,所以甲物体做的是匀速直线运动;对乙物体做分析,可分为两个时间段来看,在前2s,物体运动所对应的纵坐标是均匀增大的,做匀加速直线运动,通过计算其加速度为$2m/s^2$,后面4s,物体运动所对应的纵坐标是均匀减小的,做匀减速直线运动,通过计算其加速度为$1m/s^2$,方向与初速度相反	老师提出问题,由简到难,循序渐进,帮助学生在思考过程中自然过渡到图像法解题的要点上

续表

教学环节	教师活动	学生活动	设计意图
合作探究	那在这个图像中，要计算甲乙两物体在 6s 内的位移，要怎么算，大家思考一下 我们发现用公式求解加速度和位移的过程很麻烦，我们来算一下，图像的斜率和图像与 x 轴围成面积，看有什么发现	学生回答： 根据刚才的分析，甲物体速度为 2m/s，时间为 6s，所以位移 $s=vt=12m$；乙物体可分为两部分来计算，前 2s，物体做加速运动，初速度为 0，加速度为 $2m/s^2$，位移 $s_1=0+\frac{1}{2}\times2\times2^2=4m$，后 4s，物体做减速运动，初速度为 4m/s，加速度为 $-1m/s^2$，位移，$s_2=4\times4-\frac{1}{2}\times1\times4^2=8m$，$s=4+8=12m$ 学生通过计算，甲的斜率为 0，乙图像前 2s 的斜率为 2，后 4s 的斜率为 -1 刚好与前面算的加速度大小相等 甲图像与 x 轴的面积等于 12，乙图像与 x 轴的面积也为 12，恰好与利用公式计算的相等	学生在整个解答过程中处于主体地位，而老师只是适当的引导，帮助学生养成举一反三的习惯，并能够自己总结反思
提出问题	我们研究了 v–t 图像，那么对于 x–t 图像又有怎样的规律呢？		图像题型有很多，要让学生不拘泥于一种，充分培养学生的发散性思维

续表

教学环节	教师活动	学生活动	设计意图
合作探究	同样的图像,换了纵坐标的物理量,我们再来分析一下两物体做的是怎样的运动 那此时,物体的位移可以看纵坐标,加速度根据运动状态也可以判断出来,那速度怎样根据图像来判断呢?	对于甲物体,由于纵坐标代表的是位移,观察图像,甲物体的位置没有变化,所以甲物体是静止的,加速度为0;而对于乙物体,观察图像,乙物体前两秒,它的位移由0至4,是均匀的增加,属于匀速直线运动,而在后4s,物体的位移又是从4至0均匀的减小,做的是反方向匀速直线运动 学生由上一个v-t图像的启发,对图像的观察和类比,提出自己的猜想,应该图像的是斜率,并通过算速度的公式计算,验证猜想的正确	充分运用类比法,先猜想再验证,正确掌握物理学科的思维方法 小组讨论发挥学生的合作探究能力,在探究中找到正确答案
	由此可见,图像和公式之间是对应的,那么对于x-t图像,怎样的图像才代表的是匀变速直线运动呢?请同学们思考	学生小组讨论,通过类比,将公式与图像相结合,得出答案,让图像的斜率(即速度)均匀的增大或减小如图	
知识总结	对于v-t图像和x-t图像要注意观察,同一个图像,但代表的物理量是截然不同的。v-t图像中,要计算某时间段的位移,就用这段时间与图像围成的面积来表示,而计算某时间的加速度,可以用这点的斜率表示;而x-t图像,要计算位移,可以直接观察图像纵坐标变化了多少,图像斜率则是速度,对于加速度是需要计算的		图像法在物理解题中很重要,通过总结,帮助学生构建该部分的解题思路

续表

教学环节	教师活动	学生活动	设计意图
巩固练习	（一）分别说明下列四个图像代表物体做什么运动 A　B　C　D （二）如图所示，某辆汽车做直线运动，问 (1)该汽车的位移 x (2)该汽车三个阶段的加速度		对所学过程进行梳理，巩固。让学生对图像再次的理解，以及对于数形结合的运动例题的巩固
小结	在我们以后做题时，一定要注意公式和图像相互配合，数形结合。只有对所有方法都要熟练掌握，在做题的时候后才能选择最合适的方法		在小结中，再次强调重点

九、板书设计

匀变速直线运动的研究

一、解决匀变速直线运动的问题，如何选择合适的方法和公式
二、图像在匀变速直线运动中的应用

第六章 物理基础教育探究式实验教学研究

物理学是一门以实验为基础的自然科学。实验教学是物理教育教学的重要组成部分,物理教学中物理概念的形成和规律理论的建立都与物理实验息息相关。充分利用实验开展物理教学,既是新课程标准的要求,又体现了物理学的学科特点。特别是探究式实验教学在学生的学习中起到至关重要的作用,学生在探究式实验教学过程中除了获取物理知识,还能获得科学的思想方法、动手操作能力,这样有助于培养学生的探究精神和自主学习能力。本章根据初中物理教学现状,以《普通初中物理课程标准(2011年版)》为前提,提出了探究式实验教学中教师应该做到的教学原则和达到的教学目标,从而进行物理探究性实验教学的研究。探究式实验教学不仅能教会学生知识,而且能锻炼学生的动手操作能力,让学生了解并学会运用更多的科学探究方法,为学生以后的物理学习打下坚实基础,培养学生的科学探究精神。

第一节 探究式实验教学的作用和基础

普通中学物理课程标准明确提出培养学生学习科学探究方法,发展自主学习能力,养成良好的思维习惯,能运用物理知识和科学探究方法解决一些问题的要求,对探究式教学有很高的要求。在新课改实施的过程中,老师们普遍意识到让学生更多地参与课堂是培养学生能力、提高学生综合素质的有效方法。学生们也从中收获了较传统课堂更多的知识和能力。但目前的课堂效果还没有达到新课程改革强调的目标要求。如何改善这种状况?推进新课程改革仍是物理基础教育研究的热点之一。

一、国内外研究状况回顾

探究式实验教学是由发现法发展而来的，其思想最早可追溯到 18 世纪末至 19 世纪末，法国著名教育家卢梭主张"要以天性为师，而不以人为师"。19 世纪初，第斯多惠的启发式教学指出教师应该在教学过程中注重启发学生，而不仅注重知识的传授。

20 世纪初，探究式教学由美国教育学家杜威提出。他否定了赫尔巴特"以教师为中心，以课堂为中心，以教材为中心"的三中心论，提出了"以儿童为中心，以社会活动为中心，以儿童活动经验为中心"的新三中心论，其中有关探究式教学的主要思想是，用注重过程式的研究方式开展学习，以替代传授式的理论知识学习。杜威强调"从做中学"，指出学生在"做"的过程中获得知识、掌握能力。

杜威的实用主义教学之后，1959 年，在布鲁纳皮亚杰心理理论和杜威的教育思想上，提出了儿童学习的手段是发现法，即发现学习，主要强调要注重学生的学习过程。20 世纪中期，探究式教学由美国课程专家施瓦布正式提出，指出希望学生能像科学家一样进行实验探究来获得实验结论，而不是由教师直接给出结果。直到 20 世纪 60 年代约瑟夫·J.施瓦布提出探究式教学的概念。他先后提出科学即探究、探究性教学、探究中的探究等观点，为探究教学的发展奠定了坚实的理论基础。20 世纪 90 年代，美国教育研究会先后推出了《2061 计划》和《美国国家科学教育标准》，肯定了探究式教学的重要性。

20 世纪 80 年代初期，我国学者根据兰本达教授的"探究—研讨"的思想，出版了《学科学教育的"探究—研讨"教学法》一书。之后我国很多教育学家开始研究探究式学习并提倡学生多进行自主学习。但由于当时教育和教育思想都还处于较低水平，教师也是重视结果而不注重过程，所以探究式教学并没有很好的实行。

改革开放以来，先进的教育思想和理念也逐渐进入我国，引起了我国教育学家的广泛兴趣。最具有代表性的是 2011 年颁布的《义务教育科学课程标准（实验稿）》，其中提出了探究式教学："科学课程学习始终强调探究式的学习，突出科学本质特征——探究，促进学生全面发展。"之后，我国教育部又颁布了《全日制义务教育物理课程标准（实验稿）》，该标准中也指出探究式教学的重要性:"科学探究既是学生的学习目标,又是重要的教学方式之一。"①

我国颁布的最新版《普通初中物理课程标准(2011年版)》对探究式教学的各个步骤都作了全面的要求,旨在培养学生实事求是、全面发展的科学探究精神。

2005年,人民教育出版社课程研究室助理研究员任长松出版了关于探究式教学的著作《探究式学习——学生知识的自主建构》,主要通过几个案例讲解了学生学习过程中的自主建构。

2018年在北京举行的物理研讨会中提出:推动物理实验迈进3.0时代,即要求学生动手与动脑相结合,从提出问题、设计方案,到推想假设、处理数据,在动手操作的基础上强化思维模式的转变,强化动手与动脑相结合。

无论在哪个国家,探究式教学的发展都符合本国的国情和时代的发展需要,使学生能及时适应这个科学技术日新月异的时代。

二、探究性实验教学的作用

新课程标准的基本理念提出注重学生科学素养的提高。探究性物理实验以学生为主体,使学生充分体验探究式教学的每个环节,将知识与实践相结合,从而获得更深层次的知识和探究能力。

(一)激发学生学习物理的兴趣

兴趣是产生动机的重要前提条件,学生产生了兴趣,教学就能达到事半功倍的效果,学生学习兴趣的培养应贯穿于各个教学阶段,尤其是在学习物理的起始阶段培养起来的兴趣,在学生以后的物理学习过程中将发挥重要的作用。

探究式教学中,教师不能只给学生演示,需要学生学会自主探究,这样就能使学生们对这样的物理结果产生好奇,从而开始探究并对物理的学习起到更好的促进作用。在今后的研究中,教师应经常运用实验并善于利用环境,转变学生的求知欲,从直接兴趣变为间接兴趣,保持对科学的热爱。

---

① 李群.探究式教学在高中物理课堂教学中的实践研究[D].上海:华东师范大学,2012.

(二)加深学生对物理概念及物理规律的理解

物理理论和规律多是由物理实验得来的。传统课堂中,学生对物理概念和物理规律的理解只能通过教师的讲解,这样会使得同学们对概念理解得不够彻底。教师教会学生进行探究性实验,可以让学生自己动手动脑探究出结论。实验过程中遇到问题,学生也可自己或小组探究解决,这样更有利于学生理解物理概念和规律。

(三)培养学生研究问题的探究性能力和动手操作能力

现代社会对学生的要求越来越高,只是懂得课本上的知识是不能被社会所接受的,必须有足够的动手探究和操作能力。传统教学中,给予学生自己动手探究的机会很少,这也使学生的动手能力很差,不能及时地适应社会。

探究性实验教学会培养学生的探究和动手能力,整个实验过程需要学生自己完成提出问题、进行实验、处理数据等过程,这为学生的后续学习打下了良好基础。

三、探究性实验教学的理论基础

(一)心理学基础

1. 认知结构理论

所谓认知结构,就是学习者头脑里的知识结构,个人的认知结构是在学习过程中通过同化作用,在心理上不断扩大并改进所积累的知识而组成的。学习者的认知结构一旦建立,又成为他学习新知识的非常重要的基础。

20世纪初期,认知结构论产生,之后就引起了广泛的关注,其中最具代表性的人物就是皮亚杰和布鲁纳。皮亚杰认为,认知活动都是一个适应的过程,每个阶段发展都有不同的认知结构,而适应又是由两个形式来体现的,即同化和顺应,从而达到机体与环境的平衡。布鲁纳的认知结构主要强调四点,即学习过程、直觉思维、内在动机和信息提取,认为学生学习过程就是在头脑中形成一个知识体系,即知识结构,教师教学时也应给学生展示合乎逻辑的知识结构,从而方便学生学习和记忆,遇到新的知识时,也可应用已学的知识体系。

探究式教学中,教师需根据教学的内容设计适应学生认知结构的教学过程,以便学生发展适合自己思维的科学探究能力。

2. 有意义学习理论

美国著名教育心理学家奥苏伯尔根据其他心理学家的研究成果,提出了更深层次的心理学成果:有意义学习理论。奥苏伯尔认为,有意义学习过程的实质,就是符号所代表的新知识与学习者认知结构中已有的适当观念建立非人为的和实质性的联系,与机械学习相对。[1]

有意义学习理论主要有三点影响:第一,学习者要以已经掌握的知识体系作为基础,然后推及到新的知识内容上,使新的知识更容易被吸收;第二,强调学生通过语言、词语、符号等,学习人类已有的科学文化和生活经验等系统的知识体系;第三,强调教师应注重学生的主观能动性。奥苏伯尔的有意义学习理论的提出,使教师的教学有了更灵活的方式方法。

3. 建构主义学习理论

建构主义主要的思想是,学习者通过原有的知识经验或环境影响,对新的信息进行加工处理,构建成新的知识体系的一个过程,且新的知识会因为以后新的经验而被推翻,根据新的情境再进行创造。

根据建构主义学习理论,可总结建构主义的教学观为,因为每个学生的知识体系都不同,所以教师在教学中应加强学生间的交流与合作,从而获得新的观点和知识;对于一个问题,并不只有一种理解方法,教师应根据原有的知识经验建构新的知识;建构主义注重情境教学,学习知识时可建构与此知识类似的环境,从而达到解决实际问题的目的;提倡学科无界限和学生的发散性思维,每一个问题都希望学生通过不同的方面进行探索;提倡学生自己进行探索,发现探索过程中的问题,并自己想办法解决。

4. 苏霍姆林斯基的教育思想

苏霍姆林斯基曾在《给教师的一百条建议》中表示学习能否取得显著成效,关键在于在知识的接纳期间,学生是以何种态度对待这一活动的。另外他还进一步指出,针对自然科学进行的教学,一定要采用合理的方法,充分调动学习主体的积极性,使得学生产生自主进行问题探究和现象分析的意识,从

---

[1] 张梦. 试述奥苏伯尔在教育心理学上的主要观点 [J]. 河南财政税务高等专科学校学报, 2004,11(06):56-57.

而有效投入到实践学习中捕捉更多的理论支持。除此之外,还提出要从学生思维能力培养入手,认为教育并不是刻板地进行知识体系传递的过程,而是能够灵活调动个体展开探究行动的一种思维。从教育方面出发,他提到目前社会对人才的需求,引导学生个性化地发展,从而保证学习者的个人潜能得到最大程度的提升,传统的教学模式已经无法适应社会需要。物理探究式实验教学,就是要改变传统的教学模式,充分调动学生的学习积极性,使其自主学习、积极探究,使学生的个性得到充分发展,综合素养得到有效提高。

(二)教育学基础

1. 终身教育理论

朗格朗认为,终身教育"是一系列很具体的思想、实验和成就,换言之,是完全意义上的教育,它包括了教育的所有各个方面、各项内容,从一个人出生的那一刻起一直到生命终结为止的不中断的发展,包括了教育各发展阶段各个关头之间的有机联系",也就是说,终生教育是陪伴一个人一生的教育,并不单纯只是学校教育。

终生教育注重个人的发展,通过个人发展带动社会发展。所以终生教育的责任是"确定能够帮助一个人在其一生中不断学习和得到训练的结构和方法",通过"多种自我教育的形式,向每一个人提供在最高、最真实程度上完成自我发展的目标和工具"。据此,终生教育论者总结出四点教育方法:自我教育学习法、小组合作学习法、非指导性和创造性学习法、遵循兴趣学习法。

2. 主体性教育理论

主体性教育在探究性实验教学中应用非常广泛,其教育思想主要有两个方面:一是根据教育目的发展和培养学生以自我为主体的观念;二是通过教育传授优秀文化和科学知识,使学生转化为自身知识和能力的过程。主体性教育首先应体现出学生的自主性和能动性,这也是探究性教学的重点之一。

第二节 探究式实验教学的目标和原则

教学目标是教学设计的出发点和落脚点。探究式实验教学不同于传统教学,它主张在实践操作的过程中进行知识的传授和获取。探究式实验教学对学生的发展有很重要的影响,可提高学生的科学素养,也可使学生保持对自然的好奇心,积极加入探索自然规律的行列中,形成科学的价值观和情感态度。

一、探究式实验教学的目标

(一)情感目标

探究式实验教学最主要的目标就是培养学生科学的情感、态度和价值观。

第一,培养学生对大自然未知事物的好奇心,热爱大自然,并积极探索、体验探究事物的乐趣。

第二,培养学生探索事物的科学态度和严谨作风。探究自然往往比较辛苦,所以教师需从一开始就培养学生积极进取和严谨做事的科学态度。

第三,培养学生合作和分享的品德。实验探究肯定少不了学生间的合作交流,学生应该多听取意见,然后改正自己的缺点,学会与人合作和交流。

第四,培养学生对社会的使命感和责任感。

(二)能力目标

新课标对探究式实验的各个过程都有能力目标要求,主要是为了增强学生做探究式实验的能力。

第一,培养学生对未知情境提出问题的能力。发现和观察社会或事物现象,然后提出科学的、有新意的问题。

第二,培养学生做出猜想和假设的能力。增强学生猜想未知现象原因的意识,并知道猜想和假设对探究式实验的重要性。

第三,培养学生搜集信息并处理信息的能力。当代社会信息技术已无处不在,教师应加强学生运用信息技术处理问题的能力和思维方法。

第四,培养学生制订计划和实验设计的能力。发展学生的实践能力和创新精神,教会学生做简单的实验设计。

第五,培养学生对实验现象和实验结果合理评价的能力。懂得形成这种实验现象的原因、理论依据等,并运用科学的语言进行解释。

第六,培养学生积极交流与合作的能力,并认识到交流与合作的重要科学意义。探究式学习需要小组或班级同学积极交流、互相学习、互助互爱等。通过交流与合作,可增强同学间的合作意识,使实验更顺利。

(三)知识目标

探究式实验教学使学生在知识的体验和理解上更直观,比被动学习多了更多的人性化,丰富了学生的学习经验,加强了学生对科学知识的体验。

第一,培养学生理解统一的科学概念和科学原理的能力。探究式实验教学可使学生总结出统一的概念和原理,使学生对知识的理解更透彻,体现出科学知识的整体性。

第二,培养学生自主建构知识的能力。通过探究式学习,可使学生对知识的理解更透彻,把从课堂上学习的知识灵活地运用到生活实践中,并构建新的知识体系。

第三,培养学生学习体验性知识的能力。用课本上的知识解决生活实际问题,就需要把已经学过的知识灵活地运用到新的环境中,探究式实验教学会教会学生接受知识时做到切身体会、真正参与,这种学习方式就是体验性的。

第四,培养学生学习知识的综合性和开放性。探究式实验与生活密切相关,这使得知识有很大的综合性,然后又将知识应用到生活实际中,这又会使知识有很大的开放性。

第五,培养学生有方法、有策略学习知识的能力。解决一个问题有很多方式,但最有效的是探究法和验证法,学生可通过探究式实验自己解决问题。

二、探究性实验教学的原则

(一)主体性原则

建构主义教学论认为学习时学生应自主构建知识体系。探究性实验非常注重人的主体性原则,所以教师应在实验中培养学生的科学意识和主观能动性,给学生学习和思考的空间,鼓励他们多角度、多方法地思考问题。

(二)主导性原则

教学中教师起着主导作用,但并不能直接取代学生的学习。在探究性实验教学中,教师应做到启发学生,让学生自己提出问题和设计实验等,引导学生结合相关科学知识对实验产生现象的原因加以推理,充分体验实验带给学生的兴趣,揭示物理现象背后的本质,培养学生的逻辑推理能力。

(三)民主互动原则

任何教学方法,教师都应该注重彼此之间的互动性,给予学生自由、平等、民主的学习空间。探究性实验中,教师要营造民主的交流氛围,引导学生相互尊重,大胆发表自身的见解,善于倾听他人的想法,尊重学生的各种想法,客观友善地质疑他人的观点,促进学生探究的积极性,使学生做到敢想、敢做、敢质疑,最终达到师生共同民主互动地解决问题的目的。

(四)差异性原则

每个学生在接受知识、表达想法、解决问题等方面都是不同的,这体现了学生个体的差异性,所以教师在组织学生做探究性实验时,不能采取相同的方法,应该注重学生的个体差异,做到因材施教。

(五)开放性原则

开放性原则主要有三点:第一点是教师教学时的手段是多样的,对不同的学生有不同的教学方法,尽量做到因材施教;第二点是学生做探究性实验时应该有灵活的思想,能想到多个探究过程和解决思路;第三点是在教师和学生的互动中,教师做到不轻易否定学生的想法,并给学生足够的实践机会。

第三节 探究式实验教学的设计和实施

一、探究式实验中的科学探究程序

(一)创设情境,提出问题

提出问题是探究式实验教学的开端,充分调动学生的积极性,使学生能够提出探究的问题,让学生在问题的驱动下进行学习,学生学习兴趣更浓,探究目的更明确。

创设物理情境是帮助学生建立感性认识、学习知识的重要手段。物理来源于生活,为让学生更好地理解和掌握物理规律,最好的方法就是让学生处在这一物理规律所反映的物理情境当中。因此,探究性实验中教师应力求为学生创设一种真实的学习情境,之后引导学生对所要研究的情境提出自己的问题,各小组在根据这种情境积极探索、主动探究。创设的情境应该充分考虑全体学生的知识水平和生活状态,符合学生的认知规律和结构。

一个高质量、可实施的物理情境一定要以科学性为保障,由于整个探究过程都是根据提出的问题进行实验的,所以学生和教师都应注意提出的问题的合理性和可探究性,创设的情境必须有教育的目的和清楚的方向,把教育寓于情境中,把科学性和思想性统一起来。

(二)做出猜想和假设

猜想与假设是提出探究问题之后,对探究实验结果做出预见性的假设。本环节对学生的思维培养发挥着重要的作用。要得出结论,首先就要有大胆地、有依据地猜想和假设,并对所猜所想做出假定性的解释。在提出探究问题之后,学生要进行探究猜想和假设。这个环节需要学生的思维既要发散又要聚合。猜想时要让学生尽可能地提出多种情况,以锻炼学生的发散思维;假设时要让学生充分思考各方面因素,排除不合理的猜想,从而提出探究假设。学生做出猜想和假设时,教师应做到民主、平等,且不轻易否定学生的想法。

(三)制订计划与设计实验方案

制订研究计划和设计实验方案是科学探究的重要组成部分。制订探究计划是探究式实验的纲领,设计实验为探究活动指明方向。只有足够严谨的实验设计方案,才能使实验在进行时达到事半功倍的效果,而且实验过程中遇到的问题也将大大地减少。制订计划与设计实验对于学生来说是比较困难的,每个过程都需学生自己动手动脑,所以这个过程学生可以小组或全班一起谈论,得出最实用、最严谨的结论。

(四)进行实验

在探究性实验中,学生因为对实验结果有好奇心,就有了进行探究的欲望。在实验操作过程中,学生应严格按照实验设计进行,遇到疑难问题时,教师只提供指导性建议。进行探究性实验也就是学生主动建构知识的过程,学生应仔细记录实验中观察到的现象和数据,即质的结论和量的结论。

(五)数据分析及解释

物理教学中不但要将物理科学的系统知识传递给学生,而且要注重培养学生综合科学素养。为了实现这个教学目标,教师需要从多个角度出发,对学生的思维加以启发，使学生可以更科学地对收集的实验数据进行归纳总结，并总结出实验结论。实验结束后，学生对自己所观察到的实验现象及实验数据，利用已知的学习方法和概念理论等，结合学习过的数学方法进行推理和总结，还可以把数据整理成表格或者图像，从而方便分析数据。最后，学生应用科学的语言描述和解释所得出的结论，这也是在培养学生的交流表达能力。

(六)得出实验结论

结论就是对此次实验探究的总结。要做出正确的实验结论，通常需要重复多次实验，然后进行对比总结，才能得出最终自己所做实验的结论。实验中获得的数据信息本身不具备解释实验现象的能力，还需要学生在老师的指导下进一步对数据加以整合分析，探索隐藏在实验数据中的物理规律，以此来实现结论的有效归纳。实验结束后，教师应该对全班学生的实验结论进行总结，并鼓励学生从实验结论中发现问题，然后通过做实验或者讨论得出结论。

(七)交流与合作

学生间的交流与合作对于探究性实验是非常重要的。探究式实验教学与传统课堂教学的区别之一就是学生参与课堂，学生之间相互交流更多了，最大限度地让学生参与到课堂中。大多数实验是以小组的方式进行的，所以在实验的整个过程中，小组成员需要分工协作，遇到问题时也要积极和小组成员讨论，争取全员参与。在教学过程中，要注意营造一个和谐、有利于交际和交流的氛围，所以在探究性实验中，交流和合作是必不可少的环节。

(八)重复实验

为使实验结果更准确，更有说服力，学生可重复做实验。

二、探究性实验教学内容的选择原则

(一)探究性原则

探究性实验的内容首先要做到的就是具有探究性。探究性实验包含的物理规律通常需要自己动手寻找，实验过程和实验结论中都会含有物理规律，所以探究性原则贯穿整个实验，这要求学生必须反复试验，然后作出假设和验证假设。

(二)适度原则

对于初中生而言,探究式实验教学的适度原则主要有两方面,分别是实验中工作量的适度和探究内容上难易度的适度。首先工作量的适中,即所做的探究式实验内容不能过于复杂,做实验时间太长,使学生失去探究的信心;同时实验内容也不能过于简单,不然不能激发学生探究的兴趣。这就需要老师选择内容合适的实验引导学生做。这个"合适",最好是只有一个探究主题或内容,最多用一节课的时间把实验做完。其次就是探究内容的难易,这就跟学生所在的年级、所学的知识密切相关。学生需要通过已有的知识,通过老师的指导,解决此次的探究实验。同时实验也不能过于简单,这就需要实验中的变量适度。

(三)引起学生学习兴趣原则

探究性实验的选择需要做到实验过程和结论都有足够的生动性,使学生在进行实验时,有足够的好奇心,因为探究性实验的兴趣和好奇心是学生做实验的动力。

相对于枯燥乏味的课堂教学,进行物理探究性实验教学时,如果还是选择不能引起学生兴趣的实验,学生将不能很好地完成实验并得出结论,所以,进行探究式实验教学时,教学的内容最好能激起学生的探索欲望。

(四)可操作性原则

探究性实验教学一定要具有可操作性,即实验一定可以通过探究步骤最终得到答案并解决问题,主要包括实验中变量之间有因果关系和实验可以通过道具得到验证。

要达到实验的可操作性,教师最好在带领学生做实验之前自己先动手进行几次实验,并能解决实验中出现的一些问题,最终得出正确的实验结论。

(五)理论联系实际原则

探究式实验之前,学生们已经有了一些自己的知识储备,并知道了一些自然现象,而且探究性物理实验解决的都是生活中的实际问题,所以实验过程中,学生应做到运用已有的理论知识联系生活实际来得出结论。

第四节　探究式实验教学设计案例

结合本章提出的探究式物理实验教学的目标、原则、程序和各环节的教学策略，本节设计两个真实课堂实例对各环节实施运用的教学策略和方法进行阐述。

案例一：探究弹簧弹力和弹簧伸长量的关系

一、教材分析

本节课选自人民教育出版社《物理必修一》的第三章第三节教学内容。弹力是学生学习的第二个基本力，也是后续学习摩擦力的基础，更是学生受力分析难点之一。弹簧弹力和弹簧伸长量之间的关系最早由英国科学家胡克发现。弹簧弹力大小是高中阶段学生学习的唯一定量计算弹力公式，也是分析弹簧弹性势能的基础。

二、学情分析

在进行本节探究课之前，学生已经学习弹力的定义及其产生条件，也能判定弹力的方向。但学生就怎样测量弹簧的弹力及其对应的形变量还没有相关知识，教师应在这方面重点引导。

学生处于高一的第一个学期，学习方式仍习惯教师讲授，没有养成良好的实验操作习惯，还没有完全自主学习的能力。

三、教学目标

知识与技能：

(1) 了解弹力与弹性形变的关系，能说出产生弹力条件；

(2) 通过实验能总结出弹簧弹力与弹簧伸长量定量关系。

过程与方法：

(1) 体验利用实验方法得出物理规律的过程；

(2) 体会利用图像法处理实验数据得出物理规律的过程与方法。

情感态度价值观：

(1) 培养学生团队合作精神；

(2)提高学生分析问题能力;

(3)提高学生自主探究水平。

四、教学重点

弹簧产生的弹力大小与其伸长量的关系。

五、教学难点

实验数据的处理方法。

六、教学方法

实验法、谈话法。

七、课前准备

大弹簧(实验用)、钩码、铁架台、长直尺、ppt。

八、课时安排

1课时。

九、教学过程

1. 问题导入

师:(多媒体投影思考题)

(1)弹力的概念?弹力的方向如何?举例说明。

(2)弹力产生的条件是什么?

(3)什么叫形变及弹性形变?

学生回忆、讨论并课堂发言作答。(教师纠正)

设计说明:体现新课程理念,发挥学生主体性。学生在思考教师问题的过程中不断巩固旧知,在与同学相互交流的过程中提高语言的表达能力。良好的学习氛围可以使学生更加关注课堂,注意力更加集中,学习效果会更好。

2. 提出问题环节

师:弹力与弹性形变有什么定量的关系?

设计说明:本节课的问题提出不是本节课的难点,由教师直接提出,这也体现了提出问题方式的多样性。

3. 猜想和假设环节

学生思考(预习了的同学大多数也不能回答这个问题)。

师:同学们用手拉伸弹簧,此时弹簧有没有产生弹力?

生:弹簧产生了弹力。

师:再继续拉长一点弹簧,有什么感受?

生:弹力增大。

师:那么弹簧的弹力与弹簧伸长会有什么关系呢?

生:弹簧伸的越长弹力越大。

师:一个量随另一个量增大而增大,他们之间可能是什么关系?

生:成正比。

设计说明:让学生通过自身体验提出猜想并通过逻辑推理作出假设。学生拉伸弹簧,即深刻体会弹簧产生弹力的过程,也能直接从自身感受作出假设。

4. 制订计划与设计实验环节

师:(多媒体投影思考题)

(1)采用什么方法给弹簧施力?

(2)弹力的大小如何确定?

(3)需要测量那些数据?如何记录数据?

(4)什么是弹簧的伸长量?用什么测量?

(5)弹簧能否被过分拉伸?

教师安排小组讨论。

学生阅读课文并积极讨论。

师生共同总结:

(1)通过在弹簧下面悬挂砝码给弹簧施加弹力。

(2)当悬挂的砝码静止时,由弹力与砝码重力平衡可知,此时弹簧弹力大小与砝码重力的大小相等,而且通过改变砝码的质量可以很方便地改变弹力的大小,并由砝码的质量直接计算弹力的大小。

(3)悬挂砝码以前需要测量弹簧的原长 l_0,实验时需要记录悬挂砝码的质量 m 及对应弹簧的总长 x。

(4)用悬挂砝码后弹簧的总长减去弹簧的原长,即对应弹簧的伸长量。

(5)弹簧不能拉得过长,若超过弹簧的弹性限度,弹簧无法恢复原状。

设计说明:以上是引导学生制订计划与设计实验的过程,在上一章进行了详细的阐述。

5. 进行实验与收集数据环节

师:怎样更好地记录收集实验数据?

生:绘制表格。

师:接下来小组合作,开始探究。

学生开始动手操作。

将弹簧固定在铁架台上,测量弹簧的原长 l_0。在弹簧下面悬挂砝码,记录砝码的质量及此时弹簧的总长 x,填入如下表格:

表6-1 实验测量结果

	1	2	3	4	5	6	7	8	9	10
x	l_0	x_1	x_2							
Δx	0	Δx_1	Δx_2							
m	0	m_1	m_2							
F	0	F_1	F_2							

教师分别进行指导,并观察各组数据。

引导学生将表格中数据转化为有序实数对:$(F, \Delta x)$

1.$(F_1, \Delta x_1)$ 2.$(F_2, \Delta x_2)$ 3.$(F_3, \Delta x_3)$……

设计说明:学生在进行实验时,教师分别指导,对学生养成良好的操作习惯起到关键作用。教师是在学生操作不当的情况下进行指导,学生能够通过对比教师正确操作与自己不当操作,对规范操作的印象更加深刻。例如在读数时很多学生喜欢用手抓钩码,这样的操作将导致收集的数据不准确。本案例收集数据环节,教师引导学生绘制表格记录数据,培养学生科学收集数据的习惯。

6. 分析与论证环节

师:(展示学生填写的数据)从表中能看出 F 与 Δx 的关系吗?

生:F 越大 Δx 也越大。

师:仔细观察 F 与 Δx 的数据,它们的比值有什么关系?

生:近似相等。

师:能在图像中把数据描出来吗?

学生思考。

师:以什么为坐标轴?

生:F 为 y 轴,Δx 为 x 轴。

师:请同学们在草稿纸上根据数据先描点。

学生认真作图。

师:要怎样连线?

生:用平滑的曲线。

师:好,大家把自己的图像连好。

学生认真连线。

师:从图中可以看出 F 与 Δx 什么关系?

生:正比关系。

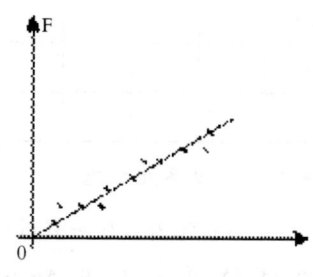

图 6-1　长度与力的关系

设计说明:这是本节课的重点,学生分析实验数据发现,实验收集的数据并不是实验探究的物理量,教师引导学生将实验直接测量的数据与需要测量的数据联系起来,通过利用数据之间的关联性,分析出所需探究的物理量。引导学生比较 F 与 Δx 数据,学生可以很快得出它们之间定性的关系,培养学生对收集的数据进行比较的能力。学生在得出 F 与 Δx 定性关系之后,教师根据两个数据之间的关系引导学生利用图像法直观地得出这两个物理量的定量关系,体现依据事实进行逻辑推理,培养学生形成严密的逻辑思维的方法。

师：(板书：F/Δx=k)该常数与哪些因素有关？

生：与弹簧有关。

师：一样材质的弹簧，大小不同(展示两根弹簧)，当 F 一定时，谁的形变量更大？

生：小的。

师：阅读教材，总结常数 k 的含义，并总结弹簧弹力与弹簧伸长量的关系。

生：F=kx。k 是弹簧的劲度系数，表示弹簧的弹性特征，单位是牛每米，符号是 N/m。

7. 评估、合作交流环节

师：小组讨论本节课你收获了哪些知识？实验中遇到了哪些困难？怎样解决的？有没有更好的方法？

设计说明：让学生对实验的整个过程进行评估，思考遇到的问题及解决的办法，培养学生大胆质疑、解决问题的能力。学生在互相交流的过程中，分享自己的成果，相互学习，共同提高。

从以上案例可以看出掌握探究式实验教学各环节的教学实施方法，对教师更好地开展探究式实验教学非常有利。各环节采取有效的教学策略，学生能够在教师的引导下自主学习，完成探究，收获知识，获得能力。

案例二：探究凸透镜的成像规律

凸透镜成像规律是光学模块中的一个重要定律。凸透镜成像是因为在光学中由实际光线汇聚而成，且能在光屏上呈现的像称为实像；由光线的反向延长线汇聚而成，且不能在光屏上呈现的像称为虚像。讲述实像和虚像的区别时，往往会提到这样一种区分方法："实像都是倒立的，而虚像都是正立的。"

一、教学目标

(1)理解凸透镜的成像规律，知道凸透镜所成像的虚实、倒正、大小三者与发光体位置的关系。

(2)了解和知道实像和虚像的区别。

(3)学习采集物理实验数据的方法,学会通过对比分析,归纳科学规律的方法。

(4)通过探究性实验,体验科学探讨的过程和探究方法,培养科学探究能力。

(5)参与实验、探究、分析、总结,培养探索自然现象中物理学规律的兴趣。

二、教学重点和难点

重点:(1)理解凸透镜成像规律。

(2)使学生初步了解科学探究的方法和步骤。

难点:根据猜想设计凸透镜成像规律的实验、实验数据的分析、实像和虚像的认识。

三、教学方法

交流讨论,合作探究。

四、教学准备

光具座、光屏、不同焦距的凸透镜(f=5cm 和 f=10cm)、多媒体、蜡烛、火柴等。

五、教学过程

在实验室进行凸透镜成像规律实验时,已在前一节课中学习了部分透镜的知识,教师可先提问一些有关凸透镜的名词,如光心、主光轴、焦点、焦距、物距、像距等,请学生回答。然后开始新课教学:探究凸透镜成像规律。

1. 创设情境,提出问题

教师先提出问题,引导学生进入学习情境:

(1)我们生活中都有哪些凸透镜?

(2)通过凸透镜看到的物体是怎样的?

(3)用凸透镜看近处和远处的物体分别是怎样的?

(4)移动凸透镜,所观察到的像怎样变化?

学生进入学习情境中后,就会遇到很多问题,教师鼓励学生提出来：

学生1：凸透镜什么情况下就会形成虚像？

学生2：凸透镜成放大缩小、正立倒立、虚实不同的像与哪些因素有关？

学生3：凸透镜成像的规律是什么？

说明：学生自主观察生活现象，培养了学生的观察能力并激起了学生的探究兴趣，体现了探究性教学的主体性原则。

2. 做出猜想和假设

学生总结提出的问题并做出猜想和假设：凸透镜成放大缩小、正立倒立、虚实不同的像与物体到凸透镜的距离有关，即与凸透镜的焦距有关。

说明：引导学生对问题的结果提出想法，教师需肯定学生们的积极态度，同时对学生的观点进行指导并和学生一起总结，体现了探究式教学的开放性、主体性和民主互动原则。

3. 制订计划与实验设计

（1）学生根据以上猜想选择实验器材：凸透镜（f=5cm 和 f=10cm）、光具座、蜡烛、光屏。

（2）学生间相互讨论，最终确定最科学的实验步骤。

①把透镜放在光具座标尺中央，从透镜的位置开始在左右两边的标尺上用笔标出焦距和2倍焦距的位置。

②透镜两边分别放置蜡烛和光屏，然后点燃蜡烛，调整凸透镜的光心、烛焰和光屏的中心在同一高度。

③把蜡烛移到凸透镜的二倍焦距以外，并调整光屏，使光屏上有一个清晰的像，观察像的特点并记录在表格中。

④蜡烛继续向凸透镜靠近，观察像的变化，将数据记录在表格中。

⑤当蜡烛到达某一位置时，光屏上将不在呈现像，这时用眼睛直接对着凸透镜观察蜡烛的像，将结果填入表格中。

表 6-2 凸透镜成像规律

物距 u 与焦距 f 关系	像距 v 与焦距 f 关系	像的性质			应用	特点	像的位置关系
		像的正、倒	像的大、小	像的虚、实			
u>2f							
u=2f							
f<u<2f							
u=f							
u<f							

说明：设计实验与制定实验步骤较难，各小组间可相互讨论，实验方案较多或者不能选出最优方案时，教师可鼓励学生先动手试一下，选出可行且简单方便的最优方案进行实验。若各个小组方案较统一，教师可带领学生进行归纳总结，选出最切实可行的方案。学生和老师通过动手、交流、合作等最终确定实验方案，这主要体现了探究式教学的主体性和开放性原则。

4. 进行实验

学生四人一组，实验前小组分工明确，实验中严格按照实验设计进行实验，并在表格中严格记录好实验数据。实验中如果遇到问题，先小组谈论，若不能解决，再寻求老师的帮助，并记录下此问题，实验结束后与全班同学讨论。为了研究各种猜想，人们经常用光具座进行试验。图 6-2 是凸透镜成像规律实验的实验装置图。

说明：学生以四人为一组进行实验，四人需分工合作、各司其职，争取能锻炼每个学生的动手能力和交流合作能力，巡视与解答学生实验过程中出现的问题时，教师需收集学生较多的实验数据，

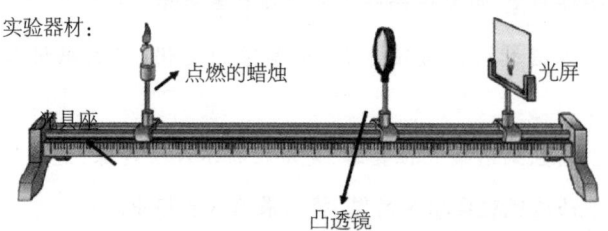

图 6-2 凸透镜成像实验装置示意图

方便后边进行实验分析。这主要体现了探究式教学中学生的民主互动性、开放性和教师的主导性原则。

5. 数据分析及解释

各小组根据自己的实验数据进行总结归纳,并尝试回答课件中的以下问题:

(1)凸透镜的成像情况与哪些因素有关?

(2)像的虚实:在什么条件下凸透镜会成实像?在什么条件下成虚像?

(3)像的大小:在什么条件下成的是缩小的实像?在什么条件下成的是放大的实像?请思考会不会有缩小的虚像的情况?

(4)像的正倒:请思考有没有正立的实像?有没有倒立的虚像?

小组间讨论分析总结,并向全班同学展示。然后教师带领全班学生根据教师收集的数据进行完整的总结。

说明:对数据首先进行分类,确定在不同的焦距间形成不同的像,这样可以降低学生分析数据的难度。这个步骤主要培养了学生归纳、分析和概括的能力,体现了探究式教学的主体性原则。

6. 得出实验结论

表6-3　凸透镜成像规律

物距u与焦距f关系	像距v与焦距f关系	像的性质			应用	特点	物像位置关系
		正倒	大小	虚实			
u>2f	2f>v>f	倒立	缩小	实像	照相机、摄像机	—	物像异侧
u=2f	v=2f	倒立	等大	实像	测焦距	成像大小的分界点	物像异侧
f<u<2f	v>2f	倒立	放大	实像	幻灯机、投影仪	—	物像异侧
u=f	—	不成像	强光聚焦手电筒	成像虚实的分界点	—	—	—
u<f	v>u	正立	放大	虚像	放大镜	虚像与物同侧且在物后	物像同侧

规律一：当物距大于2倍焦距时，则像距在1倍焦距和2倍焦距之间，成倒立、缩小的实像。此时像距小于物距，像比物小，物像异侧。

规律二：当物距等于2倍焦距时，则像距也在2倍焦距，成倒立、等大的实像。此时物距等于像距，像与物大小相等，物像异侧。

规律三：当物距小于2倍焦距、大于1倍焦距时，则像距大于2倍焦距，成倒立、放大的实像。此时像距大于物距，像比物大，物像异侧。

规律四：当物距等于1倍焦距时，则不成像，成平行光射出。

规律五：当物距小于1倍焦距时，则成正立、放大的虚像。此时像距大于物距，像比物大，物像同侧。

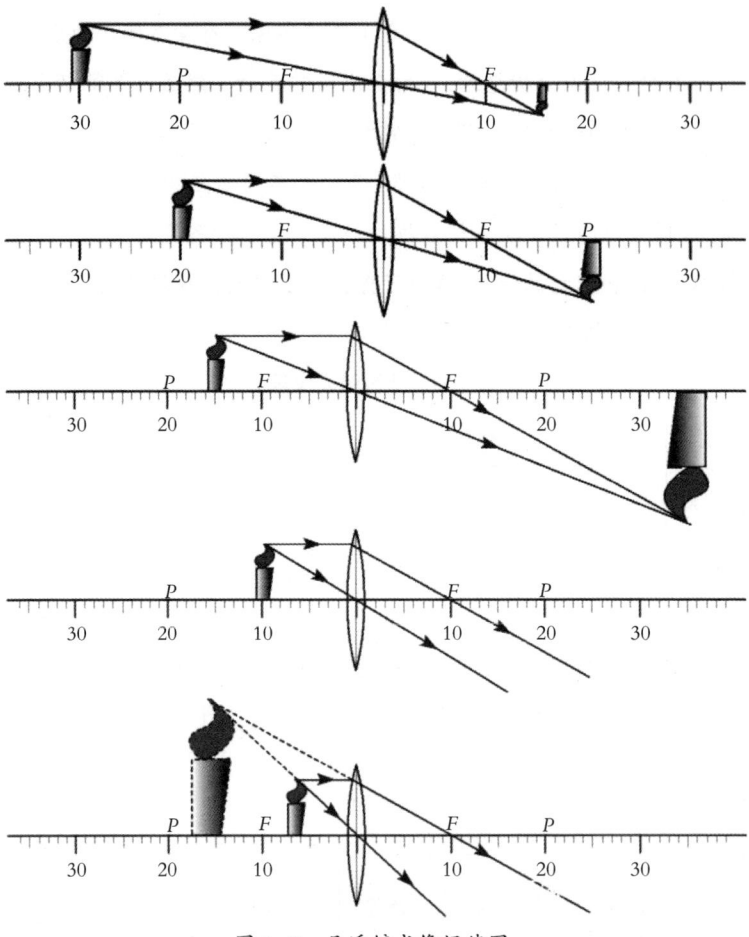

图6-3 凸透镜成像规律图

说明：教师带领学生总结凸透镜的成像规律，主要体现了教师的主导性原则。

7. 交流与合作

各小组总结实验中遇到的问题及解决方法，最后全班一起总结讨论。

说明这主要体现了探究式教学的开放性和民主互动原则。

8. 重复实验

换另一焦距的凸透镜进行实验，验证实验结论是否正确。

第七章　物理基础教育课例研究

课例研究注重解决教育教学中的实际问题,能有效提高教师教学的课堂质量,因而在教学实践中日益得到广大基层教师的喜爱且已被广泛运用于教学实践中。由于教学内容实践性和教学内容实用性的局限,在进行物理学科教学时,课例研究形式就为教师对教学设计、教学技能和备课质量等内容的修正和完善产生不可忽视的影响。本章将从以下几个方面系统论述中学物理教学课例研究问题:总结课例研究的合作教学理论、协同学理论以及团体动力学的理论基础,列举进行课例研究的七大功能,通过课例的特征和文体结构以及课例研究的基本内容、进行过程、模式、观察,对物理教学课程的问题呈现型、理论验证型、经验分享型三大类型进行典型案例举例与分析。

第一节　课例研究概述

一、国内外研究概况

（一）国外研究概况

最开始在教学研究方面有所发展的是日本的明治维新时期。这一时期日本开始对教师进行校内专业培训,并且将这一手段称为"授业研究"。20世纪60年代,日本考虑到为了使全日本的教师都接受统一的培训,对教学模式进行了以课堂教学过程和方法为中心的改良,开启了现代学校校本进行课例研究的先河。这之后史迪哥勒和哈里伯特对日本、美国和德国教师进行了课堂教学的视频比较,从而发现日本教师在课堂上基本都是在利用一些方法引导学生,启发高层次思维。他们总结出日本教师在课堂教学上的成功与"授业研究"这一活动密切有关,这种引导启发的方式才是使日本学生拥有高成就的根本原因。

第三届国际数学与科学研究大会后,"授业研究"在世界教育界拥有不可忽视的地位,随后这种研究热潮被推广至美国、英国、中国香港。20世纪80年代传到美国后,美国的教育教学专家和学者也对课例研究产生了极大的兴趣,并且在研究过程中获得不错的效果。1996年,克里·费尔南德斯和詹姆斯·斯迪格勒指出日本学生的优秀表现与日本校本教研中进行的课例研究密切相关,之后由这二人组成的第一个课例研究小组在美国成立。

在2000年至2001年的两年间,各国教育教学领域、教学学科领域都相继将课例研究作为重点研究主题。

(二)国内研究概况

2005年至2006年,香港教育学院组织了第一届课堂学习研究年会,第二届年会成立了世界课例研究协会。香港教育学院在第二届课例研究年会上提出两点:成立世界课例研究协会将标志着课例研究逐步走向国际性的学术殿堂并最终形成一个专门的研究领域;成立世界课例研究协会的最根本的原因就是为各国各科的一线教师提供相互交流和分享的平台,也是为教师在进行课堂教学教育实践时提供更好的教学案例,从而达到教学目的。

2018年5月在中国期刊网CNKI上,先以"课例研究"为题名和主题名进行搜索,分别有463篇期刊和101篇博硕士论文(其中1篇为博士论文)。后以"物理教学"为关键词进行搜索,共有8篇论文。通过检索,发现大部分都是关于教育和其他学科的课例研究,物理方面的课例研究并不多。

通过浏览一些具有代表性的、引用频率高的资源,可以看出课例研究主要集中在以下几个方面:课例研究的作用、特征、必要条件、意蕴和价值;课例研究行动研究;国外的课例研究。针对课例研究作用及价值进行研究的有几位核心人物。安桂清指出真正正确的理解课例研究,就是看它是否具有研究意义,即这种研究在使教学理论到真实的生活实际、教师拥有自主教学内容的权力、针对教育教学研究团队专业教学方式的改变等方面发挥重要的作用。[1]胡庆芳指出真正完善具有研究性的课例研究会给各个教学学科教师提

---

[1] 安桂清. 课例研究的意蕴和价值[J]. 全球教育展望,2008,37(7):15-19.

供学习的机会,课例研究给予教师发现和矫正教学学科内容不足的研究,提供给教师有意义的真实的教学情境,从而拥有更深刻的理解。①针对课例研究的行动研究,顾泠沅指出基础教育课程发展与教师培训均面临理论如何向课堂实践转移的突出问题。通过行动研究方法,形成一种以课例为载体、拥有理念与行动相统一的教育研究模式,给教师提供解决实践问题有价值的选择。②针对国际课例研究,安桂清指出课例研究为何会成为国际教育教学研究者推进教学学科改变的方式,通过比较不同国家和地区的课例研究,这些课例研究在操作模式、支持系统方面偏重点都不同,具有明显的结构性差异。③

物理教学方面的课例研究主要体现在两个方面:物理教学课例研究的具体教学案例分析及利用案例来展现理论基础。

前者如窦林通过具体物理课例研究实践,即初中物理浮力的课例研究,体现自己设计的课例研究的可行性、效果及改进的措施,通过课例研究实践寻找初中物理有效教学策略。④邓昭友则通过具体演示实验来进行课例研究,供广大基层的物理教师进行教学参考,研究的实验结论表示能通过该研究形成一种有效的物理课例研究方式,从而提供教师进行课堂教学的方法和途径。⑤后者如张友军利用《运动的快慢》的课例分析,指出学生的生活经验和学习经验是教师进行教学内容最为宝贵的课程资源,该研究方向提示教师只有关注教学知识与学生经验的结合方式才是教学的起点。⑥陈国文提出自己的观点,认为真实可观察的实验是物理教学内容中最主要的部分,他通过《闭合电路欧姆定律》的课例进行课例研究以验证自己的观点,说明课例研究

---

① 胡庆芳. 课例研究的作用、特征和必要条件:来自日本和美国的启示[J]. 外国教育研究,2006,33(4):29-33.
② 顾泠沅,王洁. 教师在教育行动中成长——以课例为载体的教师教育模式研究(上)[J]. 课程·教材·教法,2003(1):7-15.
③ 安桂清. 国际比较视野下的课例研究:背景、现状与启示[J]. 教师教育研究,2014,26(2):83-90.
④ 窦林. 初中物理浮力的课例研究实践[D]. 南京:南京师范大学,2013.
⑤ 邓昭友. 基于演示实验反思的物理课例研究的探析[D]. 湘潭:湖南科技大学,2015.
⑥ 张有军. 学生的生活和学习经验是宝贵的课程资源——《运动的快慢》课例分析[J]. 教育实践与研究,2013(11):22-23.

的必要性。[1]

二、课例研究的相关概念

(一)课例和课例研究

课例指的是教师针对教学内容所记录的一个真实教学案例。通俗来说,就是教师听了其他优秀教师的课后,认为某种授课方式很好地对整个课堂教学过程遇到的问题进行了解释,进而对这种课堂实录加以总结推广;或者教师自己上了一堂课,在授课后想对课堂进行中遇到的问题进行总结交流,就把对这堂课的授课体会、处理问题的方式加以整理反思,形成一篇课堂教学的纪实性文章。总体来说,课例包含的是教师授课与学习两方面,它不但记录真实课堂而且要对课堂进行最全面的教学反思。

课例研究指的是教师围绕如何改进整节课而展开的研究,是针对一个团体而进行的研究,包括研究课程团体、上课教师、听课同行、学生之间的沟通、合作、探究。团体研究以教师的教学备课为前提,教师进行的课堂教学实践为主,通过对整个课堂全程描述或典型教学片段的描述,记录真实有效的教学方法,以备同类型课堂的借鉴或学习。课例研究最根本的目的不在于上好一堂课,而是让教师在围绕本节课的研究中找到最适合学生的教学方式以达到教学目的。

二者最根本的区别在于,课例是课堂教学的一种表达形式,课例研究是做课例的过程。

(二)教案、案例、教学设计和课堂实录

教案指的是教师进行真实课堂教学前预设的一种计划。教案的准备过程是以教师的教学方式预设为主的,往往会忽略学生的学习效果。

案例指的是一个真实情景的描述,人们常常把案例作为一种工具进行某种方式的教育。案例的普及在各个领域范围都会涉及,而我们在教育方面的案例其实只是案例的一种。

---

[1] 陈国文.回归真实实验成就精彩课堂——"闭合电路欧姆定律"课例研究[J].福建基础教育研究,2014(8):32-35.

教学设计指的是教师为了达到新课程标准要求下的教学目的，从而针对教育学科的内容教什么和怎么教而进行的设计。教学设计以教学过程中所要达到的效果为主要目的，在课堂教学中以理论知识为基础，从而分析教学中的需求，找出最佳解决方案的一种方法，是对教学过程的一种假设设计。

课堂实录指的是教育学科的授课者对课堂过程中实际发生的教学行为和学生的学习真实反应进行完整的文本记录，但是它并不能够直观地反映出教师设计的教学思路。

（三）相关概念的区别

课例研究和案例研究的相同点在于都是针对教育方面的行动研究，都是在通过解决实践中的问题，来改进教育实践。不同点表现在教育研究内容与对象这两方面。案例研究主要研究的是教育中的实际问题，包含教师的教学、问题、德育，学生的心理健康、学习、生活。而课例研究的范围就比较窄，研究的主要是教师的学科教学现象与教育实践问题。

课例研究不是教案或教学设计，也可以说课例研究比这些更具体、范围更大，它反映的是教师在自己进行教学学科时的一种实践，通过这种研究提高今后教学的过程。与教案相比，课例更注重教学研究问题的典型性和研究对象的适应性。它真实、完整地再现了教师在课堂上创造的欢乐与两难的困惑，真实地记录了教师事先预想的教学观点的转变过程，并从多角度来合理解释这些问题。总之，课例研究是教师为了关注学生的学习与发展而进行的一种发展性和生成性的研究。

课例研究是以一节课的全程记录或典型片段作为案例进行研究反思的。就是在课堂教学中找到预先设计这节课过程中的成功之处或不足之处，又或者针对课堂教学实际过程中特定典型教学问题的深刻反思并且寻找解决这些典型问题的方法和技巧的过程。课例是进行课例研究的主要内容，围绕这个教学实例展示了教师或者学科专家团队围绕一节课所进行的课前、课中、课后的一系列研讨，以及教师对备课过程中存在的教学问题和教学策略的规划与反思。这里的"课"指的不仅是教师上课的40分钟，而是教师团队围绕这40分钟进行的研究活动。

第二节 课例研究的理论基础和功能

一、理论基础

(一)合作教学理论

合作教学由合作学习总结而来，20世纪70年代初始于美国，一段时间后被定义为一种富有创意和实效的教学理论和策略。合作学习被教育界称为近十几年来最成功的教学改革，最主要的原因是由于它在烘托教育教学学科课堂上的气氛、学生学科成绩的提升、促进学生形成良好的非认知品质等方面都展现了实质性的效果。之后通过合作学习进一步发展至合作教学。合作教学是指为了达到新课改要求的教学目标、提高课堂教学的教学效率，从而在教学模式中采取合作、互助的方式开展教学的一种教育教学活动。合作教学分为师生合作教学、师师合作教学以及生生合作教学。其中，师师合作教学又是我们进行课例研究的主体所在。

师师合作教学的目的：教师为了实现课程教学的目标，从而围绕某个典型教学类型，通过学科教师团队之间的交流、合作与研讨，以体现教师教学水平的提高和专业研究能力的提升，在学校校本研究中开展合作教学。这种合作教学促使教师整体性的功能得到最大限度的发挥，从而达到教师课堂教学的效果；促使教师本身的专业优势得以充分发挥，提高教师整体课堂的教学水平；通过教师进行教学课堂前的合作沟通、指导学习，为学生树立良好的合作典范。

师师合作教学的内容：教师合作团队在课前共同设计备课，课堂中合作授课，课后集体对某教师的授课过程进行交流、反思、评价以及存档。

(二)协同学理论

协同学是20世纪70年代初期由德国著名物理学家赫尔曼·哈肯提出的一门新兴科学。哈肯曾说："称之为协同学，一方面是由于我们所研究的对象，是许多子系统的联合作用，以产生宏观尺度上的结构和功能。另一方面，这里还有很多不同的学科进行合作来发现支配自组织系统的一般原理。"他指出所谓的协同就是系统中所有的子系统之间集体进行协调、合作、互补从而促使系统运转的行为,协同的作用就可以视为一个系统中各个部分由无序向有序转化的动力。

根据协同学理论的机制,教师合作教学的过程可以看成教师之间相互协同的过程,哈肯的协同学中系统与子系统之间的关系也可以看成教师个体与个体或者教学团队和其他团队之间的协调、合作或互补互助的过程。

(三)团体动力学理论

团体动力学最早是1939年由勒温提出的,1945年他创立了团体动力学理论研究中心,这一理论便大规模被教育教学的研究者借鉴。该理论主张团体运用观察、理论推导和实验等方式进行问题研究。最核心的是关注研究对象如何在团体中相互合作,研究的最终结果如何运用到社会实践之中、如何进行实践,也就是把构建的理论与经验研究有效结合起来。

课例研究十分注重课堂教学过程的严谨性,最主要的观察手段就是制定观察量表,运用分析、推导、实验对课堂教学过程进行研究,这一研究动向与团体动力学理论的问题研究核心一致。课例研究是教师团队对真实课堂教学的研究,同样也注重教师在教学研究过程中的合作交流,是将理论研究运用到具体的实践中,总结经验而后再应用于课堂,从而达到改进教师课堂教学观念、提高教师学科教学能力的目的,完美地体现了团队教研文化。

二、课例研究的功能

(一)提高教师的备课质量

通过国外学科教学教师进行的课例研究,可以看出他们在研究某节课堂时会对内容进行特定的教学思考和一些关键问题的预设解答,进而针对同类型课程进行关联性分析。例如他们都会思考"这一课在新课程标准中需要学生掌握什么技能"和"这一课在阶段学习中有多少同类型之间又有多少关联",而不是只针对"这一课涉及什么内容"进行教学。在进行更为全面的思考之后,教师就必须针对教材全面备课来解决备课过程预设的这些问题。

(二)完善教师的知识结构

知识结构就是指当今社会人才所要具备的根本体系,既有对专业专职知识的深刻认知,又有广泛的知识层面,具备事业发展单位对人才的运用实际需要的最高深、最完善的知识体系。而教师作为国家的教育实用人才，首先必须具备合理的知识结构，在专业知识方面需要培养科学的思维方式，在进行授课以及学习研究中需要提高自己的实用技能，这样教师在进行课例研究时就能够完成新型教师知识结构的特点类型转化。

1. 从单一型向复合型转变

现在国家对于教师的人才培养使教师不仅要在专业领域进行自己的研究与发展，而且要在多方面进行知识的完善与提升。因为现在很注重对学生学习力的提升，教师不单单教授学生知识以及应付考试。全面发展学生的德智体美劳就需要教师成为全方面的人才。

2. 由封闭性走向开放性

知识结构的要求使得教师不再局限于课本的理论概念与解答讲授，不再讲授给学生这就是专业、这就是学习的权威，使学生的思维局限于课本的理论。教师需要的是引导学生思考、建设自己的思维模式。

3. 被动型向主动型的转化

多数课堂总是教师一整节课都在授课，一味地传授给学生知识体系，以达到学会知识的目的。学生缺乏主动性，根本无法达到我们号召让学生开拓思维的目的。这就需要教师将课堂由授课模式变成学生能够自主发挥的课堂，而后教师引导学生完善自己对知识的认知。

4. 从经验型向学者型发展

教师在进行教学时，只是一味地总结经验，在课堂教学中寻找最适合学生的教学方法，以提高学生的学科成绩。知识结构的完善需要教师在教学中不单单是经验者，教师需要掌握的不仅仅是一节课的经验，而是针对同类型课的讲授方法，即需要教师也成为一个研究者。

(三)提升教师的教学技能

物理教师的教学技能是指教师根据教育教学文本，运用教师本身的专业知识和多年的课堂教学经验，引导学生掌握物理教学内容、教学方法，体会物理教学中的研究思维所采用的教学行为方式。课例研究在进行过程中要全面体现教师的教学技能，这些技能帮助教师在研究中更好地将理论与时间呈现出来。这些技能主要指的是物理教学设计的技能、教学媒体使用和制作的技能、课堂教学技能、实验技能、指导学生物理学习方法的技能、教学评价技能、教学研究技能。

(四)促进教师的专业发展

针对课例研究的研究过程对教师发展的完整体现,刘易斯是这样认为的:教师个体的职业化得到发展,进行课堂研究教师就是授课者的身份;研究的课堂实践教学教师需要观察学生的反映,即学会观察学生;在进行课例教学时教师做好了全面备课,引导学生开阔了新的视野,教师也许会有新的发现;整体研究过程中教师进行团队教学,完全体现了学校对新课标教学目标的要求以及对学生思维能力长远发展的重视,通过团队研究的这个过程使各学科教师间获得专业知识的合作交流;对教师进行合作教学时促进了教师间积极的教学竞争;在研究课程类型时提升了教师与学生整体创新思维的发展;完整的团队研究过程形成了教育的国际化视角;课例研究主题的研究核心是以教师为引导进行的,凸现了教师角色的中心地位。

(五)促进教师深入了解教材

在进行课例研究的过程中,教师的研究前提就是必须深入学习了解教材从而深化自己的知识体系,尤其是现在课程改版速度很快,教师必须很快地适应课改的速度、掌握新课程的标准,新增添的课程内容或者不再作为教学重点的内容就更需要教师钻研学习。并且不同年龄段的教师对于课程标准有不同的认知,学科教师进行的课例研究刚好能够提供教师之间分享获得不同教师对教材更深刻的理解这样一个平台,并且促使教师在这个过程中发现和矫正个人对专业知识认识的不足。

(六)促进学生学习力的提升

教师在进行学科课例研究的过程中研究主体是学生,是为了找到更适合学生发展学习力的最有效方法。学习力是一个集合概念,包括多种心理特征和技能,这些心理特征与技能使人能够有效地应对各种学习中的挑战。学习力最主要的就是促进学生的个性化发展,它区别于学生对各个学科的学习能力,不是将学生按照模式进行规训、塑造,而是要让学生在教师教授中通过自己的学习思维能力来实现教师的教学目的,发展学生本体的个性化发展。

(七)加深教师对学生课堂学习的关注

进行课例研究的这一研究过程是一个反复的过程,教师需要不断地修正自己的教案,修正就是不断在课堂教学中改进,需要关注和观察学生的反应,然后根据预设的教案通过学生的课堂反应进行下一次改进。授课教师和观课同行教师会在教室里观察学生知识变化、行为信息、学生对教师预设问题的反应以及学生之间讨论探究的程度,了解掌握这些情况时,教师就需要一边进行课堂一边与学生互动交流。没有某种教学方式的帮助,教师在遇到一些解决不了的问题时往往通过查阅资料来解决,那课例就很好地针对这些问题给予教师帮助,向熟悉类似问题的同行寻求帮助,找寻类似案例。课例研究对学生课堂学习情况的关注,充分体现了团队观念,教师之间不再是你的课、我的课,学生不再是你的、我的,而是我们的课程、我们的学生。

当然,课例研究不只是有以上的这七种功能,能够促使教师更为专业化,还要求教师时刻关注自己在课堂进行中的应变能力、知识的扩展能力、语言的抑扬顿挫、使用教具的能力,这些都将使得物理教师能较快提高教学水平与专业素养。

第三节 课例研究的撰写和实施

一、课例的撰写

(一)好课例的特征

一般研究者在选定课例时都是依据现实的课堂教学情境进行选定,物理中的典型课例都是用于分析和讨论的。课例中应该包含某些有规律的、典型的问题,并且最重要的是这些问题绝大部分都是教师自己在多年的教学中经常遇到的、在课堂教学中感到苦恼的、在对学生的评价学习中有着深刻体验的。好的课例应该具备如下的要素:

第一,背景资料翔实。针对典型的课例的研究不只是预设计划,也要以研究叙述的理论资料为基础。好的课例研究中应该含有教学内容、教学现状、教学决定这些部分完整的背景资料。研究过程中就是在用这些资料来证明研究者是否有理论依据,因此所搜集使用的这些资料描述必须充分。

第二,主题明确。研究者需要经过新颖的理论视角找寻先进的教学理念。通过搜集优秀教学案例,依据教学经验划分出教学实践过程中的突出问题,以确定研究主题。

第三,线索清楚。确定课例类型时交代研究的背景、需要研究的问题,比如教学内容在授课时与事实有矛盾、有冲突,针对这种看似无法解决的事件进行有明确思路的研究分析。

第四,具有关键性事件。典型具有研究意义的课例应该存在矛盾的焦点,通过对突出问题的细节描述来达到研究的目的。

第五,有结论和反思。整个研究过程中对于所研究的课例类型最具有总结性意义的就是研究问题的结论和反思,研究团队中的教师就是要通过这些结论来达到研究教学的效果。

好的课例就是课例研究成功的前提,在研究过程中分析、尝试解决课例的相关问题,可以使教师在今后的教学生涯中更好地认识教学内容的重点,并且提高教师对自身教学计划的反思力与判断。

(二)课例的文体结构

课例表达形式:教学设计+教学实录+教学反思。课例的这一设计要说明所选择教学内容的背景、思路与意图;进行了真实课堂的教学实录要求必须如实描述课堂教学的实际进程;进行了教学与记录后的教学反思就是对课例的讨论与评价。

二、课例研究的行动

(一)课例研究的内容

课例研究不受专业限制、不受能力限制、不受时间限制,各类学科可以研究,研究周期可长可短,做课例分析对能力也没有要求。针对教学课型课例形成、课例描述、课例研究构成了三个研究层次,完整的课例研究的主要步骤为准备课例、确定教学目标、制订教学计划、准备上课、课堂观察、课堂效果的反思、修改课例、装订存档。

(二)课例研究的过程

小组会谈一:研究者首先确定一个研究主题,该主题应该是教学实践中常见并且没有合适方式解决的问题,以该主题作为研究对象选择一节最为典型的课例,所选择的这一课例应该是具有高度评价的优秀课例。而后物理组团队每个教师共同为选定好的研究课进行初步的研究和备课,针对预选的研究课一起对课堂中会遇到的问题进行详细设计。备课中的设计理念和教学环节的预设应充分体现物理教学中由理论向实践互相转化的新理念,整个课堂教学中教学方法的预设,必须要有物理教学理论的依据,而不是对预设课堂的假设。商讨后由研究者写出预设完整的教学实施计划。

研究课一:由研究者针对教学计划在真实课堂中进行第一次课堂实施,即在有学生的真实课堂中授课,而授课者在进行课堂教学时主要需要落实到团队的教学预设,为了完成预设教学计划的目的,应当减少离开计划的临时发挥,仔细观察教学预设的这些内容在课堂的生成,观察学生对这些预设内容的理解。物理组团队参与研究的其他教师来观课,也就是在授课者进行的课堂中观察学生的反应或者针对某些问题的回答与想法,记录下真实的课堂,也就是授课者的不足或者针对研究计划的实施成果。授课者和观课者就可以在这节真实课堂中检验教学设计对研究主题、行为设计是否有效。

小组会谈二:物理研究组针对进行的真实课堂教学过程进行听课情形的讨论,着重分析探讨课堂中对具体问题的提出与解答方式的选择是否合理、教师对学生的解答引导是否适时、对理论运用在问题的步骤是否有效等。通过研究团队集体的反思,集体对教学设计的不足之处进行修改,由研究者整理修改后的教学计划。

研究课二:第二次进行课堂实践,由研究者或者重新选择另一名教师,针对修改后的教学计划在另外的实际课堂上进行讲授,其他教师依旧进行课堂观课。第二次课堂实施侧重观察、记录改进后的教学计划在这一课堂中是否真实有效、是否更能体现预设计划的完整性和方法的实用性。

小组会谈三:实施了第二次课堂后教师再一次讨论总结听课情形,对研究的这一课型中的问题达成共识,由研究者进行反馈与存档,将完整的研究过程写成课例研究报告。整个研究团队在改善课例和深入教学实践的计划与实施中共同反馈和形成意见,而后经过研究实施,每个教师就会对该类型教学进行归纳总结,总结出什么方法对教学更有效。

(三)课例研究的模式

1. 一课多上

整个教研组只针对一节课进行研究,由同一教师首先上独立课,由剩余的教师集体改进评价。然后这一教师再进行会诊课,第二次课堂结束后通过总结修改再进行反思课,最后将所有的问题汇总,找出这一节课对应的同类型课的有效解决方式。

2. 同课循环

在确定了主题和课例后,整个教研组的物理教师共同针对这一节课进行教学计划的实施,这一研究模式主要需要教师在具体实施同一节课的课堂中与学生互动和跟进学生对问题的反应。

3. 同课异构

教研组的教师共同确定一个主题,选择该主题的同一个课,选择两个或两个以上的教师对同一堂课,分别进行设计,也就是说针对同一节课不同教师具有不同构想,不进行思想交流时这一节课就具有不同上法。在分别进行的针对同一节课的课堂后其余的教师评课,使得大家在这种不同课堂的比较中互相学习,共同提高教师的教学方法。

4. 多课一题

由教研组的教师共同确定一个主题,但是对该主题选择不同的课型,即教师都比较关注的问题。也就是针对不同的课,研究的是同一个问题,显然并不只是对物理学科这一种学科而言,需要组织所有学科的教师都提供和这类问题相关的理论和经验,在这些经验的基础上教研组再组织教师研究这些课型的共同点的解决方式。

(四)课例研究中的观察

互助式观课指的是一种同事互助的指导活动,侧重的是同事之间的互助交流,以达到相互合作的目的。步骤为:具有相同研究目的的同事在课前交流规划好课堂观察的主题和重点需要解决的问题;选择一人授课,其余观课者做好课堂观察和记录,真实完整地记录下课堂里预设问题的解决成果以及自己对突发问题的思考;在课堂结束后共同开展课后的讨论,集体进行讨论的问题要切中主题和要点,具体到课堂的实际问题;集体商讨改进后,教师们把改进的措施记录好以便实施到后续同类课堂教学中。

邀请式观课指的是研究授课的教师主动邀请同学科的同事或有作为的专家观课,更加侧重的是授课成果的鉴定。步骤为,授课教师确定好并公布自己的研究主题和课程类型;按照自己的主题、想法、目的填写邀请卡,并将邀请卡发至其他教师;被邀请的所有观课教师认真阅读并掌握该授课者研究相关问题的相关资料;受邀的观课教师进入授课者的课堂现场进行观察与记录,针对授课者的主题与问题作出规范性的评价。

反思式观课指的是研究授课的教师自己确定研究主题与课例类型,此时该教师不需要与其他人交流或者被观课,自己就担任了观察自己课堂和评价自己课堂的主人。研究者在进行这种课例研究时要借助课堂录像,研究授课的教师自己反复观看录像,对自己进行的课堂教学行为以及学生对教学的反应反复进行剖析。

第四节 物理课例典型案例分析

一、问题呈现型

教育教学各个学科中最为关注的是理论与实践之间的转化,而问题呈现型的课例偏重于解决实践中较难的问题,该课例类型是设法找到某种理论来解决实践,给解决同类型的问题提供解决方案。

(一)案例

课题	生活中的圆周运动(1)
教材分析	《生活中的圆周运动》是人教版《高中物理必修二》第五章《曲线运动》中的第七节,本课的内容是与圆周运动知识相关的生活应用实例,这是牛顿第二定律的重要应用之一。本课的学习有助于理解物理学的特点和研究方法,并且了解物理学在生活中的应用,对社会发展的影响也为后来的学习奠定基础
学情分析	在学习本节之前,学生们已经学会了说明圆周运动的运动学和牛顿运动定律。众所周知,一般的曲率运动应该足以进行这项研究。可以使用全天候分析方法进行处理。但是如何将此规律应用到实际的生活中去,还需要进一步练习。同时,形象思维在高中生思维习惯中的比例还是比较大的,逻辑思维的能力需要提高,对学科物理分析的专门研究方法有一定的了解,但仍不太熟练,需要进一步培训。因此,在教学中采用实际生活中的例子引入教学问题,以提高学习兴趣

续表

教学目标	知识与技能： 1. 知道力的作用效果使物体产生向心加速度，就是为物体提供向心力做圆周运动，它将分析实际问题中的向心力 2. 可以理解使用统一的圆周运动规律来分析和处理生活的具体例子 3. 会计算在速度变化的圆周运动中物体在某点处的向心力和向心加速度 过程与方法： 通过具体举例圆周运动的实例，提升学生将理论与实际熟练的相结合，提高学生解决实际问题将理论用于实际的能力 情感态度与价值观： 培养学生自己分析实践问题，找到某种理论来增强对知识的完善
教学重难点	重点： 理解向心力是一种效果力 在具体事例的分析中，找出向心力是由谁提供的，并学会这种实践问题要如何通过理论来解决 难点： 如何理解和处理变速的圆周运动
教法学法	教学、探索、讨论、练习
教学准备	多媒体播放图片，并辅以视频

教学过程		
环节	教师活动	学生活动	设计意图
导入新课	用多媒体向学生展示学生想游玩的一些想法鉴于近几年频发的火车安全事故，表示对火车安全性的担忧并提出问题： 列车出轨、翻车的事故容易出现在什么地方？列车为什么会脱轨、翻车？（播放火车翻车的视频）	观看、思考教师所提的问题	通过图片、情景、精练的语言导入新课，达到激起学生兴趣、点题的作用，引起学生对火车探究的欲望，也为贯穿接下来的内容做准备
向心力的理解	1. 通过动画引导学生分析物体做圆周运动向心力的供需，从供需两个方面去理解向心力公式 2. 明确本节课解决圆周运动的基本思路	复习向心力公式	通过学生对已有知识的理解加深，建构本节课学习新知识的良好的认知结构

续表

环节	教师活动	学生活动	设计意图
火车转弯问题	多媒体软件模拟列车在直线上以恒定速度运行,并提出以下问题: 1. 列车在直线行驶过程中受哪些力? 2. 所受的这几个力之间有怎样的联系? 教师总结:列车受到重力,支撑,牵引和摩擦。四个力的作用力为零,所产生的重力和支撑力为零,所产生的拉力和摩擦力为零。 火车转弯时会有什么不同?多媒体模拟直列列车的转弯,通过这种现象给学生展示一生活模型并提出问题: 1. 列车在直线行驶和在转弯处行驶有何不同点? 2. 绘制列车在转弯处受力情况,在图中根据列车的实际运动来分析所受各力之间的联系 教师总结:转弯时外衣力不为零,则必须提供向心力,火车在转弯时如何获得向心力? 分析得出:这种增加的向心力是由轨道外轨边缘和轨道之间压缩产生的弹力提供的 提出问题:我们该如何看待挤压这个实际问题呢?讨论我们学到的知识,提出可行的解决方案,绘制图来解释说明 强调说明:向心力是水平的	学生思考:列车受到四个力的影响,每个方向都有两对平衡力,无合外力 学生思考:列车在转弯时速度的方向发生了变化,并且方向不断在变,那此时合外力肯定是不为零。学生画图分析 学生思考:由于列车的质量和速度,所需的向心力也很大。在这种情况下,轮缘和轨之间的压力将会非常大,导致双方互相损坏 学生发挥自己的想象能力:向心力是由列车的重力和支持力的合力提供的,内外轨道没有压力,从而实现保护轨道 F_N θ F G θ	通过对水平轨道列车转弯问题的分析,引导学生认识轮缘的作用,及其存在的弊端,激发学生思考,推理能力 让学生能主动地对待问题,提出合理方案,培养学生解决问题能力 让学生明确列车在弯道上不能过快也不能过慢

续表

环节	教师活动	学生活动	设计意图
汽车拱形桥和凹形桥的问题	1. 拱形桥:播放录像,让学生观察各类交通运输工具过拱形桥的情景,对拱形桥有个认识 2. 提出问题:质量为 m 的汽车以 t/s 的速度在拱形桥上移动,如果桥拱的半径为 R,则绘制力分析图表来分析桥在通过桥梁最高点时对的桥梁压力 提出问题: (1)经过受力分析,你能得到哪些知识点? 教师总结:根据学生得到的公式进一步变化得到 $F=G-mv^2/R$,那这种情况下桥梁所受的压力 F 小于汽车的重力 G (2)想象一下,当桥上的汽车对桥梁没有压力时汽车此时速度是多少,若行驶的速度超过这个速度会有什么情况出现 (3)那这是通过桥梁最高点时的实践研究,经过凹形桥最低点呢?上述问题相比较会有什么不同? (4)同学们通过前面的讨论已经学习了汽车在拱形桥最高点以及凹形桥最低点的情形,那汽车不在桥的最高点或最低点,那么是否可以使用先前的结论?如果不能我们如何研究这个问题? 教师总结:是可以使用,但是要明确这种情况汽车的向心力并不能通过上述简单的受力来分析,需要用到变速圆周运动的解决方法	在练习册中,学生独立绘制汽车的受力图,推断桥梁最高点受到的压力 学生回答: (1)汽车在桥梁最高点时,对汽车进行受力分析,通过确定向心力分析可以得到 $G-F=mv^2/R$ (2) 将 $F=0$ 代入公式 $F=G-mv^2/R$,化简得到此情况下的速度为,那速度大于这个速度时,汽车就会离开桥梁飞出去 (3)根据在最高点的分析同理对汽车通过桥最低点进行受力分析可以得到公式 $F-G=mv^2/R$,可得到汽车对桥的压力比汽车的重力大 (4)先前的结论能直接使用	回归生活实例,再次体验知识与生活的联系,培养学生利用合理、科学的方法解决生活中的问题
课堂小结	回顾本节课"你学到了什么"	梳理本节知识要点	巩固加深本节课的重难点学习
练习巩固	教师巡视点评	完成检测题	

续表

板书设计
生活中的圆周运动
一、铁路的弯道 1. 讨论向心力的来源 2. 供需平衡 二、拱形桥和凹形桥 1. 汽车过拱形桥 2. 汽车过凹形桥

(二)教学反思

总的来说,新式课堂重在让学生参与,多让学生体验,引导学生自己发现生活中的问题,激励学生运用理论解决这些实际问题,激发学生的学习兴趣,激发学生的求知欲,这也是探究性学习的美妙之处。

向心力的来源问题是学生学习过程中的难点,学生常常错误地认为向心力是一种特殊的力量。这是一个物体的力量,它执行均匀的圆周运动,如何正确识别向心力的来源,通过实例分析,学生可以在教学中获得正确的理解。同时注意让学生明确。这里的分析和计算所依据的仍是普遍的运动规律。由于学生缺欠生活经验,不清楚车轮与轨道构造的特点,火车转弯过程中车轮与轨道的相互作用力问题成为本节课学生学习内容的第二个难点。老师根据生活制作了一个简易模型,虽然比较粗糙,但感觉收效很好,使学生对车轮与轨道有整体的印象,并亲身体验车轮与轨道相互作用力的产生。

用火车转弯的例子引入水平面上的圆周运动,分析平直的路面上向心力的来源,接着再具体分析火车转弯时向心力的来源,如果没有内外轨的高度差,就需要用外轨对车轮的压力提供向心力,不利于火车的保养和行驶安全,故找到解决方法,把外轨垫高,用火车所受的重力和支持力来充当向心力,完成层层递进的教学过程。汽车过拱桥,分析拱桥和凹桥对向心力的要求,分析生活中汽车过桥的实例,便于学生感受生活、观察生活,分析生活中的物理现象,最终把物理知识运用于生活中。在整个实践分析内容中,将理论与实践结合起来分析问题,使学生明白具体问题必须具体分析,通过实例讨论总结,使学生切实体会生活与物理是密切相关的。

我们一直在提倡学生是学习的主体,以学生应该完成的内容为主,也就是让学生能够成为课堂的主体,教师进行教学时都希望这堂课能够促使学生积极参与,创设的教学情景让学生多思考总结力求掌握内容。完整的课堂正是教师的引导与学生的参与探讨,因此教师针对课堂引导学生主动参与课堂的学习,促使学生将所学与实践相结合,在生活中将实际内容用知识解答,养成自主学习的习惯,这种授课方式的研究对教师在教学中的成果展现有了明显的改善,加深促进了学生对所学知识的理解与掌握。

教学中尽量多引用身边的物理现象和科技新成果,就像火车转弯和拱形桥这类问题在生活中是很常见的,使学生对怎样解释生活常见的并且深有体会的现象产生好奇,通过理论解释说明这种实际现象从而激发学生的学习研究兴趣,引发学生对生活现象的积极探究。这种实践理论相互结合相互转化的课堂设计既可以让学生切身感受到物理知识总是在生活的各个角落,它源于生活,又能使他们通过知识的解答与应用增强物理学习的动力。

二、经验分享型

所谓经验分享就是通过强调某类物理发展史的故事,或者利用叙述体故事来获得教学内容。经验分享型典型的课例就是一种重要的文献资料,这一研究内容是理论无法代替的。

(一)案例

课题	4.1 牛顿第一定律
教材分析	《牛顿第一定律》是《高中物理必修一》第四章第一节的内容,它是在学生学习了前三章运动和力的基础上又进一步探讨了运动与力的关系。牛顿运动定律是动力学的核心内容。在本节之前学生们已经了解简单的运动和力的单方面知识点,牛顿第一定律就是在这些理论的基础上将运动和力联系起来。牛顿第一定律是牛顿定律的基石,是物理学理论的支柱
学情分析	牛顿第一定律学生在初中就已经初步学习过,而本节内容着重是让学生加深对这部分知识的理解。力和运动的联系在日常生活中会很常见,但是通常从日常经验来分析会有很多错误的判断,因此在这节内容的举例中学生能够理解生活中物体之间相互作用力和运动关系的这一看法,这并不容易。对于惯性这仍是学生较难理解的问题,需要老师给予正确的指导

续表

教学目标	知识与技能： 1. 了解伽利略的理想实验和他的主要思想过程 2. 理解惯性，会利用惯性的定义解释日常生活中的惯性现象 过程与方法： 培养学生的逻辑推理能力，并通过大量实例的分析，培养学生的归纳能力和全面性 情感态度与价值观： 让学生意识到人类对客观事物的正确认识需要经过由表及里、由此及彼、由片面到全面长期渐近的过程
教学重难点	重点： 伽利略理想斜面实验，对牛顿第一定律和惯性的正确理解 难点： 和运动的关系，对惯性的理解
教法学法	实验探究、交流与合作、多媒体辅助教学
教学准备	多媒体课件、小车、小球、毛巾、气垫导轨、光滑木板

教学过程

环节	教师活动	学生活动	设计意图
引入新课	提出问题： 1. 在小轿车或者交通运输工具前排的人被提醒系安全带，为何？ 2. 演示"旋蛋实验"两个鸡蛋，将一个鸡蛋旋转起来以后用手按下迅速停下，另一个按停后松手鸡蛋还能继续旋转 观察到了什么现象？怎么解释这种现象？ 教师不明确回答，告诉大家学习完这节课知识后就会知道答案 3. 教师演示手推小车实验：用力推小车运动，撤去推力后小车静止 根据这一生活常见现象，我们一起来探究一下历史上的伟人是如何看待这一现象的，从而一步步来认识一下运动与力的关系	学生根据生活经验思考原因给出自己的认知	情境引入激发学生兴趣，启发学生思考能力

续表

环节	教师活动	学生活动	设计意图
回顾历史	1. 最早对力和运动之间的关系进行观察研究并给出经验猜想的是古希腊学者亚里士多德 通过小车实验手推小车，用力推小车运动，不推了小车静止。引导学生回答亚里士多德观点 教师陈述：他的观点来源于实践经验，也可以通过实践经验加以验证，这就是为什么他的观点被广泛接受并维持了近两千年的原因 2. 紧接着对亚里士多德运动需要力来维持这一观点提出质疑的是十六世纪的伽利略，他对力与运动的具体关系进行了深入研究。这一研究的初始是由于他看到来回摆动的吊灯引发的思考 他从摆球实验获得启发，改变钉子的位置，得到如图所示不同高低位置摆球运动的轨迹，将这些左右摆动的轨迹连起来后最低点为一点看作不同斜面，从而引出最伟大的理想斜面实验 他仔细观察了球的滚动。发现当球滚下斜坡时，其速度增加，当它上升时，速度降低。由此猜想：若球在水平面上滚动呢？ 教师给出结论，他实际观察到的是： ①现象：在水平面上滚动的球慢下来并最终停止。 教师陈述：根据亚里士多德的观点来解释这一现象，球最终会停下来应该是因为没有力来维持。伽利略就是根据该现象，对亚里士多德的观点提出质疑	学生回答： 亚里士多德观点：运动必须依靠外力的不断作用才能维持，外力一旦消失，运动也就停止了。即运动需要力来维持 学生：如果球沿水平面滚动，速度可能不会增加或减少	注重体现物理学科的核心素养，通过对物理学史的回顾，了解力与运动关系的逐步建立过程，突出科学过程，关注培养学生的科学情操

续表

环节	教师活动	学生活动	设计意图
回顾历史	②质疑：水平面上滚动的球会停下来，是否因为没有力来维持水平面上滚动的效果？ 提问：学生觉得球之所以会停下来的是因为什么呢？ 教师总结：在这之前，并没有人意识到摩擦力的存在，伽利略则通过这种猜想思考到了摩擦力。不断改变粗糙程度使得水平面越来越光滑，可以看到：水平面越光滑，球滚动得越远。根据观察他推断出这应该就是摩擦力作用的结果 ③假设：若水平面的摩擦系数为零也就是没有摩擦力，滚动的球将具有怎样的状态？伽利略根据自己的猜想设计了理想双斜面实验 这一双斜面左右两端其中左端固定，右端斜面的倾角可随意调。在实验过程中确保严谨性设定小球始终从左斜面的同一高度由静止释放如图示： (1) 从左斜面一侧某一高度处释放一个小钢球，观察小球的运动情况。 设问：看到什么现象，什么原因？ (2) 在从同一高度释放小球之前，先把另一侧斜面的倾角减小，重复实验 设问：又看到什么现象，什么原因？ 通过观察，同学们想一想，如果右面的斜面变成了水平面，小球将怎样？	学生：根据上一章的学习水平面上滚动的球会停下来，应该是摩擦力的作用 学生思考：水平面上若没有摩擦力，球将永远滚动下去 (1) 学生观察现象后思考回答：小球沿左侧斜面滑下越来越快，沿右侧斜面上滑越来越慢。如果忽略摩擦，则可达到与释放点同样的高度	通过对伟人知识体系的构建过程的叙述来得到知识的产生过程，学习他们的推理过程和方法

续表

环节	教师活动	学生活动	设计意图
回顾历史	(3)把另一侧斜面放水平,重复上面实验 追问:如果水平面上没有任何阻力,小球将怎样? 继续追问:这说明什么?力是维持物体运动的原因吗? (4)动画模拟再现实验探究过程 注意:强调双斜面实验是理想化的,是猜想忽略摩擦力时所进行的 通过该理想实验,伽利略对运动和力有了新的认识:运动不需要力来维持,推翻了亚里士多德的观点 伽利略的发现和他使用的科学推理方法是人类思想史上最伟大的成就之一,标志着物理学的真正开端 3. 笛卡尔的补充:除非物体受力,否则物体将始终处于静止或移动状态,不会沿着曲线移动,而只会保持在一条直线上	(2)引导学生思考回答:倾角减小,小球经过的路程增加。则可达到与释放点同样的高度。右斜面水平时小球将永远达不到原来的高度,沿水平面运动 (3)学生回答:没有力的作用,运动的物体将一直运动下去。力不是维持物体运动的原因	针对整个理想斜面实验步步严谨的分析,使得学生了解并且掌握物理推导结论的方法步骤,这一实验重点突出理想化在物理教学结论推导中的价值
牛顿第一定律	牛顿把伽利略、笛卡尔的结论完整总结为牛顿第一定律 1. 牛顿第一定律:一切物体总保持匀速直线运动状态或静止状态,直到有外力迫使它改变这种状态为止 物体总有保持原来匀速直线运动状态或静止状态的性质,叫作惯性,所以牛顿第一定律又叫作惯性定律 理解定律举例: ①静止的车为什么会运动? ②运动的车为什么会停下? ③牛顿第一定律中论述的运动和力的关系是怎样的? 2. 惯性: 定义:物体保持原来的匀速直线运动状态或静止状态的性质 提问:物体的惯性是能够保持均匀的直线运动或静止。行驶的列车比行驶的自行车更难以停靠。大家思考一下这是为何?	学生:静止或运动车运动状态改变因为有力的原因 学生:因为所有物体都有惯性,是物体的固有性质;质量越大,惯性越大,运动状态越难以改变,因此惯性只与质量有关与其他因素无关 通过伟人的观点总结到完整的知识让学生在学习中循序渐进地完善知识体系,不断通过叙述改善认知结构	针对惯性理解对生活实例分析,这种巩固不断增强学生的实践能力

续表

环节	教师活动	学生活动	设计意图
再现情景	1. 司机必须系好安全带,为什么? 2. 按停后松手,鸡蛋还能继续旋转的原因是什么呢?	学生:司机急刹车时由于惯性的原因会向前倾斜,鸡蛋同样由于惯性继续旋转	学以致用
课堂小结	回顾本节课"你学到了什么"	梳理本节知识要点	巩固加深本节课的重难点学习
练习巩固	教师巡视点评	完成检测题	

板书设计

牛顿第一定律

一、回顾历史
1. 亚里士多德的观点
2. 伽利略的观点
3. 笛卡儿的观点
二、牛顿第一定律
一切物体总保持匀速直线运动状态或静止状态,直到有外力迫使它改变这种状态为止
三、惯性与质量

(二)教学反思

在以前的教学活动中,面对不同思维能力的学生,按照老师在备课时的预设,很难真正针对学生当前的问题和困惑予以最具针对性的启发和引导,这样就使教学活动沦为辅助手段的奴隶,使教学活动不够灵活。

如果仅将几位物理学家关于"力和运动的关系"罗列出来进行理论讲解,会削减学生学习的新鲜感,而且他们也会有疑问:伽利略明明已经搞清楚了为什么还有笛卡尔的补充,牛顿为何还要总结,最后变成了牛顿第一定律?因此,我们必须深入了解物理学史的内容,以提高学生的学习兴趣和实现认识运动的曲折过程。通过伟人得出结论的叙述体故事,让学生知道一切物理知识都是建立在事实的基础上的。

钟摆实验到倾斜实验的转换过程包含了巨大的创造性思维,伽利略是看到吊灯在比萨大教堂里摆回时,他很好奇,并开始研究摆锤,并受摆锤影响,激发并设计理想的斜坡实验,在双斜面实验中引入单摆实验,更加符合伽利略的力和运动规律。让学生切身体会物理学家在验证一切猜想时都是从生活

到理论的,而教师在进行叙述体讲解时总是忽略历史依据。

学生在初中阶段对牛顿第一定律已有初步认识,我们不能从学生零认知出发,重复教学,浪费宝贵的课堂时间。其实初中做了很多关于惯性的实验,也了解了亚里士多德与伽利略的"对话"。所以我们需立足初中,深入挖掘初高中课本,在高中物理教学重点和难点的基础上规划问题情境,防止重复性教学,提高课堂效率,提升学生认知水平。

课堂结尾处再现情景解决方式更有利于学生对于惯性的认识,也是有始有终,首尾呼应。通过司机必须系好安全带和按停后松手鸡蛋还能继续旋转的生活示例来解释惯性,与牛顿第一定律联系紧密,达到教学目的。

本节课的设计特点是注重物理规律的发现和发展,物理学史的伟人的观点介绍是本节课的重点内容之一,特别是了解伽利略理想的斜面实验和实验设计对牛顿第一定律的理解是本节内容的另一个重点和难点。通过对以上内容的学习使学生知道理想实验的实验基础、推理过程和对推理结果的分析,养成学生理论联系实际、灵活运用所学知识的能力。

三、理论产生型

和问题呈现型刚好相反,理论验证型是由理论到实践的实施,这一课例类型尊崇理论的价值,是在教学中将理论应用于实际的结果,即该典型课例就是在生活实践中来体现理论的。

（一）案例

课题	3.4 升华和凝华
教材分析	《升华和凝华》是《初中物理八年级》第三章第四节的内容,本节课是学生在学习了四种主要物态变化的基础上进行学习的,为后面学习九年级物质的相关性质打下基础。通过本节课的学习让学生完整知道物态的六种变化。升华和凝华这种物态变化生活中是很常见的现象,但是常常被忽略,因此,本节内容是通过联系生活分析一些自然现象,以达到本节课的重点掌握目标
学情分析	学生前面学习了物态变化中的熔化凝固和液化气化,对物态变化有了较丰富的认识,知道凝固、液化放热,汽化、熔化吸热,对吸热和放热有了一定的认识。因此学生已经有一定的生活经验和兴趣,我们需应到学生建立正确的物理概念。学生对日常生活中的凝华和升华现象并不陌生,具备一定的感性认识,通过本节课的学习,学生需要具备运用物理知识解释生活现象的能力

续表

教学目标	知识与技能： 1. 知道什么叫升华，什么叫凝华 2. 知道升华是一个吸热过程，凝华是一个放热过程 3. 能够用理论解释生活中的升华、凝华现象 过程与方法： 通过实验来真实的观察认识升华和凝华现象 情感、态度与价值观： 让学生通过对实验的观察和生活现象的理解，培养学生对知识的探究兴趣
教学重难点	重点： 知道升华、凝华现象及它们各自的吸放热情况 难点： 利用升华和凝华解释生活现象
教法学法	实验演示法，精讲点拨、讨论交流等
教学准备	多媒体、黑板、碘、热水、冷水、带橡皮塞的试管及教材教辅材料等

教学过程		
环节	教师活动	学生活动	设计意图
引入课题	提出问题： 1. 前几节内容中我们学习了哪些物态变化？ 固态 ⇌（ ）液态（ ）⇌ 气态 （ ）　　　（ ） 2. 可以直接转换固体和气体吗？说可以的同学举出生活中可以直接转化的例子 设疑导入：二十四节气中有"霜降"一说，古时候人们认为霜是从天上降落的，故而称为霜降。你赞同这个观点吗？通过今天的新课学习，我们看哪些同学能给大家解释一二	1. 学生回答：前面已经学习了熔化、凝固、汽化和液化这四种物态变化 2. 学生讨论两种结果可直接切换的同学的例子是：冰箱里的冰霜和冬天的雪人没有融化但更小 学生思考带着疑问进入本节课的学习	培养学生回顾和学习新事物的良好习惯 使用图表来转换完整知识体系中的状态变化，同时，提出问题并引起学生预测和实例，引入升华和升华研究试验，从生活走向物理

续表

环节	教师活动	学生活动	设计意图
演示探究	接下来，为了引导学生使用碘作为实验，我们尝试研究固态碘是否可以直接变成气态碘蒸气，因为气态碘是有色的并且易于观察。让学生感受完整探究的过程。请学生观察实验 1. 提出问题：探究固体和气体之间到底能不能直接发生变化？ 2. 设计实验：介绍实验装置及药品——碘、试管、烧杯、冷水和热水如何设计实验？ 师生小结：在试管中放少量固态碘，塞紧盖子后放入热水中。观察试管中的变化。过一会从热水中拿出，再放入凉水中观察试管的变化（注意盖好塞子，防蒸气外漏） 3. 学生按要求分组实验，认真观察现象，你观察到的现象记录在导学案中教师巡视指导学生观察 4. 分析实验现象，学生归纳实验结论	学生观察了解碘的颜色、形状，能答出探究的一般过程 实验前观察、讨论回答：在试管中是固体碘，塞子的底部是白色的 实验后观察到的现象被记录下来，一组学生交流展示实验做法并小组回答观察现象 热水中观察：出现紫色的碘蒸气，底部是固态碘没有液态碘出现 冷水中观察：紫色气体逐渐消失，片状固体碘附着在瓶子内壁	培养学生设计实验的能力 利用实验把不易见到的事实呈现在学生眼前，增加了学习的趣味性，提升了学习的积极性
分析现象	1. 在小组内进行讨论和交流，看看观察到的现象是否与其他学生一致 加热前碘是什么物态？ 加热后碘是什么物态？ 固态 →变化条件：吸热→ 气态 问题1：加热前碘是什么形状？ 问题2：加热过程中碘呢？加热过程中是否有液态碘出现？ 停止加热冷却烧瓶后烧瓶壁上和塞子上的碘是什么状态？ 加热时碘出现了什么状态？ 固态 ←变化条件：放热← 气态 问题3：那么固体碘在怎样出现的，是由于放热还是吸热？ 2. 通过分析实验现象可得出哪些结论？	学生讨论并进行对比利用图示引导学生有规律的回答 学生：加热前碘是固态的 学生：通过观察现象发现加热过程中有大量的碘蒸气生，但是不会产生液态碘，这个过程需要吸收外界的热量 学生：固体碘是碘蒸气遇到了冷瓶壁放热形成的 学生总结：上述实验表明，物体可以在固态和气态之间直接转换	进行沟通，各小组之间完善有可能被忽视的实验结果，针对这种分析讨论使得学生获得更完整的知识体系，也增强了学生间的团队意识 通过更为明确的图例引导学生总结观察到的具体现象，并且这种方式也锻炼了学生分析实验的能力 学生在这里学习如何改变物质状态，让学生学会如何判断。通过对实验的总结，加深学生自主解决问题的能力

续表

环节	教师活动	学生活动	设计意图
生活中的升华凝华现象	思考：大家知道生活中哪些现象是升华、凝华现象？给出生活现象加深认识 1. 房间里的固体清新剂能闻到香味是怎么回事？ 2. 一段时间后，衣柜里的樟脑丸变小了，发生了什么？	房间里的清新剂，能闻到清新剂香味，是固体变成气体，升华现象 樟脑球变小了其实是它发生了升华现象，变成了气体	通过生活常见现象的举例用所学的理论知识解释实践问题。着重培养学生如何应用物理知识解决实践的能力
	3. 在冬季，北方的窗玻璃常常有冰花，地上有霜，树上有雾，在形成过程中是怎样的转化情况	学生思考回答：冬季温暖房间里的水蒸气遇到冷玻璃直接退化成冰，就形成了冰花，屋外冷天气中水蒸气遇到树枝、地面也直接凝华成固态	指导学生运用他们所学的知识来解释生活现象，并反映生活到物理，物理到生活的状态
	4. 冬天冻的衣服为什么会变干？	学生回答：冬天的衣服上会冻结成冰条，这些冰条会升华成水蒸气，因此经过一段时间后衣服会变干	
课堂小结	回顾本节课的知识收获	完善物态变化知识结构图	帮助学生记忆
反馈练习	出示思考题题目教师巡视、讲评	课后完成检测题	加深巩固
板书设计			
升华和凝华 1. 升华:物质从固态直接变为气态 凝华:物质从气态直接变为固态 2. 升华吸热,凝华放热			

(二)教学反思

这一节课是典型的问题呈线性,升华和凝华这种物态变化在生活中是最常见的现象,但学生最容易忽视,针对这一物态变化对生活中的典型现象举例,不断激发学生对日常现象的关注。教学内容开始就是碘的升华和凝华实验,教学课程内容中关于这两种物态变化的教学模式指导并不多,因此这种创设教学方式引导学生进行知识的探究是成功的。切入点从观察实验入手,并且依据现象明显的这一实验使学生自己结合生活与实践观察,逐步认识升华与凝华的具体特点。

前面学习了四种物态变化,学生根据特点来推论本节内容就是固态和气态的相互转化。学生对这种转化并不熟悉,也不知道哪种现象可以解释,因此本节内容在教师进行真实课堂教学时,就要主动将学生对教师讲授知识的理解转化为自主进行探究总结的模式。

通过实验循序渐进地引导与探究,完整演示每一步现象,让学生自主总结升华与凝华的状态以及何种情况发生这种状态,重点培养了学生的探究能力。

完善了理论知识体系,用实践具体验证这种理论,让学生自主观察列举生活中他们认为的升华和凝华现象,并且要学生说明自己的观点,培养学生一切想法都要有事实依据来支撑的思想。通过举例这种现象并进行解释,不但培养学生自主解决问题的动力而且激发学习的兴趣。而后教师针对学生的总结和观点进行系统总结,给出最正确的结论,这一过程的进行就是对学生在自主学习中的困难予以说明总结,因为学生在理论知识与实践转化的过程中缺少对身边现象的观察,提醒学生注重观察生活实际。

在进行的整个教学设计中理论与实践相结合,引导学生从生活实际问题出发思考,借助实际问题走向理论基础,激发学生的求知欲,使学生自主探究得出主要理论。如此的教学主体将引导学生自觉构建知识体系,理论与实际结合将科学渗透到教学中,教师进行的完整课堂设计将教学内容有层次地呈现给学生,而且向学生展现实验操作能力,能明确地让学生体会到物理探究的方法。

第八章　基础物理新课导入方法研究

学生从小学步入中学,普遍会觉得中学各科知识晦涩难懂,学习枯燥乏味。尤其是从八年级开设物理课程以后,学生认为物理知识更加抽象、模糊,这时候如何引导学生对物理学习产生兴趣,吸引学生在课堂上的注意力,是每一个教师应该考虑的问题。课堂导入是课堂教学的主要环节之一,一堂课导入得成与败直接影响着整堂课的效果。苏霍姆林斯基说:"如果老师不想办法使学生产生情绪高昂的智力振奋的内心状态,就急于传授知识,那么这种知识只能使人产生冷漠的态度,而给不动感情的脑力劳动带来疲劳。"因此,物理教学中,课堂导入有着特别重要的作用。

新课导入是中学物理基础教学中课堂导入的一种,各种新课导入的方法有很多,本章主要介绍通过讲述一个小故事导入新课;由复习旧知识导入新课;通过对文史的了解导入新课;联系生活实际导入新课;教师通过演示实验以及学生自主进行探究实验导入新课;通过组织学生进行游戏活动导入新课;设置疑问导入新课;运用多媒体导入新课。

第一节　新课导入的原则和作用

导入新课是物理课堂教学过程的重要环节之一。成功地引入课题,可以集中学生的注意力,引起其浓厚的学习兴趣,把学生迅速带入物理情境之中。所谓新课,就是课本中所设立的之前没有学习过的课程,或者教师根据课本所要传授的新的课题。

在讲授一节新课的过程中,如果学生的态度端正、思想积极,这节课就已经成功了一大半。如何激发学生的学习兴趣呢? 这就需要教师在一开始通过导入引起学生的好奇心,激起学生对将要学习的新内容的学习欲望。课堂导入是课堂教学中尤为重要的环节之一,一堂新课导入的是否有效直接影响着这堂课的效果。

简而言之,新课导入就是教师在一个新的教学内容或教学活动开始时,运用一定的方式恰到好处地吸引学生的注意力,并使学生关心上课时的主题内容,引导学生进入学习状态的行为方式。教师通常会用激发学生学习兴趣的一些话语或行为活动拉开一堂课的序幕,随之进入课堂教学的过程。新课导入是课堂教学的重要环节,也是激发学生学习兴趣的关键,对于中学物理课程来说,新课导入尤为重要。

一、新课导入的原则

没有规矩,不成方圆。新课导入并不是随随便便就可以应用的,虽然它没有固定的格式,但一般来说,导入新课应该遵循以下原则。

(一)符合教学的目的性和必要性

新课导入无论采取怎样的方法都必须根据既定的教学目标来进行,与教学目标毫无关系的不能硬加到教学中来,也不能使导入脱离教学内容而独立存在。新课的导入一定是为有质量的教学服务的,这就要求教师在导入新课的时候要明确教学目的,弄清楚新课导入的内容是否必要。

(二)从学生的实际出发

学生是教学的主体,新课导入要从学生的实际情况出发,教师能否准确把握学生的学习情况以及了解学生接受知识的能力是新课导入合理与否的切入点。不仅如此,恰当地导入新课还要求教师对学生的认知水平、性格特征要有合理的认识,这样才能让导入发挥最大的作用,学生也能真正得益于新课导入。

(三)要有吸引力

新课导入的方式有很多,但这并不代表教师可以随意使用。为了确保导入的质量,教师要做到引人入胜,充分调动学生的积极性,吸引学生的注意力,让学生在轻松愉快的环境中感受获得知识的愉悦,达到让学生在以后回想起这节课依然记忆犹新、回味无穷的效果。这对学生学习物理课程是极其有益的。

二、新课导入的作用

良好的开端是成功的一半。新课导入是课堂教学的一个重要环节,是上好一节课的关键,如果教师在课程开始前能有精彩绝伦的新课导入,相信学生也不会把学习物理课程看作一件苦不堪言的事情。因此有必要探究一下新课导入在中学物理教学中的重要作用。

(一)吸引学生的注意力

在教学过程中,学生的注意力集中在课堂上是听好课的重要条件。有效的新课导入能很好地吸引学生的注意力。

注意力是指人的心理活动指向和集中于某种事物的能力,人在注意着什么的时候,总是在感知、记忆、思考、想象或体验着什么。人在同一时间不能感知很多对象,这就决定了一旦想要提高学生的听课效率,教师必须吸引学生的注意力。教学中教师应在学生进入教室之后、注意力未集中之前,运用适当的方式把学生的注意力吸引到所要讲的物理课程上,从而使学生为新课的学习做好充分的准备。

(二)激发学生的学习兴趣

倘若学生一开始上课把注意力放在教师要讲的内容上,但是由于教师引课枯燥无味,学生也就很难保持长久的注意力。所以,不光要成功吸引学生的注意力,更要使他们对所学的知识产生浓厚的兴趣。正所谓"兴趣是最好的老师",好的新课导入能使学生在新课伊始就处于最佳的精神状态,并对所要学习的内容、知识保持浓厚的兴趣,在学习过程中达到事半功倍的效果。

(三)衔接新旧内容

中学物理课本中的上、下章甚至每节课的教学内容都是密切关联的,所以新课导入时应该考虑到这一点,做到承上启下的桥梁作用。教师在授课过程中可以先带领学生复习学过的旧知识,然后再根据新课程所涉及的物理现象和物理规律提出新的问题,最后引导学生讨论从而进入新课。这样便能很好地将新旧内容联系在一起,有助于学生更好地理解和掌握。

(四)活跃课堂气氛

良好的新课导入可以调节课堂氛围,使学生在舒适自在的环境中进行学习。好的课堂气氛又不仅影响着学生的学习效率,而且能使教师充分发挥自己的教学水平,为学生讲授更多的、更深刻的知识,让学生在不知不觉中学习到重要的内容,并对物理课程产生兴趣。

第二节 常用的新课导入方法

课堂导入是教师在每节课开始或进行新课教学时,运用各种方法建立与新知识的联系,以引起学生的注意,激起学生学习的动机,从而把学生的注意力吸引到特定的教学环境中的教学行为。基础物理教学中新课导入有着十分重要的作用,新课导入设计并运用好,会时学生迅速了解教学意图,引导学生把注意力集中到教学内容上,从而激发学生的学习兴趣和求知欲。本节主要介绍故事法、复习引导法、问世启迪法、联系实际法、实验法、游戏活动法、设置提问法、多媒体运用法以导入新课。

一、故事法

绝大多数中学生都认为听故事是一件有趣又轻松的事情,如果教师能够借助一个有趣的小故事来让学生掌握抽象的物理概念,从而对所讲授的新课产生兴趣,这节课无疑是成功的。

下面以《浮力》为例,应用故事法进行新课导入。

> 你们知道死海吗?那是西亚一个非常有名的地方。那个时候国家与国家之间经常发生战争。战败国中被抓住的俘虏,能够幸存下来做奴隶的都是身强体壮的人,那些身体不好的老弱病残都会被杀死。又一次战争结束了,一位将军抓了许多俘虏,他命令把身体不好的俘虏全部扔到死海里去。这些被扔进死海的俘虏非但没有沉下去被淹死,反而一次次漂浮在水面上,即使最后将军命人在他们身上绑上石头,他们依然没有被淹死。将军以为这是上帝的旨意,于是便

放过他们。你们知道这些俘虏为什么没有被淹死吗？难道真的是上帝在眷顾他们吗？

二、复习引导法

物理学科中各部分内容之间的逻辑联系是很紧密的,通过复习旧知识来学习新知识不失为一种好的新课导入方法。所谓复习引导法,就是在复习旧知识的基础上,提出与新内容有关的问题,激发学生对新知识的求知欲望,顺利地开展新课。

以《伏安法测电阻》为例,运用复习引导法导入新课。

同学们,在学习今天的课程之前我想问大家几个简单的小问题。一、有谁知道欧姆定律的数学表达式？二、它的变形式是怎样的呢？三、倘若电阻保持不变,那么导体中的电流与电压有什么关系呢？四、如果保持导体两端的电压不变,导体中的电流跟导体的电阻又有什么关系呢？给大家几分钟的时间进行小组讨论。(几分钟后请同学发言,老师在黑板上做记录)我们都知道导体的电阻是它本身的一种性质,与通过它的电流和它两端的电压都没有关系,但如果我们用欧姆定律数学表达式的变形式 $R=U/I$ 来计算的话,也是可以得到导体的电阻的。今天我们就来学习利用欧姆定律测量导体电阻的方法,即伏安法。

三、文史启迪法

(一)文学史料启迪法

文学是自然科学的基础。利用知识之间的联系,不难从一些文学史中寻找到物理现象、物理规律存在的痕迹。利用文史知识对物理课程进行新课导入,不仅能吸引学生的注意力,而且能培养学生的人文素养。当然,教师在教学过程中对史料的运用应是有选择的,而不是随意卖弄。

下面以《机械运动》为例,应用文学史料启迪法导入新课。

毛泽东主席曾有诗云"坐地日行八万里,巡天遥看一千河"。同学们,在你们的身边有哪些物体是运动的?(设想学生会给出各种各样的答案,如行走着的人和动物、奔驰的列车、流淌的溪流等)又有哪些物体是静止的?(学生可能会列举建筑物、树木、黑板、家具等)你们所理解的静止的物体真的是一动不动吗?想想毛主席的诗句,有没有得到启发呢?同学们肯定很疑惑,那么带着这样的疑问,我们来进行今天的课程——机械运动。

(二)物理学史料启迪法

纵观中学物理课本所涉及物理知识,大多可以在物理学史中找到出处。因此,在讲授新课之前给学生讲述一些物理学发展过程中的轶闻趣事,不仅能吸引学生的注意力,而且能开拓学生的视野。

下面以《大气压强》为例,利用物理学史料启迪法进行新课导入。

17世纪50年代,格里克在德国马德堡做了著名的马德堡半球实验。他准备了2个空心的铜半球,将2个铜半球合在一起,抽去里面的空气。两边各用四匹马,让这方向相反的8匹马开始用力拉。但是,不管8匹马怎么用力,2个铜半球都紧紧地贴在一起。随着实验的进行,两边的马匹数量不断地增加。最后,格里克用了16匹强壮的马向两边使劲地拉,才将2个半球分开。这是一次填补物理学史空白的伟大实验,同学们想知道这是为什么吗?

四、联系实际法

自然界、生活中有很多令人叹为观止的物理现象。作为一名中学物理教师,应密切关注自然现象、联系生活实际,在教学过程中与学生交流分析,从而培养学生的人文情怀。

下面以《焦点》为例,简单介绍如何在教学中使用联系实际法进行新课导入。

森林是神秘而又美好的存在。在这个美丽的世界里，树木茂盛，鸟语花香。对森林而言，对它们威胁最大的并不是旱灾水灾，而是可怕的火灾。森林一旦遭受火灾，生长在森林里的树木和动物都将难逃一死。同学们一定很费解，人迹罕至的原始森林是怎样发生火灾的呢？你们肯定想不到这神秘的纵火者就是带给我们光明和温暖的太阳吧。那么，太阳又是怎样引起森林大火的呢？让我们带着这个问题进入今天的学习来探探究竟吧。

五、实验法

物理是一门以实验为基础的学科，学生对物理概念的学习和物理规律的理解都应建立在观察到的物理现象上。教师利用教学仪器演示实验或者让学生自己动手进行实验探究，都能帮助学生记忆、理解物理概念和物理规律。

以《摩擦起电》为例，运用实验法导入新课。

演示实验：分别用没有摩擦和摩擦过的梳子靠近从塑料瓶中流出的细小水流，让学生对比观察两者的现象。教师可以将梳子在自己的头发上来回摩擦进行实验。生活中还有很多这样的现象，同学们可以自己动手做做看。

探究实验：让学生利用塑料尺和碎纸屑自己动手进行试验（在学生进行试验的过程中，一定要强调第一次不摩擦塑料尺，第二次必须摩擦塑料尺）。在实验结束后先让学生自己总结观察到的物理现象，教师再进行补充从而进入新课。

六、游戏活动法

结合中学生好玩、好动的特点，教师完全可以在教学过程中寓教于乐，指导学生或者和学生一起做一些涉及物理知识的小游戏，这样更容易创造一个轻松愉快的学习环境，让学生在游戏中学习，在游戏中进步。

下面以《摩擦力》为例，运用游戏活动法导入新课。

在开始今天的课程之前,我想请两位男同学完成一个小游戏,有愿意的男生吗?(鼓励学生积极参加,然后选择两位体型差异较为明显、鞋底粗糙程度不同的男同学进行游戏)两个男同学请抓住木棍的两端进行拔河比赛,看看谁能获胜。其他同学注意观察两位男同学之间有什么区别。

七、设置疑问法

古人云"为学患无疑,疑则有进"。如果教师在授课的开始就采用设置疑问的方式导入新课,学生必将为了寻找答案而积极思考,认真参与到教学过程中来。

下面以《自由落体运动》为例,运用设置疑问法进行新课导入。

同学们看我手中的纸片和石块,当我松开手后会出现什么现象呢?(学生回答:会掉下来)没错,它们都会掉在地板上。那么,我的问题来了,纸片和石块哪个会先落在地上,还是一起落在地上?(学生回答:石块先落在地板上)为什么是石块先落在地板上呢?(学生回答:石块比纸片重)如果是这样的话,把纸片和石块绑在一起然后松开手又会怎样呢?(学生的答案不再统一)

教师因势利导,告诉学生"重的物体比轻的物体下落得快"这个前提就是错误的,并为学生讲述伽利略的"两个铁球同时落地"的伟大实验,从而顺利导入新课。

八、多媒体运用法

近年来,计算机的普及和发展可谓如日中天,多媒体技术也更加频繁地被应用到学生的学习中。在计算机技术的应用下,我们的课堂变得更加丰富多彩。利用多媒体运用法进行新课导入,无疑是顺应时代发展的必然结果。

以《物体的浮沉条件》为例,利用多媒体运用法导入新课。

同学们请看短片(提前设计、编辑一个短片,配以和谐的解说,短片中有轮船、潜水艇上浮下沉、气球、飞艇等浮力应用于实际生产生活中的画面)。看过这个短片后,你们知道这些物体是怎样实现上浮和下沉的吗?不知道也没关系,接下来这节课让我们一起来探索浮沉的奥秘吧。

第九章　物理基础概念教学中前概念转化研究

前概念,又叫前科学概念,在教学中泛指学生在新课教学之前,对所学知识的感性认识和了解。20世纪30年代左右,苏联心理学家与教育家维果茨基将概念划分成科学概念与日常概念。其中科学概念指经过专门教学或在科学实践活动中形成、掌握的概念。它反映的是事物发展的一般规律,如摩擦力、电场强度、电场力、电容等。而日常概念是由学生积累的一些感性认识与自我概括,是缺乏科学论证的经验产生的,这就导致日常概念中必然有一部分是与科学知识相悖的。

在个体与社会环境的相互作用下,我们每个人都在习得生活经验的同时,也获得了包含大量物理认知的生产、生活知识。但是由于这些物理知识本身的表象性以及与真正物理知识的差异,所以它们只是我们所具有的物理前概念,其带来的习惯性思维方式,将对学生在物理教学过程中对于某些物理概念的理解产生影响。总之,物理前概念是指在教师进行物理新课教学之前,学生对于将要学习的知识已存在的感性认识和了解。如果不能合理地利用学生正确的物理前概念,转变学生的错误前概念,最后将会使课堂的物理教学效果大打折扣。

第一节　物理前概念及相关理论概述

一、物理前概念及其特点

物理作为自然科学的一门重要学科,物理概念既有自身的特点又有一般概念的共性。物理概念是反映物理现象和物理过程本质属性的一种抽象,是在大量观察实验的基础上,运用逻辑思维方法,把一些事物共同的本质特征加以概括而形成的。物理前概念是指在物理新课教学前,学生对所学知识已有的感性认识和了解。它既可能对知识的学习产生促进作用,也可能阻碍学生对新知识的迁移。物理概念是在大量观察、实验与科学思维相结合的产物,具有定量的性质,如速度、温度、电荷量、电场强度、电容等。

物理前概念具有复杂性、顽固性、自发性、内隐性四个特点。①

复杂性:由于每个学生的生活环境不同,而不同的生活经验使学生具有不同的知识经验和思维方式,这就导致相同年龄阶段的学生对相同的物理问题也可能有不同形式的前概念。比如通过对学生的访谈,学生对同一问题的回答常常令人惊讶。

顽固性:在教学实践中我们发现,有时即使教师提出与学生前概念相矛盾的事例,学生有时仍然会寻找理由来维护自己的错误观点。

自发性:心理学家认为,个体有两种学习概念的方式,其中最常见的一种是个体根据生活的经验自发归纳出一类事物的共同属性,进而获得概念,即概念形成;另一种则是在教师引导,向学生揭示概念的若干关键特征,启发学生运用自己原有认知结构中的有关概念来与新知识概念发生联系,从而使学生掌握新概念,即概念同化。而学生的前概念是由第一种方式习得的,也就是说,只要学生有观察、感知相关生活现象的机会,他们就会自发形成一些概念,并且这些自发形成的前概念并非个别学生所独有。从物理学的发展史来看,包括亚里士多德、伽利略等学者,他们也曾有过类似的错误认识,例如认为物体的惯性是一种力。

内隐性:前概念是在学生头脑中潜移默化地形成的,它们平时并不表现出来。然而在进行相关知识学习时,这些前概念便会发生作用,并且帮助或者干扰学生建立科学概念。

二、前概念相关理论分析

(一)皮亚杰发生认识论

20世纪最具影响力的心理学家皮亚杰所研究的核心内容是儿童认知

---

① 江昕,苏纪玲.初中生物理前概念调查[J].教育研究与实验,2007(02):64-66.

能力的发展，尤其是探究儿童的数理逻辑能力是如何形成与发展的。皮亚杰的理论框架被称为"发生认识论"。皮亚杰用图示这一概念阐述自己的这一理论，他认为这一过程就是个体在同化和顺应的过程中调整图式进而对环境做出反应。[①]其中图示又被称作认知结构或心理结构，它是个体支配行动的心理模式。同化是指学生在进行新知识的学习时，将新知识添加到原有的图示中，从而扩宽知识外延的过程。而如果新的知识不能融入原有的认知结构中，个体就要创造出新的图示或对原有的图示进行修正，这个认知过程叫作顺应。并且同化和顺应之间总要维持一定的均衡协调关系，也称为平衡关系。[②]所以，学生的认知过程可以解释为，当学生学习新知识时，受到问题情境的刺激时，假如认知过程表现为不平衡状态，学生就会将新知识同化到原有的认知结构中，如果同化成功，使认知过程重新达到新的平衡状态。假如学生不能同化这一新知识，学生就要修改旧图示，或者建立一个新的图示使其可以与新的知识匹配。皮亚杰的发生认识理论使我们认识到，在教学过程中，教师应当不断制造问题情境进而引发学生的认知冲突，使学生的认知发生失衡。处于认知失衡状态下的学生，会试图通过原有图示解释冲突的情景，进而采取同化和顺应的方式，使认知达到新的平衡。[③]这样教师就能帮助与引导学生建构已有图示，或者建构新图示以解决更为复杂的问题。同时皮亚杰的发生认识论对概念转变具有重要意义，它是概念转变的基础。

（二）奥苏泊尔的学习理论

美国著名的教育心理学家奥苏泊尔根据学习者是否真正理解所学知识而将学习分为机械学习和有意义学习。[④]通常机械学习指的是传统教学上的照本宣科与死记硬背。而有意义的学习则是指使学习新知识变得更有意义，使新知识与原有认知结构中已有的图示建立实质性非人为的联系。这就要求

---

① 王雯雯. 高中物理摩擦力前概念及其转变的研究[D]. 大连：辽宁师范大学，2012.
② 夏海宁. 前概念对物理概念学习的影响及其转化策略的研究[D]. 大连：辽宁师范大学，2011.
③ 陈晓瑜. 高中物理牛顿第一定律相关概念教学研究[D]. 成都：四川师范大学，2010.
④ 吕付丽. 高中物理牛顿运动定律中"前概念"的实践研究[D]. 呼和浩特：内蒙古师范大学，2010.

在教学过程中,教师要按照符合学习内容的内在逻辑顺序进行组织和安排教学活动。

从教学的角度看,奥苏泊尔认为,学生认知结构中先前的知识假如可以利用,就为学习新知识提供了"落脚点"。在此基础上,奥苏泊尔根据旧知识与即将学习的新知识之间的包含关系,将新知识的学习分为三种模式:上位学习、下位学习、组合学习。上位学习是指学习了概括性较高的新概念,而原先的概念从属于这一新概念,新知识便与认知结构中的旧知识发生了上位关系。比如,学生认知结构中已存在运动学和力学等相关概念,那么学习圆周运动、洛仑兹力就是一种上位学习。下位学习与上位学习的包含关系正好相反,它指的是学生已有的知识或概念包含将要习得的概念。因此在教学过程中如果学生学过高度概括性的知识,教师要引导学生复习原有认知结构中的已有知识,同时还要充分利用各种现代化物理资源给学生提供带有趣味性的物理实例或者相关的物理前沿知识,开拓学生的视野,从而使学生全面系统地掌握知识。组合学习是指新旧知识的关系是并列组合在一起的。比如,人教版《高中物理必修一》中前两章分别是运动的描述和匀变速直线运动,前两章是运动学范畴,第三章则是物体间的相互作用,这属于力学范畴。当学生学习相互作用的有关概念时,在原有认知结构中找不到与新概念存在包含和被包含关系的相关的前概念。这时它们就是一种组合关系,这就需要教师引导学生在新旧知识之间建立起实质性的联系,不断运用同化和顺应,使学生的认知结构变得更加完善。

奥苏泊尔认为,传统教学方式是使学生对所学知识进行机械学习的主要原因之一,这是因为在学生还没有具备固定作用的先前知识时,教师就要求他们学习新的内容。由于学生已有知识和原有认知结构中缺乏与新知识建立联系的相关概念,使教材的内容难以被学生真正理解,从而使学生的学习失去意义。所以在进行相应的教学活动前,作为引导者与帮助者的教师应该分析学生是否已具备学习该内容所需要的原有知识。如果学生连接新学知识的原有认知概念,在开始教学活动之前,教师要先向学生提供若干具有引导性质的学习材料。这种先于某个学习任务本身呈现的引导性学习材料,奥苏泊尔称之为先行组织者(Advanced organizer)。它是一道桥梁,架设在学习者已有知识与需要学习的新内容之间,从而使学生能更有效地同化、理解新学习的内容。

综上所述,奥苏泊尔的认知同化理论强调的是学生认知结构中科学的前概念对学习具有积极的促进作用,但是奥苏泊尔却忽略了认知结构中错误的前概念会对新概念的学习产生负迁移作用。这就要求教师要善于发现学生的认知结构中科学的先前观念,利用新旧知识之间的逻辑关系,帮助学生建构和重组认知体系。同时如果先前概念是不科学或者错误的前概念,那么作为引导者与促进者的教师应该及时发觉错误的,进而采取有效的教学策略,引导学生将错误前概念转化为科学概念,从而为将新知识纳入被改造的认知结构穿针引线。

(三)概念转化理论

概念转化学习理论是于泰森、杜伊特、波斯纳等教育研究者以认知心理学为基础进行的对概念转化策略的研究。他们经过大量的科学研究分析发现,前概念顽固地存在于个体的认知结构之中,并且具有隐蔽性。[1]通过深入的研究,发现学生头脑中的这些前概念有的是低层次的、未经科学理论规范化的质朴概念,有的则是与科学概念相反的错误前概念。并且前概念的产生原因非常广泛,例如,生活语言上的错误、不实的感觉经验和大众媒体的误导等。同时正确概念的输入并不能自动地、立即地纠正学生已有的根深蒂固的错误前概念,即在解决实际生活问题时,学生依然会信奉自己已有的认知结构指导自己的行为。因此如果错误的前概念得不到不及时纠正,它就会影响后续教学顺利甚至有效进行。所以说,在教学中,教师必须重视和保证学生概念的顺利转化。

概念转化策略可以分为两类。第一类策略是针对没有经过科学规范的低层次的质朴概念。基于质朴概念本身的特点,与之相对的概念转化策略重点放在对原有知识的补充和扩展上,其中知识的补充有两个方面的内容:首先,从横向上看,应该体现内容的延伸和删减。其次,从纵向上看,应该体现对相关概念的整理和归纳。也就是说,这一类概念转化策略就是对原有的知

---

[1] 陈庆军,吴能平. 物理前概念研究,对构建科学概念的启示[J]. 物理教师,2011,32(5):9-11.

识进行延伸和扩展,使学生的认知结构得以发展,因此可以称之为概念发展策略。

第二类策略则针对学生的错误前概念,由于这类概念是与科学概念相反的,因此对于这类概念的转化应该以营造认知冲突和解决认知冲突为主要手段,将学生错误的知识进行扭转,对学生的认知结构进行改造与重构,因此可以称之为概念扭转策略。例如有意义的学习就是一种促进学生进行概念转化的过程,学生在进入教室学习相关知识之前,其实由于自身的生活经验、自发习得或课外途径已经积累了不少前概念,形成了固有的思维方式。学生进行有意义的学习过程中教师需要注意两点:首先,当新知识与学生已有的认知冲突不大时,教师要引导、帮助学生建立起新旧知识之间的桥梁,并使学生对新知识进行延伸以及分类等,即同化。其次,当新知识与学生已有的知识结构相矛盾时,教师要创设问题情境,使学生产生强烈的认知冲突,并帮助学生比较、辨别,承认新知识的合理性,进而对其错误的前概念进行扭转,解决认知冲突,完成对认知结构的改造和重构,即顺应。在有意义学习中为了帮助学生完成顺应这一过程,一种有效的策略就是"充分激发学生的认知冲突",即教师采用多种手段让学生将自己的原有认知暴露出来,引导其发现矛盾,进而形成认知冲突,进一步发现问题、解决问题,形成新认知。在这里需要注意的是,认知冲突可能有不同来源,通过归纳可以将其分为四类。首先,利用不同学生对同一事件、同一问题情景的不同认识。其次,利用同一位学生解释同类的不同事件观点的不一致。再次,创设问题情境,使学生根据自己的原有认识进行分析,且结果与事实不符。最后,教师可以直接展示与学生原有认识相矛盾的新观点,并引导学生进行分析,找出自己原有的认知结构中存在的不足,同时也使学生产生解决问题的欲望,[①]并进一步自觉地检讨自己的认知结构,形成新的、更加完善的认知结构。

三、物理前概念对教学的影响

从20世纪70年代开始,关于学生物理错误前概念的形成以及转变的研

[①] 刘爱超. 认知冲突策略在高中物理概念教学中的实践研究[D]. 石家庄:河北师范大学,2016.

究开始成为物理教育者的关注重点之一。图9-1为整理的物理前概念对教学的影响。

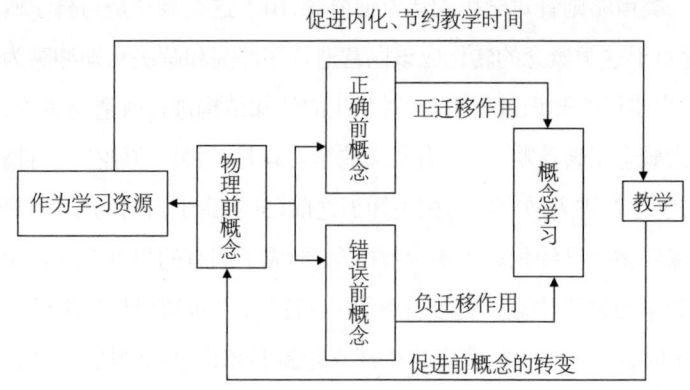

图9-1 物理前概念对教学的影响

(一)物理前概念对物理教学的积极意义

如图9-1所示,正确的物理前概念对于新知识的学习具有正迁移作用,是物理学习的良好基础,可视为学习的资源,能使学生较快地内化新的物理知识。例如,学生学习过质点的定义,那么对于点电荷学习就会起到促进作用;学习过力的相互作用,那么对于库仑力的合成就会起到促进作用;学习过万有引力定律,那么对于库仑定律的理解就会起到促进作用;学习过重力做功的特点,那么对于静电力做功的特点,学生就会通过类比,促进静电场做功这部分知识的学习,并提高学生的学习兴趣。因此,可以把物理前概念对物理教学的积极意义归纳为两点:促进新概念的内化和提高学生学习物理的兴趣。

(二)物理前概念对物理教学的消极影响

如图9-1所示,学生的头脑中不但存在正确的物理前概念,同时也存在着大量的错误物理前概念,由于错误物理前概念是与科学概念相悖的,这些错误的前概念若得不到及时纠正会变成学生学习的障碍,将对物理新知识的同化和顺应产生负面的影响,即对新知识的学习产生负迁移作用,并进一步让学生觉得物理难学、难懂,影响学习物理的热情。例如,学生头脑中有"接触带电后电荷均匀地分布在带电体的内外表面""认为库仑力与距离成一次反比关系""电场强度与带电体所受的电场力成正比""电场线是带电粒子的运动轨迹"等错误观念,假如教师忽略了学生的这些错误观念,不但会影响学生的学习兴趣,而且最后的教学效果也将大打折扣。

第二节 物理前概念产生的原因及转化教学策略

一、物理前概念产生的原因

研究表明,前概念产生的原因可以归结为两个层面,即客观原因和主观原因,如图9-2所示,其中客观原因主要表现为概念内容本身的抽象性,而主观原因又表现为三个层面,即学生的日常生活经验、知识的迁移和对数学公式的类比。

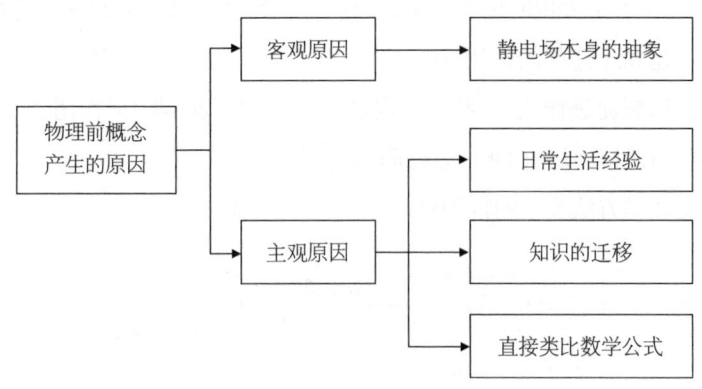

图9-2 前概念产生的原因

(一)物理前概念产生的客观原因

物理前概念产生的客观原因主要由概念本身的抽象性所致。例如,在高中物理中,电场、电场强度、电势能、电势等概念都很抽象,并且学生在日常生活中很少看到与感受到。这就导致学生不能对这些概念形成本质认识。还有学生认为电场线是真实存在的,电场线就与电场本身具有等效性。如果将带电粒子放入电场中,带电粒子的运动轨迹与所画出的电场线相同,点电荷周围没画电场线的地方就代表电场不存在等。

(二)前概念产生的主观原因

1. 日常生活经验

学生通过从事大量的与社会生活、生产相关的活动,会自觉或不自觉地总结、归纳出自己对某些物理现象的认识,但是由于这些认识的产生并没有经过严密的科学论证,必然导致其中一些认识是不太全面甚至错误的。例如,认为电荷量可以无限小,认为电势差与电场力做功无关,认为在匀强电场中电场力相同等。

2. 知识的迁移

心理学把已有知识对后续学习活动的影响或后续学习活动对先前学习的作用称为知识的迁移,①并且知识的正迁移可以促进新知识的学习,而知识的负迁移产生的原因是由于学生对物理概念的本质意义、条件和应用范围的认识不清楚,学生往往只关注到知识之间的共同要素,而忽视了它们之间的差别与内在联系,从而阻碍学生对新知识的学习。由于学生在学习静电场之前,已经学习了大量的物理知识,形成了大量的前概念,它们有些会对新知识的学习起到正迁移的作用,比如学生学习过质点的定义,那么对于点电荷学习就会起到促进作用;有些则会对新知识的学习起到阻碍作用,比如当学生将摩擦力迁移到静电力时,就会阻碍学习。

3. 用数学方法表示的物理量对前概念的影响

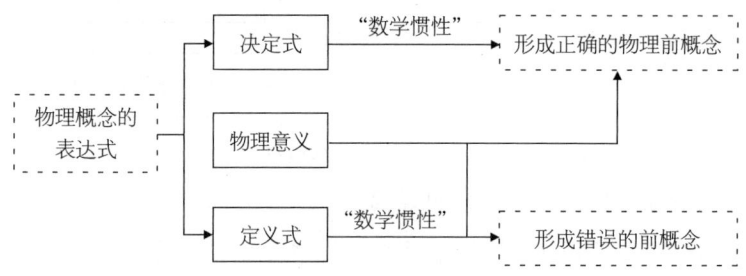

图 9-3 "数学惯性"对于高中生前概念的影响

学生由于从小学就开始接受数学教育,这就导致学生在思考物理问题时常常有"数学惯性",即常常以数学的关系来理解物理概念,而忽略了物理概念的本质意义。有时学生会直接将物理公式等同于数学公式,这将会导致学生形成错误的前概念,而这些错误的前概念将会阻碍新知识的习得,比如在学习电场时,很多学生认为电场强度的大小与放入其中的电

---

① 刘亚. 刍议高中物理教学中知识逆向迁移[J]. 考试周刊, 2011(14):175-176.

荷量的大小有关。再比如,关于电容的表达式 C=Q/U,学生会认为 C 正比于 1/U 和 Q,忽视了该表达式是定义式,而不是决定式;对库仑定律定义式理解时会认为 r 趋于 0 时,F 会趋于无穷大,忽视了物理概念的应用范围。

二、物理前概念转化的教学策略

(一)深入全面地了解学生的前概念

如图 9-1 所示,无论是对于正确的物理前概念还是错误的物理前概念,要将其作为教学资源,一个首要前提就是要求教师在正式进行教学活动之前通过各种方式,例如对学生访谈、问卷调查、分组讨论等发现学生脑中存在的与新知识相关的物理前概念,从而对学生带入课堂的前概念有足够深的了解和认识。只有对学生的相关物理前概念有足够的认识,才能为后续物理前概念的利用与转变提供良好的基础。

(二)利用正确的物理前概念培养学生的推理类比能力

在新课教学开始之前,教师应该引导学生复习旧知识并抓住新旧知识的连接点,并不失时机地进行启发、诱导与点拨,使本节知识与原有知识发生非人为的合乎逻辑的联系,进而实现知识的转移。利用正确的物理前概念进行新课教学时,教师要善于启发、引导学生,创设双边活动,激发出学生的探究欲,发挥学生的创造力,引导学生进行独立思考,主动地发现和掌握知识。比如对于点电荷这一物理概念,由于之前学生对质点的概念有着明确的认识,所以我们可以充分地利用学生对点电荷已有的前概念进行新课教学,培养学生的类比推理能力,教师可以设计这样的场景:首先,引导学生复习点电荷的定义、特点与物理意义。其次,让同学思考在研究库仑力时,能否也将其视为一个有电荷量而没有形状的点,即将其同样建立成为一个物理模型,并思考这样类比有何优点。再次,教师可以通过引导学生复习重力做功和重力势能之间的联系,进而让学生通过类比推理猜想电场力做功与电势能之间的联系。通过这样的引导类比,一方面可以提高学生的学习兴趣,另一方面也可以利用学生正确的物理前概念促进新知识的学习,提升课堂教学的效率。

在教学中利用学生正确的前概念采用启发式教学,充分发挥教师的主导作用,培养学生的类比推理能力。①

关于启发式教学的步骤可以归纳为下图:

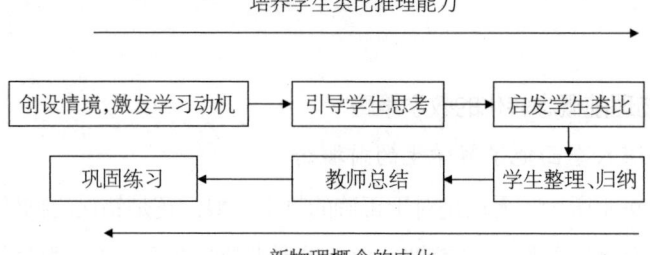

图 9-4 静电场物理前概念启发式教学流程图

在教学中利用学生正确的前概念,采用科学探究教学模式,激发学生的好奇心与求知欲,培养学生的类比推理能力。

探究式教学法的关注点是教师引导下的学生对于知识的自我建构,并在这一过程中使学生习得探究物理问题的常用方法与步骤,培养学生的探究意识。关于探究式教学的步骤,可以归纳为图 9-5。

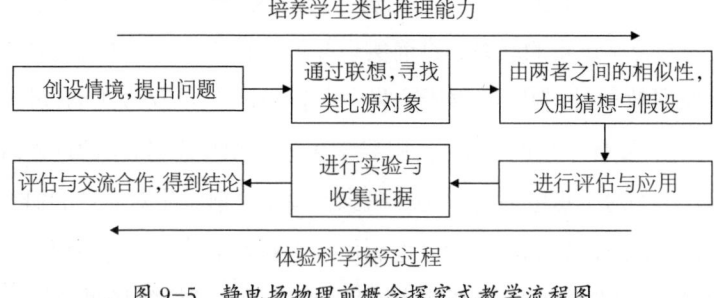

图 9-5 静电场物理前概念探究式教学流程图

(三)利用错误的物理前概念强化新概念

学生存在的错误前概念虽然会阻碍学生对于新知识的学习,但从辩证的角度看,错误的前概念同样也可以作为一种教学资源,即不可否认的是就某一物理概念,当我们将学生的错误前概念与正确概念情景同时呈现给学生时,更能引发学生的认知冲突,并通过一定的教学程序使学生更好地完成新

---

① 吴翊. 启发式教学再认识[J]. 中国大学教学,2011(1):10.

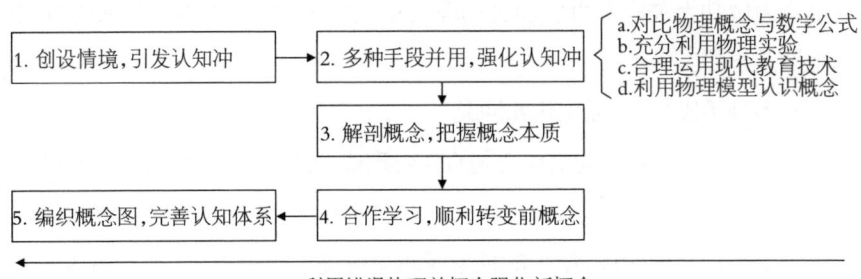

图 9-6 静电场错误物理前概念教学流程图

概念的内化。

1. 创设情境,引发认知冲突

根据心理学家皮亚杰的观点,当学生学习新知识时,总是试图使用自己原有的认知结构同化新学习的内容,并且当学生已有的图式能顺利地帮助理解新知识时,就可以自然而然地完成对新知识的吸收,当学生已有的图式不能正确地对新的现象做出解释,就会导致学生产生认知冲突。并且学生的认知冲突一旦出现,学生学习的兴趣和积极性就会被充分激发出来,从而使学生更加积极主动地投入到学习情景之中,这将会为学生顺利地完成新知识的同化和顺应奠定良好的基础。通过前面的研究,引发学生认知冲突的有效手段之一就是利用学生错误概念与真实物理概念间的矛盾创设问题情境,这样做的好处是显而易见的:首先可以激发学生以高昂的热情和主动探索知识的兴趣学习新知识,其次可以使学生将关注点放在寻找错误前概念和科学概念之间的矛盾所在,从而提升课堂的教学效果。具体来说就是教师借助一定的手段创设能使学生感到困惑并产生认知冲突的问题情境,从而使学生的认知冲突充分地表现出来,给学生以强烈的感官刺激,并使之与错误的前概念形成鲜明的对比,此时学生就会对自己已有的前概念进行反思,在学生进行对比前概念和科学概念之间的异同点的过程中,引导学生找到矛盾存在的根源,使学生从根本上认识到自己原有观念的错误,引起认知结构的不平衡,进而完成对原有认知结构的调整,最后通过调整学生原有的认知结构,使新知识成功地被学生内化。例如,学生认为在接触带电过程中接触后电荷均匀分布于导体内外表面,认为电荷量可以是任意值,认为电势差与电场力做功无关等都可以通过物理实验,激发学生的学习热情,使学生顺利地展开学习。

2. 多种手段并用,强化认知冲突

当学生体会到自己的前概念与真实物理概念之间存在冲突,此时教师并不宜直接开始后续的教学,而应该采用多种手段,对认知冲突进行强化。这是因为虽然在高中阶段,学生的抽象逻辑思维能力迅速发展,并开始居于非常重要的位置,但是学生抽象思维发展得并不完善,还需要一定的感性认识为基础,当离开具体事物的支持,学生的学习就会大打折扣。因此,采用多种手段,对学生的认知冲突进行强化,使学生产生丰富的感性认识就显得十分必要。

第一,对比物理概念与数学公式。由于物理学科与数学学科这两个学科之间有联系但也有区别,所以在学习物理概念之时,尤其是对其表达式进行理解时,必须要把握它的物理意义而不是简单地将其看作一个数学公式。但是因为学生从小就与数学打交道,在学生活动的过程中也发现了很多的物理现象用数学公式也可以加以说明,这就导致学生在数学公式与新概念的类比过程中,会忽略物理概念表达式所包含的物理意义与适用条件,并进一步导致学生得出错误的结论。例如,假若学生忽略了概念的物理意义与使用条件,就会认为电场强度与试探电荷的电荷量和受力大小有关,认为物体的电容和所带电荷量成正比,而与电压成反比,因此在教学中教师要注意学生在这方面存在的误区,使其充分理解物理概念与其数学表达式之间的联系与区别,并明确物理概念数学表达式的适用条件,从而使学生更好地将所学知识内化。

第二,充分利用物理实验。由于学生的前概念是受生活经验的长期影响产生的,因此要想改变学生的错误前概念就需要形象鲜明的刺激,以便激起学生的认知冲突,而利用实验现象和实验结论正好符合这样的要求。因此,可以运用物理实验激起学生对错误前概念的质疑和反思,推动学生科学概念的形成和完善。这里需要注意的是在教学过程中,教师不但要注重教材上的实验,而且要设计、开发针对学生的错误认识的实验。例如在学习电容、电荷量与电压之间的关系这节内容时,可以通过实验使学生明确电容是物体的本质属性,进而意识到错误前概念与正确概念之间的区别,增强学生的辩证思维能力。

第三,合理运用现代教育技术。现代多媒体技术和不断充实的网络资源,为物理概念教学提供了很大便捷。这是因为物理上的许多规律或结论是在理想化的情况下得出的,而在真实的课堂中可能不能做出来,比如在探究库仑力的大小随距离变化的规律时,可以通过学生分组实验,得到实验数据,在此基础上教师可以引导学生利用WPS对所得数据进行处理,运用表格软件收集数据,并自动对图像进行拟合,这样做的目的既节省了时间,又减少了人工作图带来的误差。

第四,利用物理模型认识概念。在日常的物理教学中,当研究某一物理现象时,由于其产生的原因受单一因素的影响很少见,大部分情况都要受到很多因素的影响,这就导致研究起来比较麻烦,并且其中有些因素对我们所研究的问题几乎没有影响或者影响不大,这时我们就可以有意识地忽略这些无关的因素,从而更加便捷地对科学的物理规律进行研究。对于错误前概念的教学,这样做的目的是使学生原有的观念被强烈地对比,并抛弃错误的前概念,形成科学概念。例如,在点电荷的电场这一节的教学过程中,学生根据实验中的现象会得到这样的结论,即试探电荷的电场会对场源电荷所形成的电场产生影响,其实学生们的观点并没有错,但这却对这节课的研究内容产生了阻碍。如何解决这一问题呢?笔者认为采用理想物理模型的方法可以很好地解决这一问题,具体来说就是让同一个试探电荷分别携带不同的电荷量,此时学生通过实验对比就会发现当试探电荷的电荷量越小时规律也越明显,然后引导同学们进行猜想,当撤去试探电荷后场源电荷在此处还能否激发电场,在这种情况下学生很快就会得出结论。

3. 解剖概念,把握概念本质

在概念教学中,教师和学生要充分重视概念的表述,因为很多时候学生对于概念的错误认识往往缘于对概念表述中的某些词语的片面或错误理解,这就要求教师在讲解一些概念时,要注重对于该概念进行合理的解剖,让学生意识到该概念的本质特征,从而使学生掌握并理解这个概念的内涵和外延。其中物理概念的内涵是指物理概念所表现出的本质物理属性；物理概念的外延是指对物理概念的延伸。例如，在学习电容的定义式时，学生可能会认为电容与电压和电荷量有关，此时教师要进行正确的引导，使学生把握电容这一概念的本质特征。学习电势能的概念时，要引导学生类比重力势能的大小以及参考平面关系，帮助学生理解其内涵与外延。也就是说教师在进行物理概念学习时，要善于细致地引导学生分析概念的内涵和外延，使学生领会概念的本质。

具体来说，在教学中只有做到以下三点才能使学生抓住物理概念的本质：首先，引导学生逐字逐句地理解概念。例如在库仑定律的教学中，教师要抓住关键词，一字一句地进行讲解。其次，剖析词语含义。在电场强度概念的教学过程中，对于概念表述中的"方向"这个词应该进行剖析，使学生明确电场中某点的电场强度的方向与正电荷在该点所受的电场力的方向一致，从而避免由于学生理解上的问题而产生新的错误前概念。最后，强调关键词，从而对概念进行浓缩，以实例来加深学生的理解。在学习点电荷的相互作用这一节内容时，学生在理解定律的内容后，为了加深学生的理解，我们可以让学生总结同种电荷相互排斥、异种电荷相互吸引这一规律与所学内容的关系，这样做的目的是通过对关键字的总结，使学生理解得更形象、更具体。

4. 合作学习，顺利转变前概念

每个人的生活环境和知识背景都有很大差别，这就导致对于同一问题，不同学生的理解都是不同的，而他们给出的答案更会千差万别。同时由于每个学生只能理解某一事物的一个或若干个方面，这就要求教师在教学过程中要使学生看到那些与自己不同的理解，看到事物其他的特征，其中一个行之有效的方法就是在教学过程中根据具体的情况采用合作学习的教学方法。合作学习是一种旨在通过个体在异质小组的合作交流来完成共同的学习目标，并将小组的总体成绩或平均成绩作为奖励依据的教学方法。合作学习最主要优势是可以克服学生个体认知系统的局限，有助于学生科学的物理概念的形成，并且在集体讨论与交流的过程中还可以帮助学生形成积极、主动的学习态度，使学生的各种观点和想法都能得到充分的展示。通过生生间的讨论交流，可以使学生认识到自己与组内同学对事物的认识的异同，进而使学生在发现自己的观点和别人的观点不同时,重新审视自己观点的科学性,并对自己的观点产生质疑,当发现自己观点的缺陷时,学生就会积极主动地调整自己已有的认知结构,改变自己的错误观点,完成对于所学新知识的真正内化。例如,在学习电势差与电场力做功时,当学习完电场力做功的特点和电势差的知识点后,教师可以抛出一个问题:电势差与电场力做功之间有无联系?让学生通过分组讨论、合作交流,找出实例证明自己的观点。经过一段时间的讨论、交流,大部分同学都能意识到电势差与电场力做功存在联系。

5. 编织概念图,完善认知体系

概念图这一概念最早是由美国心理学家 Novak 教授于 1984 年在《学习如何学习》中提出来的。所谓概念图,就是将某个主题的概念及其关系以图形化表示,是用来组织和表征知识的工具。[①]归纳起来,概念图由节点、连线、层次、命题等要素组成,其中的节点表示的就是我们所说的概念,而连线的作用用于表述不同概念之间的相互关系,层次描述的是不同概念所处的不同水平,所以概念图不但可以帮助教师准确把握学生存在的物理前概念,使教师进行有针对性的教学,而且有利于学生理解各个概念之间的关系,并且引导学生自己动手绘制概念图,学生就会积极、主动地整合本节乃至本章所学习的各个知识点,并对其中自己有问题的点反复推敲,直到完全弄明白为止。综上所述,我们可以发现学生绘制概念图的过程也是学生对物理问题理解进一步深化的过程。例如,在库仑定律这一节课的教学中,学生受生活经验影响存在很多前概念,教师可以引导同学们先制作一个完整的概念图,然后教师再从这个完整的概念图中删除某些节点或连线,再要求学生补充完整,因为该概念图给出的都是正确的概念与关系,所以学生在填写的过程中思维也会受到启发,进而使学生快速地转变错误认识。

---

① 赖树生. 概念图在高中物理教学中的应用[D]. 呼和浩特:内蒙古师范大学,2007.

第三节 物理前概念转变教学案例

一、库仑定律教学设计

题目	库仑定律教学设计
教材分析	本节课的内容都是围绕是库仑定律展开,它既是学习后继内容,例如电场强度的基础,同时又是学生第一次接触场这一物理概念。从知识层面上看,本节主要研究真空中两个点电荷力的规律,即库仑定律;从方法层面上看,培养学生体会并学习物理学中的常用研究方法,比如控制变量法,理想化模型的方法
学情分析	学生在前一节已经学习了电荷及守恒定律,知道了使物体起电的几种方法,且在这一过程中,系统的电荷是守恒的。学生在初中对于"同种电荷相互排斥与异种电荷相互吸引"有一定的感性认识。所以,教师提出"我们今天来研究电荷之间的相互作用力如何计算"这一问题,很容易激发学生的学习主动性与学习热情。同时由于学生在必修二中已经学习了万有引力定律,对于过卡文迪许扭秤的实验原理与设计,这些都可以应用于本节知识的教学
教学目标	1. 知识目标:理解点电荷的概念,明确库仑定律的内容与适用条件,能运用库仑定律解决一些问题 2. 方法目标:通过点电荷的教学过程培养学生运用类比的方法建立简化抽象物理模型的能力,通过库仑定律的实验设计与操作使学生体会控制变量法这一科学研究方法 3. 情感目标:通过对库仑定律建立的回顾,以及相关物理史实的介绍,培养学生的科学素养,认识类比的方法在现实生活中的广泛应用
教学重点难点	教学重点: 1. 学生会用库仑定律计算真空中两个点电荷之间的静电力 2. 让学生初步掌握一些研究物理问题的基本方法 教学难点: 静电实验的操作和对实验现象有分析归纳
教学方法	探究式教学

续表

教学过程	教师活动	学生活动	设计意图
创设情境，提出问题	当研究带电体的性质时，由于其都有质量、大小与形状，那么如何才能使研究带电体问题变得简单，可以如何进行理想化？	学生思考讨论并回答，教师对于学生表述不完整的地方进行补充	加深对物理问题中理想模型的建立与理解
联想，寻找类比对象	力学中"质点"的含意是什么？ 提问：1687年牛顿有什么发现？万有引力定律描述的是什么物理规律？	学生思考： 1. 质点：相对于研究的过程，如果物体的大小和形状可以忽略，而突出质量这一本质属性，把物体认为是一个有质量的点 2. 物体可以看作质点的条件：物体的形状、大小、体积对所研究的问题的影响可以忽略不计 内容：任何两个物体都能够相互吸引，引力的大小与两物体的质量成正比，与距离的平方成反比，引力的方向在在两个物体的连线上 公式： $$F=G\frac{m_1 m_2}{r^2}$$ 公式的适用条件： (1)理想情况 两个质点间引力大小的计算 (2)实际情况 若两个物体间的距离远大于物体本身大小时，两个物体可看成质点，如太阳与行星间，地球与月球间	将学生的注意力引到本课的内容上

续表

教学过程	教师活动	学生活动	设计意图
猜想与假设	电荷之间的相互作用力是否也有类似的规律？	学生思考： 类比万有引力定律的表达式联想到电荷间的相互作用是否有类似的表达 学生猜想： 1. 两个点电荷间的作用力与电荷量乘积的大小成正比，与两者距离的平方成反比；方向在二者的连线上 2. 电荷间这种相互作用的电力的大小的可能表达式： $$F=k\frac{Q_1Q_2}{r^2}$$ (1)k 为常量，其单位是由公式中的 F、Q、r 的单位确定的，而且各物理量的单位必须是 F:N,Q:C,r:m (2)适用条件：真空，点电荷间的作用力	引发联想
评估与应用	演示实验：探究影响电荷间相互作用力的因素（教材1.2-1） 【视频】电荷间的相互作用力与电荷电量大小及它们之间距离的关系 启发思考的步骤： 1. 如何求出点电荷之间的相互作用力？	学生观察、讨论、分析 分析带电小球受几个力的作用，带电小球之间的相互作用力是如何求出的，从作用力表达式 F=mgtanα 中，分析根据偏转角的大小确定力的大小 学生会提出问题，这只能说明两电荷之间的作用力的定性关系，但还不足以说明作用力的大小与电荷电量乘积成正比，与它们距离的平方成反比	控制变量、将变量放大、将测量的物理量转移测量 培养学生严谨的分析态度

续表

教学过程	教师活动	学生活动	设计意图
评估与应用	2. 保持点电荷之间的距离不变,而改变两点电荷的电量大小,分析点电荷之间的作用力大小变化 3. 保持两点电荷之间的电量大小不变,而改变两点电荷之间的距离,分析点电荷之间的作用力大小变化 定性结论:电荷之间的作用力随着电荷量的增大而增大,随着距离的增大而减小		
进行实验与搜集证据	在必修中学生学习了万有引力定律,也接触过卡文迪许扭秤实验的设计,只要引导学生去思考,学生也会联想到库仑扭秤的设计思想与原理 【视频】库仑扭秤实验 1. 介绍库仑扭秤装置 （图：库仑扭秤装置，标注：旋钮、悬丝、固定金属球、吊在悬丝上的金属棒、活动金属球、金属棒平衡端、玻璃容器、刻度） 2. 介绍库仑扭秤原理 3. 思考如何制订实验方案 4. 搜集证据	学生活动: 回忆卡文迪许扭秤实验原理 （图：卡文迪许扭秤原理示意图） 1. 通过观察与对原理的理解,制订出实验的方案。主要是通过学生之间的相互讨论,制订出如何控制变量,得出相关的规律? 2. 实验方案:(控制变量法) (1) 控制电荷量 Q 不变,验证 F 与 r^2 的关系 (2) 控制带电小球之间的距离 r 不变,验证静电力 F 与电荷量 Q 的关系 思想方法:小量放大思想 3. 静电力 F 与电荷量 Q 的成正比,与距离 r^2 成反比	培养严谨的思维方式和实验技能

续表

教学过程	教师活动	学生活动	设计意图
交流合作，得到结论	教师引导： 1. 库仑定律(Coulomb law)的内容与表述中的关键词 2. 数学表达式： $$F=k\dfrac{Q_1Q_2}{r^2}$$ 式中 k 为比例常数，叫作静电力恒量 3. 库仑定律与万有引力定律尽管形式上相似，但是它们有什么区别？	理解库仑定律的表述，通过计算：假如两个电荷相距为 1m，它们所带的电荷量均为 1C，则它们之间的库仑力将是多少，从而体验 1C 的电荷量是多么大 学生讨论： (1)性质不同 (2)是在微观粒子的相互作用中，库仑力比万有引力要强得多 (3)库仑力可能是斥力也可能是引力，而万有引力只是引力	理解库仑定律的内容，明确电荷之间的相互作用力与万有引力的性质不同，理解 k 值的物理意义
课堂小结	引导学生总结本堂课所学的知识内容及研究方法	学生自主总结： 知识方面： 1. 点电荷是理想模型 2. 库仑定律的应用： (1)适用条件：真空中两个点电荷 (2)注意统一单位 3. 科学实验研究方法： (1)控制变量法 (2)将不易测量的物理量转移为易为测量的物理量 (3)将测量的物理量放大的方法	自主提升
巩固练习	1. 点电荷的理解 例题 1：下列关于点电荷的说法中，正确的是（　　） A. 体积大的带电体一定不是点电荷 B. 如果带电体间相互作用力的受其形状与大小的影响可忽略时，此时带电体可认为是点电荷 C. 点电荷就是体积足够小的电荷 D. 点电荷是电荷量和体积都很小的带电体	学生思考： 能否看成点电荷要依据所处的物理情境，当带电体的形状、大小等因素相对于研究问题可以忽略不计时，即可视为点电荷，故 B 选项正确	加深对知识的理解和掌握

续表

教学过程	教师活动	学生活动	设计意图
巩固练习	2. 库仑定律的理解 例题 2：关于库仑定律，以下说法中正确的是（　） A. 库仑定律适用于点电荷，点电荷其实就是体积很小的带电体 B. 库仑定律是实验定律 C. 库仑定律仅适用于静止电荷间的相互作用 D. 当两个点电荷间的距离非常非常小时，此时库仑力变为无穷大 3. 库仑定律的应用 例题 3：有甲乙两个点电荷，其相互作用的库仑力大小为 F，当甲的电荷量变为原来的 2 倍，并且甲乙间的距离同时变为原来的 2 倍，那么它们之间的库仑力变为（　） A.$\frac{F}{2}$　B.4F　C.2F　D.$\frac{F}{4}$ 4. 合力求解 例题 4：如图所示，在一条直线上的不同位置依次排列了三个点电荷，它们之间的距离分别为 L 和 2L，且三个点电荷所合力全部零，则三者的电荷量之比为（　） 　q_1　　q_2　　　　q_3 A.-9∶4∶-36　　B.9∶4∶36 C.-3∶2∶-6　　D.3∶2∶6	库仑定律是在大量的实验探究基础上总结出来的，与电荷的运动状态无关 例题 5：$F=k\dfrac{q_1q_2}{r^2}$ $F'=k\dfrac{2q_1q_2}{(2r)^2}=\dfrac{F}{2}$ 选 A 例题 6：本题可运用排除法解答，分别取三个电荷为研究对象，由于三个电荷只在静电力（库仑力）作用下保持平衡，所以这三个电荷不可能是同种电荷，这样可立即排除 B、D 选项，故正确选项只可能在 A、C 中，若选 q_2 为研究对象，由库仑定律可知： $k\dfrac{q_1q_2}{r^2}=k\dfrac{q_2q_3}{(2r)^2}$, 因而得 $q_3=4q_1$ 选项 A 恰好满足此关系，显然正确选项为 A	加深对知识的理解和掌握

续表

课后作业	教材问题与练习1、3、5.
板书设计	1-2 库仑定律 一、点电荷 1. 点电荷:一种理想的物理模型。当带电体的大小比相互作用的距离小很多时,带电体可视为点电荷 二、库仑定律 1. 内容:真空中静止的两个点电荷间的相互作用力与两者所带电荷量的乘积成及它们之间距离的二次方的倒数正比,并且这个力的方向在它们的连线上 2. 库仑定律表达式: $$F=k\frac{Q_1Q_2}{r^2}$$ 3. 适用条件:真空、点电荷间的相互作用 三、库仑定律实验 1. 实验方法:控制变量法 2. 实验思想:类比、小量放大

二、电容器的电容教学设计

题目	电容器的电容教学设计
教材分析	电容器是一种重要的电学元件,具有广泛地应用。在前几节学生已经学习了研究电容器所要涉及的电荷、电场强度、电势差等物理量。因此,本节课的核心内容是应用静电场的知识研究电容器的特性。如何培养学生应用所学知识解决新问题的能力,是本节的教学一个重要任务
学情分析	电容器在各种电子仪器中都有广泛的应用,但是学生对电容器并不熟悉,因此引入新课应从学生熟悉的物理情景入手,让学生首先直观、感性地了解电容器。本节学生又将学习高中阶段常用的比值法定义物理量,在这里学生可能由于存在错误的前概念,对电容这一概念产生错误的理解,认为电容与电荷量成正比,与电压成反比,对于学生存在的错误前概念,在本节课中可以通过创设情境,引发认知冲突,运用多种手段,进而利用学生错误前概念强化其对于电容这一新的物理概念的理解
教学目标	(一)知识与技能 1. 知道什么是电容器,知道电容器充电和放电时的能量转换 2. 理解电容器电容的定义式与决定式的关系,并能应用其进行有关的计算 (二)过程与方法 1. 通过关于电容的实验探究过程,理解并初步掌握:控制变量法这一常用的物理学研究方法 2. 能够利用互联网搜索学习新知识 (三)情感态度与价值观 体会电容器在实际生活中的广泛应用,培养学生探究新事物的兴趣

续表

教学重难点	教学重点:电容的理解 教学难点:影响平行板电容器电容大小的因素		
教学方法	讨论法、实验法		
教学过程	教师活动	学生活动	设计意图
创设情境,引入新课	科学家富兰克林于1752年在一个雷雨天,进行了著名的风筝实验。他在成功引下天电后做了实验,证明天电和摩擦产生的电是相同的 富兰克林在引下天电后是如何把这些电荷储存起来的? 电容器———一种重要的电学元件 实物展示 1. 教师用课件展示图片——内置闪光灯的相机、电脑等的线路板 2. 展示电容器实物,并拆分—纸质电容器	学生思考讨论并回答 学生利用互联网搜索:我们的日常生活中,那些电器用到了电容器? 学生汇报观察结果:该元件有两片锡箔(导体),中间是一层薄纸(绝缘)	通过故事引入新课,激发了学生的学习兴趣和求知欲
(一)电容器	给学生出示相距10cm的两金属板,平行相对放置,并提出思考问题: 这套装置能否构成一个电容器? 教师总结并教师板书: 1. 构造:任何两个彼此绝缘又相互靠近的导体都可以构成电容器 2. 作用:用来容纳(储存)电荷的装置	学生思考后回答:能,两金属板是导体,中间的空气是绝缘物体	将学生的注意力引到本课的内容上

续表

教学过程	教师活动	学生活动	设计意图
（一）电容器	3. 电容器的充放电 【教师演示】按图连接电路，提示学生注意观察实验现象：当 S 接 a 和接 b 时，观察电流表指针的偏转情况 教师用课件模拟电容器的充放电过程： （S 接 a） （S 接 b） 【教师点拨学生总结结论】 注意：电容器正极板所带的电荷量 Q 也叫电容器的电荷量 【问题讨论】独立思考后回答下题，可以看书寻找答案 有电流就有电流做功，会消耗能量，在充放电过程中能量如何转化的?	学生观察演示实验并思考问题，总结电容器充放电的规律： 【学生总结】当 S 接 a 时，电流表指针发生偏转 当 S 接 b 时，电流表指针反向偏转 观察动画，总结电容器的充放电规律 学生分组讨论并总结： 1. 把电容器的一个极板与电池组的正极相连，另一个极板与负极相连，两个极板将分别带上等量的异号电荷，这个过程叫充电 2. 将充电后电容器的两个极板分别用导线接通，导线中将有电流通过，此时两极板上的电荷发生中和，电容器所带电荷减少，这一过程叫放电 独立思考后回答下题，可以看书寻找答案 有电流就有电流做功，会消耗能量，在充放电过程中能量如何转化的? 学生思考后回答： 充电： 电源能量→电场能 放电： 电场能→其他形式能	使学生明确电容的物理意义，电容：反映电容器储存电荷的本领，用 C 来表示

续表

教学过程	教师活动	学生活动	设计意图
(二)电容	【自主探究】 对于电容器,其两极板间的电势差 U 与所带电荷量 Q 存在什么关系? 阅读教材第 29 页,自主学习有关电容的内容 【教师板书】 (1)概念:电容器所带的电荷量 Q 与两极板间电势差 U 的比值叫电容器的电容 (2)定义式:$C=\dfrac{Q}{U}$ (3)单位:法拉(简称法);符号 F $1\mu F=10^{-6}F,1pF=10^{-12}F$ (4)物理意义:表征电容器容纳(储存)电荷本领的物理量 【例题示范】 将一个平行板电容器的两极板分别接在电压是 6V 的电池组正负极,跟电池组负极相连的极板带的电荷量是$-6\times10^{-7}C$,则电容器的电容是多少?	学生自主探究:类比容器装水 先独立思考,然后再小组讨论回答 学生思考后回答:可用水量比深度来判断水杯存水的本领 理解电容的物理意义,即电容器容纳电荷的能力叫作电容 学生将板书内容整理并理解 答案:$1\times10^{-7}F$	通过类比使学生理解电容的概念及其与电压和所带电荷之间的关系
(三)平行板电容器的电容 (1.创设情境,引发认知冲突)	【教师板书】 (三)平行板电容器的电容 【教师提问】 通过前面的学习我们知道可用电容器所带电量与两板间电压的比值来描述电容器容纳电荷的本领,能否说 C 与 Q 成正比,与 U 成反比,C 的大小是由 Q、U 决定吗? 【实验验证】 1.定性实验:对于给定电容器,当极板所带电荷量 Q 变化时,其电容是否变化(以平行板电容器为例)?	学生思考后回答:C 可能由 Q、U 这些外界因素决定	

续表

教学过程	教师活动	学生活动	设计意图
(三)平行板电容器的电容(1. 创设情境,引发认知冲突)	(1)介绍静电计:(通过动画展示) (2)实验探究 保持极板上的其他条件不变,只改变平行板两极板的电荷量 （图：金属球、静电计） 现象: Q增大,偏角增大,则U增大 Q减小,偏角减小,则U减小 它们的比值也就是电容可能保持不变	【学生讨论并总结】 当极板所带电荷量Q增大时,极板间的电压也增大,当极板所带电荷量Q减小时,极板间的电压也减小,因此它们的比值也就是电容有可能保持不变	通过定性实验引发学生认知冲突
(三)平行板电容器的电容(2. 多种手段,强化认知冲突)	2. 定量实验(教师演示): 对于给定电容器,当极板所带电荷量Q变化时,其电容是否变化(以平行板电容器为例)? 如下图所示为实验电路图: （电路图：R、S、A、C、V） 实验原理:由公式Q=It知,电容器的电荷量可以通过充电的电流与其时间的乘积计算。在充电过程不断适当减小变阻器R的阻值,可使充电电流近似保持定值,每隔一段时间(10s)读一个电压值,两分钟就可获得足够数据	所测数据整理: | t/s	10	20	30	.
---	---	---	---	---
Q/C				.
U/V					 运用Excel将所得数据进行拟合,得到电容器电荷量与电压的关系。结果表明,数据的线性很好,图像非常好地表明电容是一定值,即Q与U成正比,并可计算出电容的大小	通过定量实验,培养学生的实验观察能力,强化学生已有的认知冲突

续表

教学过程	教师活动	学生活动	设计意图
(三)平行板电容器的电容(3.解剖概念,把握概念本质)	【教师提问】那么对于给定的电容器,例如平行板电容器,猜想其电容可能与什么因素有关,以及如何进行验证? 实验探究 此实验分通过控制变量法分别只改变正对面积 S、板间距离 d,两板间的介质 保持 Q 和 d 不变,S 越小,电势差 U 越大,表示电容 C 越小 保持 Q 和 S 不变,d 越大,电势差越大,表示电容 C 越小 插入电介质后,电势差 U 减小,电容 C 增大	学生回答:可能与极板面积 S、板间的距离 d,以及两板间物质有关系 【师生总结】采用控制变量法 【学生活动】阅读课本,了解几种电介质的介电常数	学生通过对实验结果的科学分析,得到答案 通过让学生的实验探究与合作交流,间接地体验控制变量法的优势

241

续表

教学过程	教师活动	学生活动	设计意图
(三)平行板电容器的电容(4.合作学习,顺利转变前概念)	【教师提问】通过前面的实验我们可以得到那些结论? 【教师板书】$C=\dfrac{\varepsilon_r S}{4\pi kd}$ 补充说明:当平行板电容器两极板之间是真空时,$C=\dfrac{S}{4\pi kd}$ 【合作学习】阅读课本认识常见电容器,了解它们的构造和特点	【学生小组交流讨论】平行板电容器的电容 C 与其相对介电常数成正比,跟正对面积成正比,与极板间的距离成反比 交流合作:利用互联网搜索学习电器中的可变电容器都有哪些呢?分别是什么原理呢? 明确电容器的重要参数: (1)击穿电压 (2)额定电压	自主提升,培养学生的合作精神
编织概念图,完善认知体系	教师引导学生对本节内容进行归纳,编制知识概念图	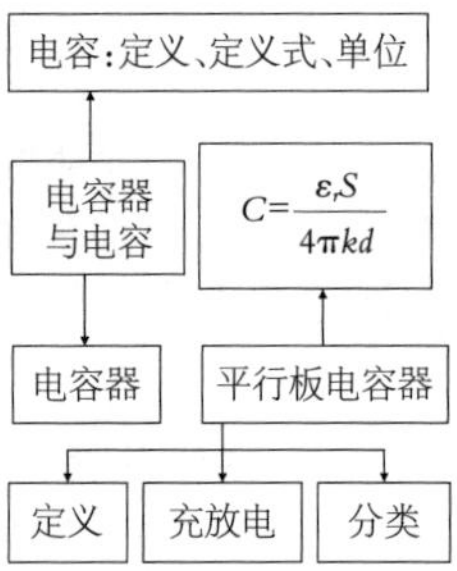 电容:定义、定义式、单位 电容器与电容 — $C=\dfrac{\varepsilon_r S}{4\pi kd}$ 电容器 — 平行板电容器 定义　充放电　分类	帮助学生完善知识体系,培养学生的归纳和分析能力
巩固练习	练习题:传感器可以把一些非电学的物理量通过处理转换成我们易于测量的电学常量物理。下图为四种电容式传感器,则下列选项中正确的是(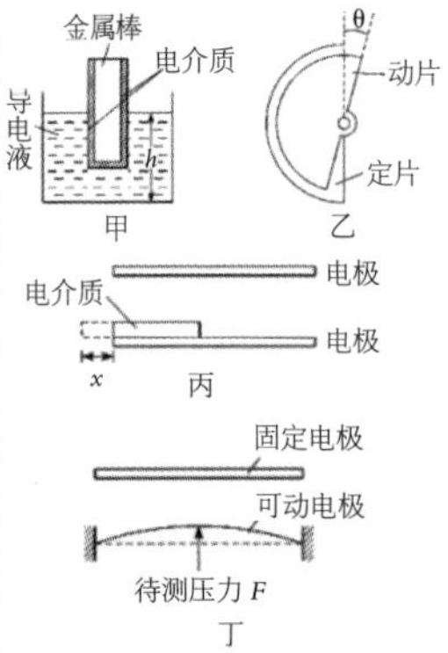　　) 甲　乙　丙　丁	学生利用电容的定义式:$C=\dfrac{Q}{U}$ 和决定式:$C=\dfrac{\varepsilon_r S}{4\pi kd}$ 进行分析,得到正确答案	加深对知识的理解和掌握

续表

教学过程	教师活动	学生活动	设计意图
巩固练习	A 在甲图中保持两极板电压为定值，若电量减少，则 θ 变小 B 在乙图中保持两极板电压为定值，如果电量增大，则 h 变小 C 在丙图中保持两极板电压为定值，如果电流流向传感器的负极，则 F 变小 D 在丁图中保持两极板电压为定值，假如使电流流向传感器的正极，则 x 会变小		
课后作业	教材问题与练习 1、2、3、5		
板书设计	1-8 电容器的电容 二、电容器 1. 构造 2. 作用 3. 电容器的充放电 二、电容 1. 概念 2. 定义式：$C = \dfrac{Q}{U} = \dfrac{\Delta Q}{\Delta U}$ 3. 单位：$1\mu F = 10^{-6} F, 1pF = 10^{-12} F$ 4. 物理意义 三、平行板电容器的电容 1. 决定电容大小的几个因素 2. 平行板电容器电容的决定式：$C = \dfrac{\varepsilon_r S}{4\pi k d}$		

第十章　思维导图在物理基础教育中的应用研究

高中物理教学在基础物理教学中占有重要地位,而且一直是个难点。然而,由于各种各样的原因,到目前为止还存在各种问题。这些原因直接影响了教师教与学生学的质量。基于思维导图的高中物理教学在一定程度上能够改善这些问题,有效地提高教师的教学质量和学生的学习效率。本章首先从当前的研究现状出发,对思维导图进行了解释说明,就各种不同模式的教学进行思维分析与举例,并着重进行了说明,然后对高中物理课本人教版必修一第二章每节做了一个思维导图,对不同课题下的思维导图进行比较,再用思维导图对高中物理教学和学生学习进行了优化。

第一节　思维导图及相关概念概述

思维导图又名脑图、心灵图、心智图,是英国著名教育家、心理学家托尼·巴赞 19 世纪 60 年代后期提出的。托尼·巴赞《启动大脑》的出版宣布了思维导图的诞生。思维导图是托尼·巴赞针对学习遇到障碍、记忆力遇到挑战的时候,为优化笔记、提高记忆力、改善学习现状而探索创造的;是由中心主题、关键词或图形标识分支,并充分利用文字和色彩的变化,将放射的思维过程以及结果可视化的一种工具。2000 年,思维导图协会成立,促进了思维导图的发展,让使用者更好地交流与合作,并在全球全面普及了大脑知识、放射性思维以及思维导图,之后,随着企业和教育机构对思维导图的使用而得以普及。

思维导图在我国的应用及研究起步较晚。1999 年之前,国内学者将思维导图普遍理解为"导读图鉴",是结合文字解说但以图表为主的一种方式;

2000年，王功玲在《浅析思维导图教学法》中初次说明了思维导图制作以及在教学中的运用等；2001年，石向冬首次将思维导图和政治学科联系起来，研究了思维导图在思想政治课的教学中的应用；2004年，赵国庆把思维导图和概念图进行对比分析，进一步明确了思维导图的特点；到了2005年，思维导图创始人托尼巴赞来中国，亲自推广一系列思维导图活动，这时，思维导图才真正在我国掀起了研究的浪潮。

另外，通过查阅文献发现国内教育界和学术界对思维导图的研究重点集中在：第一，对思维导图的定义、制作方法、性质和理论基础的研究，如"思维导图"和"概念图"的辨析，思维导图和学习等。第二，思维导图辅助教学功能的研究，也就是使用思维导图来提高学生思维、创造力和想象力，思维导图与概念图的结合对教育学辅助性的研究等，如用思维导图培养学生的理解力的研究等。第三，对思维导图应用的研究，主要对思维导图进行一些简单的应用，所占比例最高的也正是这方面，如思维导图在中学物理复习中的使用等。综上可知，国内当前对思维导图的研究仅限于其自身及简单应用的研究，缺乏全面性和系统性，因此在高中物理教学中构建基于思维导图的一种教学模式至关重要。

一、思维导图在物理教学中的作用

思维导图在高中物理教学中的应用，主要是丰富当前高中物理教学的模式体系，能为高中物理教学和学生学习提供一种新方法。新课改倡导勤于动手、提高分析和解决问题的能力，还要求教师在教学过程中注重培养学生的独立性与自主性，促进学生在教师的指导下主动地、富有个性地学习，以学生自主学习为本，教师主要起引导学生的作用。而在实际教学中并未实现以学生为主体、教师为主导的理念。思维导图在物理教学中的主要有以下几方面的作用：

第一，促进教师和学生的角色转变。新课标要求以学生为主体，教师为主导，因为学生的自身认识难免出现偏差等，而这时就需要教师加以引导，如果放手让学生进行自主学习与探究，课堂就容易从满堂灌的极端转向混乱无序的另一种极端。而思维导图的教学模式有学生的自主构图、小组的协作构图和老师的完善构图,能更好地实现学生为主体、教师为主导的教学理念。

第二,提升教师的教学能力。新课标的实施对教师提出了更高的要求,尽管有各种教研活动及培训,但教师还是习惯于自己的教学方法,不愿尝试新的方式,使改革变成了一个空话。而使用思维导图教学可丰富课堂,提高教师的教学能力,为教师提供一种新的教学方式。

第三,促进学生思维能力的培养,提高学生的学习效率。新课标对学生的要求已不局限于掌握课本知识,更重要的是通过对课本内容的学习提高并拓展学生的思维能力。传统的课堂笔记不仅降低了学生的课堂学习效率,而且在课后的学习中也无法得到及时的补给。而思维导图的使用,恰好解决了这个问题,不仅能提升课堂的学习效率,而且能在课后的学习中及时进行补充,可以很好地展现思维过程,发散学生思维,培养学习能力。

总之,用思维导图辅助教学可以帮助教师探究和开发新的教学方式,能更好地实现教师与学生角色的转变,能培养学生的思维能力,提高学习效率。

二、思维导图及其相关概念

思维导图不仅可作为辅助工具,贯穿于大脑信息加工和处理的各个阶段,而且可作为接收新知识的有效方法应用到记笔记、写作、交流、复习及记忆等过程中。

思维导图的基本特征大致有,以中心主题为焦点,从中心主题向外放射依次为一级分支、二级分支,以此类推,按逻辑顺序和重要程度依次排列在不同分支上;可采用图形,用不同文字、不同色彩进行绘制,加深学习者对知识的区别与记忆。

思维导图主要由中心词(主题)、结点(主干与分支的交汇点)、连线、关键词(能够代表主要内容的词或命题)、层次结构等构成。对不同的思维导图,其大体的层次结构如下:

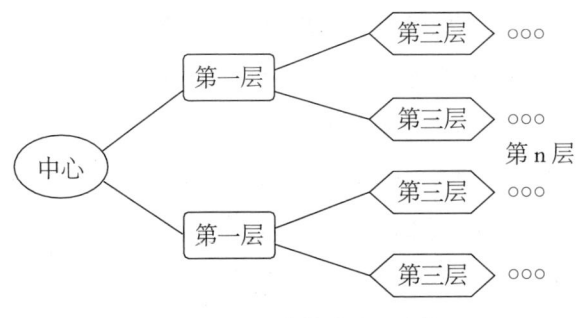

图 10-1　思维导图层级结构

上图是运用思维导图来构建知识体系的基本层次,连线实现了网络化的结构。

思维导图的绘制有两种方法:手工绘制法和计算机绘制法。

手工绘制法:白纸、彩色水笔和铅笔,随大脑思维的发散而绘制,充分表达自己的思想,而且绘制的图形越有趣,绘制者的大脑越兴奋,思维也更加活跃,于是更能达到预期效果甚至更好。

计算机绘制法:目前市场上已开发出很多绘制思维导图的版本,更有很多绘制思维导图的软件,常用的画图工具有 Powerpoint,Microsoft Word 也可绘制思维导图,只是不像专门的软件那样专业。

目前绘制思维导图的软件多为英文版本,不太适合学生使用,所以教学中手绘法是学生的主要方法。

(一)概念图与思维导图的区别

概念图又叫概念地图或概念构图,是由美国康奈尔大学诺瓦克博士于 20 世纪 60 年代根据奥苏伯尔有意义的学习理论而提出的。其通常把某主题的相关概念放入方框和圆圈中,用连线表示它们之间的意义关系,主要反映这一主题的结构关系。

概念图与思维导图的区别主要有三点:从思维发展来看,概念图构建的是一个清晰的知识网络,有利于学习者对知识的系统掌握,培养直觉思维的形成;而思维导图主要呈现一个思维形成的过程,更有利于培养学习者良好的思维品质,利用头脑风暴促进发散性思维的培养。从时间线来看,思维导图明显体现出时间性,而概念图无法体现出时间性。思维导图是反应动态的一个过程图,而概念图是一个对已有知识的静态表示。从表现形式来看,概念图只是用相关概念构建的一个概念图,相关概念之间是平等的;而思维导图则是用核心词汇及概念等,在根节点或线段上表示出来。

(二)知识结构图与思维导图的区别

知识结构图在心理学中被称为知识网络图,是把所学内容系统整理,并制作成较完整的知识结构的一种图示。

知识结构图与思维导图的区别大致为,第一,知识结构图主要回顾所学知识并进行归纳;而思维导图属于全脑开发,在人的思考方式与思维模式,特别是对创造性思维和发散性思维的培养方面都起到重要的作用。第二,知识结构图很难在团队学习与合作、知识共享方面提供帮助,但思维导图既可以一个人完成,也可以通过小组合作,结合每个人的思维进行绘制。第三,知识结构图属于线性思维,整个结构框架偏向一个方向的发展,样式和表现形式比较单一,不同人做出的结果相差无几;而思维导图是放射性思维,整个图形为放射性结构,符合人脑的结构模式,样式较多,不同人绘制的思维导图相差很大,几乎都不一样。

三、思维导图的理论基础

(一)建构主义理论

学习理论从行为主义到认知主义再到建构主义,从总体上反映了心理学理论的整个发展过程,即从科学心理学兴起初期学派林立、各执一词的形势,发展到近代的逐渐克服片面极端性、相互吸收融合的趋势。

从20世纪80年代开始,随着人们对杜威、皮亚杰以及维果茨基等人教育思想的重新解读,建构主义学习理论开始逐渐兴起并引发教育心理学的一场革命。建构主义又称结构主义,属于认知主义学习理论流派。现代建构主义直接来源于瑞士著名心理学家皮亚杰(1896—1980)和维果斯基(1896—1934)的智力发展理论。认知主义学习理论主要侧重于解释如何使客观的知识结构通过个体而内化为认知结构,但未就如何把"结构"与"建构"联系起来作进一步的研究,建构主义学习理论则对此作了深入研究。作为现代建构主义学习理论的主要代表,皮亚杰强调学习过程中主客体之间的相互作用,并由此提出了认知建构主义学习理论。而维果斯基则强调学习者与学生或其他更有能力的伙伴之间的互动,提出了社会建构主义学习理论。①

建构主义学派认为是在特定的社会文化环境中,基于学习者自身原有的知识经验,主动对新知识进行加工处理与意义的建构。知识不是通过教师传授得到的,是借助他人帮助,在一定的情景下利用学习资料,通过意义建构的方式获得的,并不是单向的知识传输。建构主义理论强调以学生为中心,发挥学生的巨大潜能,以现有知识为起点,引导学生探索与发现新知识。而思维导图恰好是一种让学生主动建构知识的思维体系。

1. 认知建构主义学习理论

皮亚杰所研究的核心内容是儿童认知能力的发展,主要探究儿童的数理逻辑能力是如何形成与发展的。②皮亚杰的理论框架被称为"发生认识论",他认为学习就是学生通过同化和顺应调整图式,进而对环境做出反应。其中,图式也称为认知结构或心理结构,它是学生支配自身行动的心理模式。当学生在进行新知识的学习时,将新知识添加到自身原有的图式之中,从而拓宽自身原有的知识外延,这一认知过程叫作同化。假如所要学习的新的知识不能添加到学生原有的认知结构之中,学生就会创造出新的图式或者对自身原有的图式进行修正,这个认知过程叫作顺应。并且同化和顺应之间总要维持一定的均衡协调关系,也称为平衡关系。③所以,学生的认知过程可以解释为,当学生学习新知识,受到问题情境的刺激时,如果认知过程表现为不平衡状态,学生就会将新知识同化到原有的认知结构中,如果同化成功,会使认知过程重新达到新的平衡状态。假如学生不能同化这一新知识,学生就要修改旧图式,或者建立一个新的图式,使其可以与新的知识匹配。可见,认知建构主义学习理论在强调学生学习主体性的同时,对学习过程中情景的创设也提出了一定的要求。

结合认知建构主义学习理论对学生主体性与教学情景创设的要求,在高中物理概念教学过程中,应以学生为主体,教师为主导。同时教师应不断创设典型的、有针对性的、能引发学生认知冲突的教学情境,使学生认知发生失

---

① 徐燕,伏振兴,李兆义. 信息技术与现代教育手段[M]. 银川:阳光出版社,2018:51.
② 王维臣. 现代教学理论和实践[M]. 上海:上海教育出版社,2012:37.
③ 李峰,白雅娟. 教育心理学[M]. 北京:北京师范大学出版社,2017:86.

衡。在认知失衡状态下的学生,会试图通过原有图式解释冲突的情景,进而采取同化和顺应的方式,使认知达到新的平衡。这样教师就能帮助与引导学生建构已有图示或者建构新图式,以帮助学生完成物理概念的内化。

2. 社会建构主义学习理论

相对于皮亚杰认对个体与客观知识结构间交互作用的关注,维果斯基的社会建构主义学习理论则认为学习产生于学习者间的协同活动以及人与人的交往活动之中。因此,社会建构主义学习理论尽管也把学习看作学习者自身建构的过程,但强调社会性互动(合作、讨论等)在学习中的重要作用,更提倡合作学习(Cooperative learning),更多地关注社会文化对个体主观知识建构过程的中介作用,重视社会背景对个体内部建构和认知形成的积极作用。[1]社会建构主义认为只有当学习者建构的、特有的主观意义与特定社会文化背景中的普遍认识相适应时,学习者才会得到发展。

维果斯基的社会建构主义学习理论对于高中物理概念教学同样有着积极的指导意义,要求在高中物理概念的教学过程中充分利用学生的社会文化背景,通过学习共同体(Learning community)进行交流、讨论等互动活动,完成对物理概念的意义建构。

(二)脑科学理论

狭义的脑科学指的是神经科学,即了解神经系统内分子水平、细胞水平、细胞间的变化过程,以及这些过程在中枢功能控制系统内的整合作用而进行的研究。美国神经科学学会所定义的广义的脑科学是指研究脑的结构和功能的科学,它还包括认知神经科学等。其中认知神经科学的研究旨在阐明认知活动的脑机制,即人类大脑如何调用其各层次上的组件,包括分子、细胞、脑组织区和全脑如何实现各种认知活动。自20世纪80年代后期发端以来,认知神经科学的研究在短短时间内取得了令人注目的成绩,对传统认知心理学和发展心理学的理论建构以及各内容领域的研究有着巨大影响。

认知发展研究自然也不例外,由于认知发展心理学和发展神经科学有许

---

[1] 梁爱民. 维果斯基心理发展视角下社会建构主义学习理论的构建与应用研究[J]. 山东外语教学,2011,32(03):64-66.

多共同感兴趣的问题,由此衍生出来的发展认知神经科学正得到越来越多人的关注,成为当前最热门的交叉研究领域之一。脑的认知功能包括知觉、注意、记忆、语言、思维以及智能、意识等心理功能。

脑科学的研究表明,人的大脑蕴藏着很大的潜能,而到目前为止,人类真正使用的只是很小一部分。大脑为神经系统最高级的部分,由左右两个脑半球组成,之间有神经纤维相连。大脑表面有一层灰质,称为大脑皮质或大脑皮层。大脑表面有很多往下凹的沟,沟之间有隆起的回,因而大大增加了大脑皮层的面积和大脑的容量。

思维导图结构与人脑结构有很多相似之处:均有区域划分且区域大小、形状不同;均有变化,都有类似于沟裂的纹路等。这是因为思维导图正是基于大脑的这种结构创造出来的。

思维导图结合大脑的思维方式,采用独特的思维方式将思维的重点过程及不同思路间的联系等用一种直观的方式清晰地呈现出来,形成发散性结构。这种思维方式层次清晰,过程明显,使学生更容易掌握内容及重点等。

人的左右脑是用完全不同的方式进行思考的。左脑多用文字和语言进行思考,用语言处理信息较为费时;而右脑多用心像及图像进行思考,用图像处理信息能一并处理大量信息。可见左右脑的分工是非常明确的。日本学者七田真经研究发现,刚出生时人的右脑还是很发达的,但由于后天培养以开发左脑为主,久而久之,左脑越来越发达,而右脑却日趋退化。大量的科学研究结果表明,如果人们用图形、图像反复进行训练,对右脑的开发有很大的帮助。

(三)合作学习理论

合作学习是目前全世界广泛应用的一种课堂教学形式。合作学习是指学生为了完成共同的任务,有明确的责任分工的互助性学习。合作学习鼓励学生为集体的利益和个人的利益一起工作,在完成共同任务的过程中实现自己的理想。

合作学习是一种古老的教育观念和实践,20世纪70年代在英国创立。1806年从英国将合作学习小组的观念传入美国,因美国教育学家杜威、帕克等人的推崇而被广泛应用。在斯莱文、约翰逊兄弟、卡甘等学者的推动下,原有的合作学习观念迅速发展成为一系列原理与策略体系,再度成为美国教育界的时尚。合作学习的重新兴起绝非偶然,它反映了自 1957 年苏联成功发射人造卫星后,美国朝野要求大面积提高教育质量的呼声,同时也是对传统教学形式的反思和对传统评分制的批判。

1. 合作学习的内涵

合作学习是一种以小组学习为主体的教学活动,组内所有成员积极参与,分工明确,最终完成共同目标。

在实际教学中,由教师控制教学进程和分配学习任务,小组人数根据学习任务和人数决定,并不是一成不变的。教师在小组学习过程中应不断了解学生的思维及进程,监控学生的学习情况,同时促进各个小组之间的交流学习。

2. 合作学习的基本要素

合作学习要求小组各成员间相互信赖,明确自己的目标与责任,要求组内成员具有一定的社交技能。为提高活动小组的学习效率,教师应该定期组织小组互评,取长补短,总结经验,混合编组。

3. 合作学习的意义

新课标理念是强调以学生为主体、教师为主导的教学理念。而合作学习是以学生为核心,每个同学参与其中,主动发现问题并解决问题而展开的教学过程,这样能激发学生的学习动力,提高学习兴趣。

结合思维导图与合作学习的特点,将思维导图应用于高中物理教学中便成了大势所趋,合作学习理论也成为高中物理思维导图教学的重要理论依据之一。

第二节　思维导图在物理教学中的应用

一、思维导图在实验课教学中的应用

(一)物理实验教学

1. 地位

物理实验是在人为控制的条件下,用实验仪器使物理现象再现,从而进

行有目的的研究的一种方法。

物理实验课是高中物理教学的基础。物理实验室是很多基本的物理知识和技能的载体，能充分调动学生的多个器官，增加学生学习物理的兴趣，更容易总结并掌握物理知识。让学生更高效地学习，还能锻炼学生的动手能力和观察能力。

2. 作用

第一，有助于创设高效的学习情境。物理实验的优点是将复杂的问题简化成一个简单的物理模型，再通过实验仪器将原问题直观地呈现出来，使学生更加直观地学习。

第二，有助于激发学生的学习兴趣。物理实验室是一个学生全程亲自参与的学习过程，是能提供给学生丰富的感性材料，调动学生多个器官共同参与的一种学习方法。更重要的是它能揭示新的物理事实与学生之间的矛盾（如牛顿第一定律），能激发学生的好奇心和学习欲望。最终，通过实验得出正确的结论，让学生亲身体验成功的喜悦，更好地学习物理知识。

第三，有助于培养学生的各种能力和科学素质。在进行实验时需要学生亲自动手进行实验，并在实验过程中观察物理实验，将自己观察到的物理实验现象与自己已有的经验进行分析对比，最终得出结论。这样能培养学生的动手能力、观察能力、分析能力、总结能力等。同时，通过严谨的科学实验，以事实求是的态度、总结规律的过程培养学生科学的学习态度与素质。

3. 现状

随着新课改的进一步深入，教师在教学过程中对物理实验越来越重视，学校与各级教育机构也越来越重视培养学生的动手能力、创新意识及创新能力。但由于各种原因，目前实验教学是教学中的一个短板，主要存在的问题有两点：

第一，教师把实验仅仅当成一种教学手段，更偏向于理论教学，忽视了对学生物理实验能力的培养。

第二，物理实验教学的方式较为单一和老化。由于我国物理实验教学起步较晚，仍处于发展阶段，因此在教学中仍存在种种问题，直接影响了学生的学习质量。

(二)思维导图教学与高中物理实验教学

通过对高中物理实验教学的分析,发现目前高中物理实验教学急需丰富教学手段及方式,故而利用思维导图进行物理实验教学有以下益处:

第一,可以改善目前单一老化的教学方式。教师可以利用思维导图丰富原有的教学模式,使物理实验教学更有新意,从而提高学生对物理实验的学习兴趣,达到高效教学的目的。

第二,促进教师与学生的合作学习。教师可利用思维导图与学生共同以小组合作的方式进行交流学习,培养教师与学生、学生与学生之间的默契,从而达到更好的教学效果

(三)应用举例

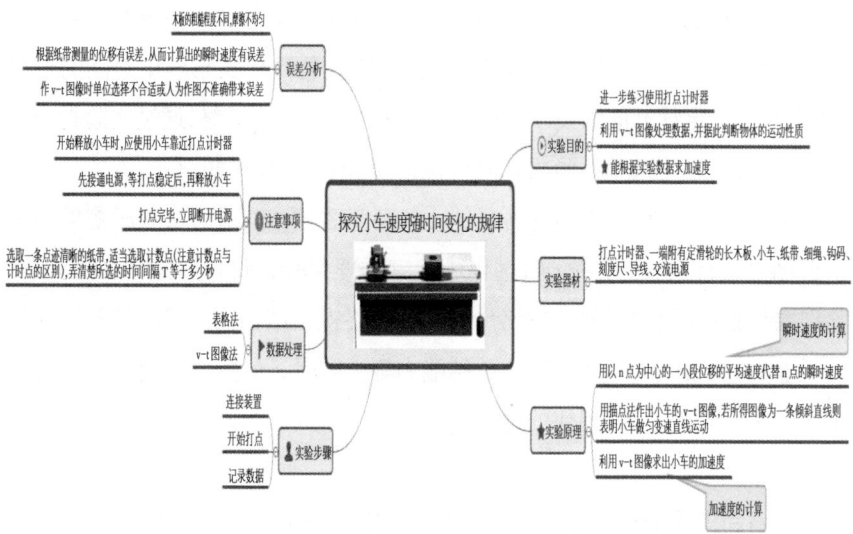

图 10-2　探究小车速度随时间变化规律的思维导图

二、思维导图在概念课教学中的应用

(一)物理概念教学

概念是反映客观事物本质属性的一种思维方式。而物理概念是对物理本质与现象的一种反应,既有概念的共性,又有自身的特性。其特点主要有客观性、可定量性、抽象性、发展性。物理实验是观察、实验和科学思维的产物。

概念教学是学生能否真正学会、学好一门课的关键。通过文献查阅及实习经历，笔者总结出物理概念教学目前所存在的一些问题：

第一，对学生前概念的引导与关注度不够。学生的前概念有对也有错，正确的概念有助于学生对新概念的学习与理解，而错误的概念不但不能引导学生进行正确的学习，而且还会误导学生，干扰其进行正确的学习。比如牛顿第一定律，学生的前概念与牛顿第一定律恰好相反，所以一定要注意前概念对学生的影响，加以正确的引导。

第二，对新概念形成过程的教学不够。在教学过程中教师更多的是强调物理概念本体，而忽略概念形成的过程，在学生还未真正理解时就给出概念，学生只能对其死记硬背，不但不能学好相关概念，反而会使学生逐渐失去兴趣。

(二)思维导图教学与高中物理概念教学

高中物理概念教学的核心是让学生明白物理概念的形成过程，从而让学生明白概念的本质属性及物理意义。结合思维导图可视化的特点，得出使用思维导图进行高中物理概念教学有以下益处：

第一，可以向学生直观地展示物理概念的形成过程。思维导图每一分支的形成过程都是一个感性认知的过程，只有学生具有充分的感性认知时才能向下一分支进行过渡，突出过程性。将思维导图应用到高中物理概念教学，思维导图的绘制过程即为学生的一个感性认知过程。

第二，有助于学生理解记忆。思维导图向学生展示了概念的形成过程，从而避免学生死记硬背，真正让学生理解概念，从而达到高效学习的目的。

第三，使教师更加关注对学生前概念的引导。教师通过让学生自主构图了解学生的前概念，有助于教师后面教学的展开，促进学生利用正确的概念进行新概念的学习，对错误的前概念及时消除，避免对学生的后期学习造成干扰。

（三）应用举例

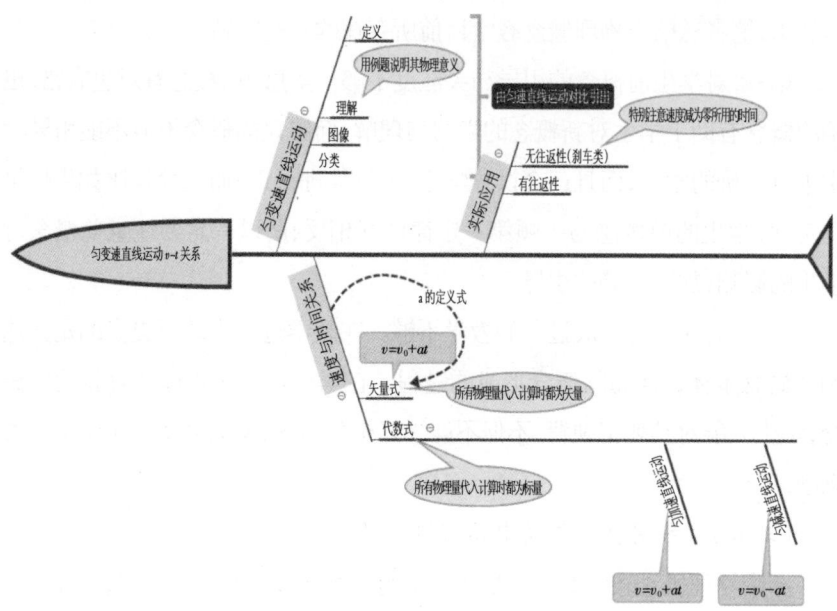

图 10-3　匀速直线运动 v-t 关系的思维导图

三、思维导图在规律课教学中的应用

（一）物理规律教学

1. 特点

物理规律是相关事物相互作用以及相关物理现象（或过程）在特定条件下发生、发展的必然趋势和内在本质联系。主要特点有三点。

第一，物理规律是通过观察、实验、数学推理和思维想象得出的，揭示了物体的运动及结构等所遵循的一些规律。得出物理规律的方法一般有两种：实验归纳法和演绎推理法。实验归纳法是通过对事物反复实验与观察，在实验的基础上对数据加以分析，通过实验事实归纳出规律的认识方法。而演绎推理法又称演绎法，是指人们根据一定的反映客观规律的理论认识，从已知部分推知事物未知部分的思维方法，是由一般到个别的认识方法，是一种认识"隐性"知识的方法，物理学中常用于理想实验中。

第二，物理规律能反映相关概念间的必然联系。任何物理规律都是由一些物理概念构成的，这些概念量化后形成物理量，物理规律把物理概念间的一些关系用语言逻辑和数学逻辑表示出来。

第三,物理规律有近似性和一定的局限性。在物理学研究过程中,我们通常采用抽象的方法,将实际问题简化成理想的物理模型和物理过程,这样难免会出现一些误差,所以具有近似性。除此之外,研究物理的过程一般是在某些特定条件下进行的,故而有一定的局限性。

2. 现状

高中物理是由物理概念、物理规律与方法以及其相互关系构成的。所以要想学好物理,首先就得掌握物理规律。通过阅读文献和实习体会,笔者发现仍存在一些问题:

第一,对物理规律的过程学习不够。目前大多数教师将物理规律教学的重点放在得出规律后的学习中,忽略了总结归纳物理规律的过程,这样会使学生难以对所学知识有一个充分的了解,只会死记硬背相关结论,自然也就难以对所学知识灵活运用。

第二,在物理规律教学中对学生观察、分析和想象能力的培养不够。在实际教学中教师往往会忽略学生的主观能动性,而对物理规律的适用条件和物理意义等一再强调与巩固,久而久之,学生的观察、分析和想象能力也会有所下降。

(二)思维导图教学与物理规律教学

高中物理规律教学的重点是将物理现象重现,通过对物理规律的归纳总结,从而达到让学生掌握相关知识的目的。使用思维导图进行高中物理规律教学有以下益处:

第一,可利用思维导图可视化的特点重现物理现象,让学生参与物理规律的得出过程。对于简单的物理规律,可以让学生在教师的帮助下进行自主构图。而对于较难的规律,可以组织学生通过小组合作学习的方式进行教学,从组内构图到各小组协作补充,最终得出相应的规律,能更好地让学生参与这个过程,掌握相关规律并应用。

第二,有助于培养学生的观察、分析和想象能力。思维导图的特点就是能激发学生的大脑潜能,激发其创造力和想象力,引发头脑风暴。因此,使用思维导图进行高中物理规律教学可以更好地激发学生的潜力。

(三)应用举例

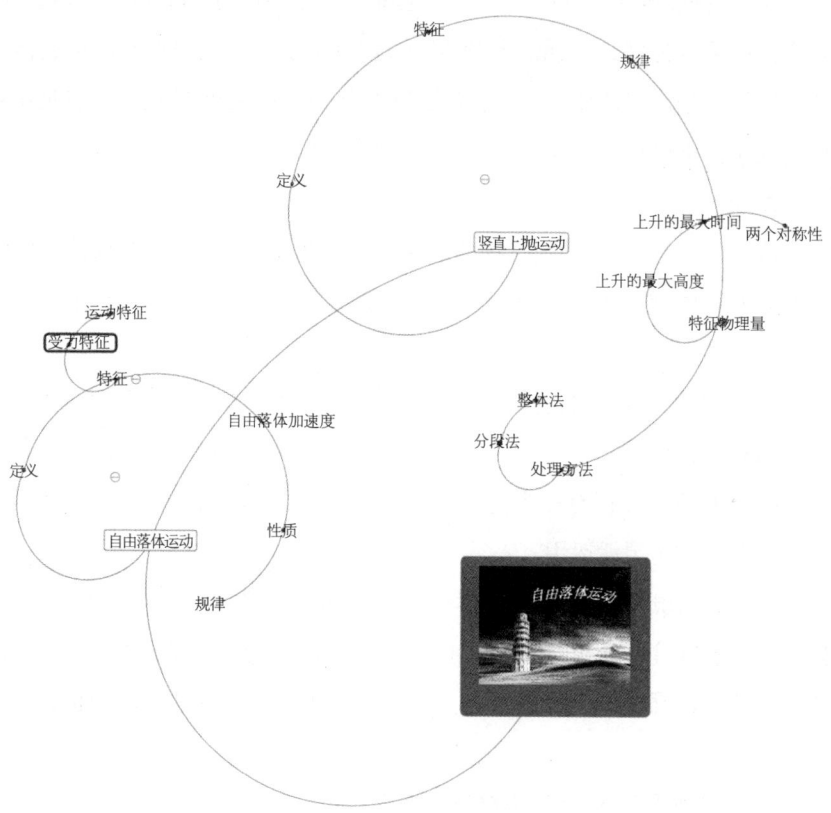

图 10-4　自由落体运动规律的思维导图

四、思维导图在习题课教学中的应用

(一)物理习题教学

高中物理习题教学是物理教学的一个重要环节,是学生对所学知识的一个应用,也能及时发现学习过程中的问题,便于及时补充与改正,能有效地培养学生分析和解决问题的能力,从而实现教学目标。

1. 地位

高中物理习题教学是影响学生对所学知识整体掌握与应用的一个重要过程,在高中物理教学中占有重要地位。习题教学是学生接触最多的一种课型,约占整个高中物理教学时间的三分之二。高一、高二差不多一半的课时都是习题课,高三几乎全年都是习题课。习题课是从认识到实践、理解到应用的一个过渡,所以学生只有真正掌握分析问题和解决问题的方法,将所学知识应用到实际生活中,才算是真正理解与掌握了知识。

2. 作用

习题教学在高中物理教学中起到一种辅助的作用。通过习题教学可以让学生对所学的新知识加以巩固,对旧知识加以复习,将新知识与旧知识衔接起来综合运用,还能反馈学生学习的情况,让学生更加深刻地理解与掌握知识并灵活运用,同时还可以培养学生的创造力和发散性思维。教师在选题时可以选择那些一题多解的和开放性的题目启发学生,从而达到培养学生创造力和发散性思维的目的。

3. 现状

教师在习题课的教学中往往过于重视习题的数量而忽略了质量,没有做到举一反三。对典型题、针对性强的题和具有启发性的题重视度不够。有时教师为提高学生能力而选择一些较难的题,忽视了一些基础题,导致学生做题变成空中楼阁,没有夯实的基础。还有一点就是教师容易忽略题的多解性,没有达到启发教学的目的。

学生在做题时往往只是生搬硬套,做得多想得少,不去思考为何要这样解题,不明白各物理量间的关系,没有一个完整的知识网络。做题时目的性不明确,解题过程混乱,这也说明学生做题时没有一个清晰的思路,思维混乱。而思维导图可以体现分析过程,恰好能弥补并改善这些问题。

(二)思维导图教学与高中物理习题教学

通过阅读文献和自身体会,笔者得出使用思维导图进行高中物理习题教学有以下优点:

第一,可以帮助教师显化思维过程与解题思路。习题教学的核心是让学生掌握解题方法的要领,了解解题的过程,学会灵活运用所学知识。

第二,有利于帮助学生构建知识体系。学生所学的知识越多,知识体系也就越复杂。这时教师可以利用思维导图进行物理习题教学,让学生由点到线再到面,逐步展开,逻辑清晰,思维明确。

第三,有利于培养学生的独立思考能力和合作能力。思维导图教学中有学生自主构图、小组协作构图及教师完善构图。学生自主构图可以培养学生的独立思考能力;小组协作构图可以培养学生的合作交流能力;教师完善构图可以及时查漏补缺,帮助学生构建完整的知识网络。

(三)应用举例

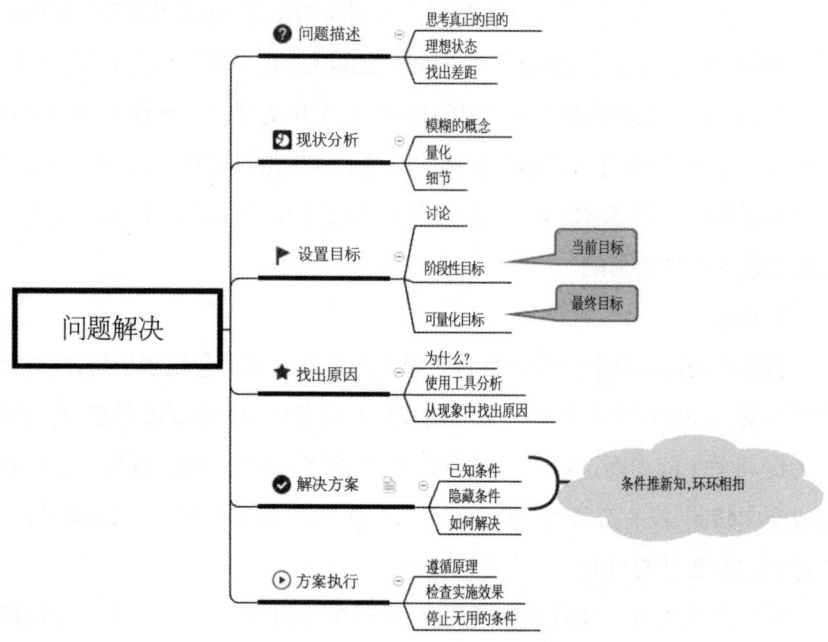

图 10-5　习题课解决问题流程的思维导图

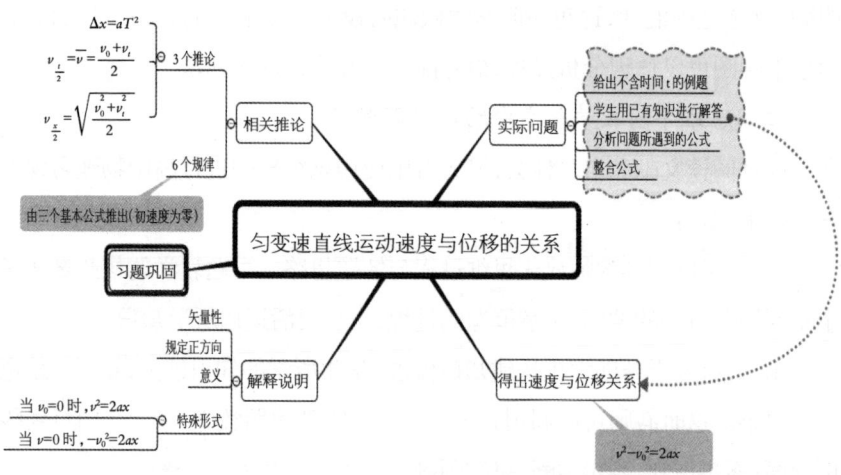

图 10-6　匀速直线运动速度与位移关系的思维导图

五、思维导图在复习课教学中的应用

(一)物理复习教学

复习课是物理教学的重要课型之一。一般来说,学生要掌握知识就要经过了解、巩固和应用这三个环节,其中巩固环节(复习)是核心环节。

1. 作用

第一,巩固知识,强化记忆。所谓巩固,是经过反复强化,把所了解的知识牢固地保持在记忆中的一个过程。知识巩固的标志在于能否正确地、迅速地再认和重现,并灵活地运用知识解决问题。

第二,温故知新,拓宽加深。复习并不是简单的复习,它是一个由复习而知新的过程,复习是否有效,还要看在复习的过程中是否发现新知,加深了理解。

第三,发展能力,综合提高。通过全面系统的复习,能够发展研究和处理问题的能力,有助于学生形成新的知识结构,促进知识向能力转化。

2. 常用方法

应根据教材内容和学生对教材的掌握情况,选用相应的、讲求实效的方法来实现复习的目的。物理复习常用的方法主要有对比复习法、归类复习法、知识结构复习法、提纲复习法、复现复习法、组题复习法和实验复习法。

3. 现状

物理复习课目前主要存在的问题:将物理复习课完全演变成物理习题课,为达到复习效果而大搞特搞题海战术,忽略了对知识点的复习;物理复习时很难构建完整的知识框架,尤其到高三复习时,由于知识点较多,复习时难免会有遗漏,而在补充时又难以加入原有框架中,不能做到查漏补缺。

(二)思维导图教学与高中物理复习教学

通过文献阅读和自身体会,笔者发现利用思维导图进行物理复习教学有以下益处:

第一,能做到及时查漏补缺。当围绕某一模块进行复习时,难免会有所遗漏,这时可以在思维导图中灵活地进行补充,采用不同色彩与字体加以强调,而且便于后面的学习。

第二,有利于学生构建完整的知识网络。在知识网络的构建过程中,可使

用小组合作交流的方法,将每个人的观点与方法加以糅合补充,可以使知识网络更加完善。

(三)应用举例

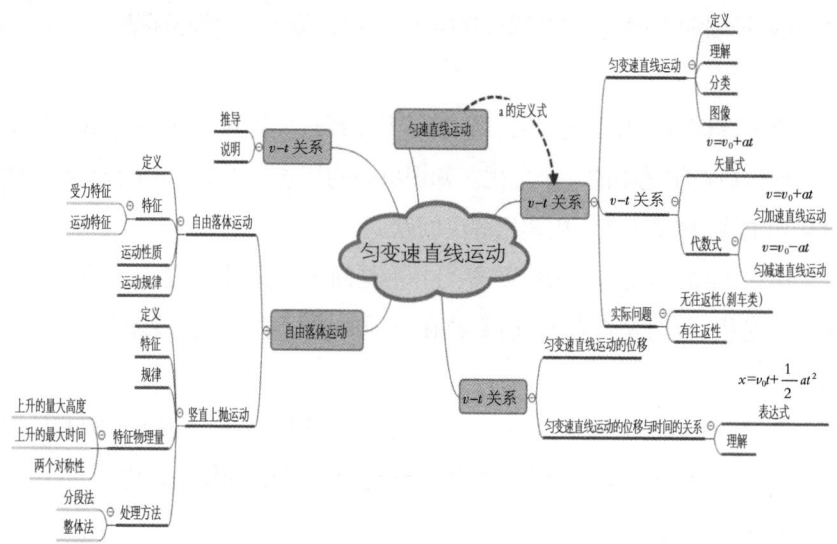

图 10-7　匀速直线运动复习课的思维导图

第三节　思维导图在教学模式中的应用比较

在前面几节,我们分别对应地分析了思维导图在不同课题下的作用及其对教学的改善,不难发现它们即有共同之处,也有差异存在。

不同点是,在实验课中思维导图主要起到将复杂问题简化成物理模型,再现物理实验的原理与过程的作用,能让学生参与到实验的设计中。在物理概念教学中,思维导图主要起到将物理概念的形成过程直观地展现给学生,帮助学生完成一个从感性到理性的认知过程。物理规律教学中思维导图主要是重现物理现象,让学生自主找到物理规律,参与到物理规律的得出过程中。在物理习题课教学中,思维导图主要显化的是思维过程与解题思路,让学生掌握核心方法与要领。物理复习课中思维导图主要是帮助师生构建完整的知识网络并显化其过程,方便及时查漏补缺。

相同点是,通过前面的分析会发现,思维导图无论在哪种课型下教学都会强调一个过程,也就是利用思维导图的可视化,将不同课型下过渡的过程显现出来,方便学生理解与记忆。再者就是思维导图在任何课型下都能使学生参与其中,发挥学生的主观能动性,培养学生的自主学习能力、合作交流能力、发散性思维能力和创造力,调动学生的学习兴趣,提高其学习效率。

学者在学习过程中可根据自身情况对思维导图选择使用(思维导图在不同模式教学中侧重点不同)。

思维导图的可视性、发散性等特点在一定程度上可以优化教学。将思维导图应用到高中物理教学中,能够将物理知识再现,帮助师生更好地对过程进行教与学。在具体运用中还可能存在一些问题,因此在教学的过程中应视情况而定。

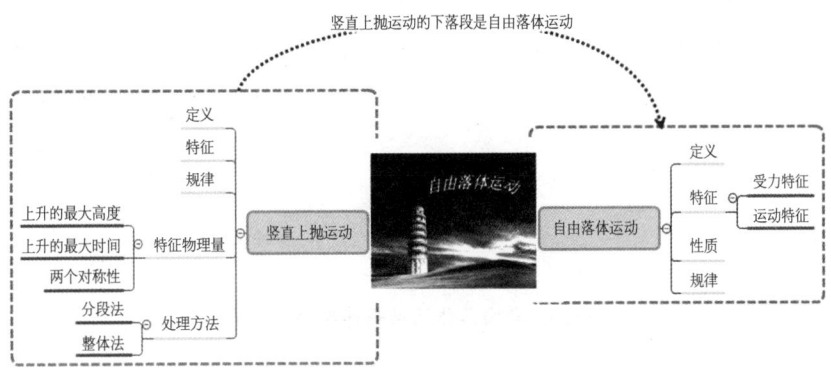

图 10-8　自由落体运动规律思维导图之一

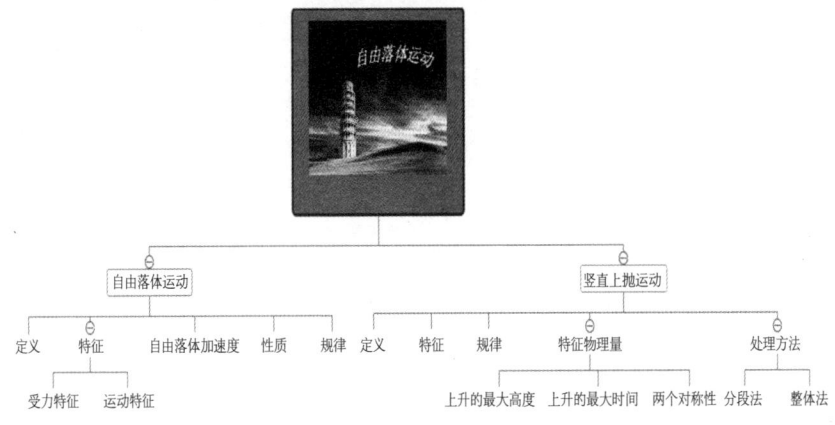

图 10-9　自由落体运动规律思维导图之二

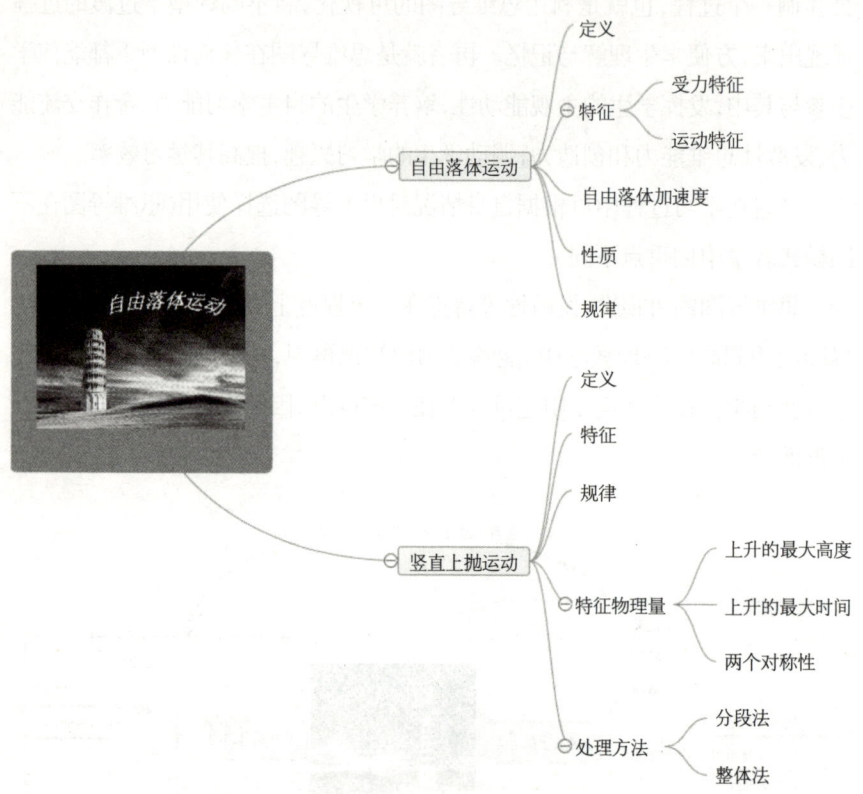

图 10-10　自由落体运动规律思维导图之三

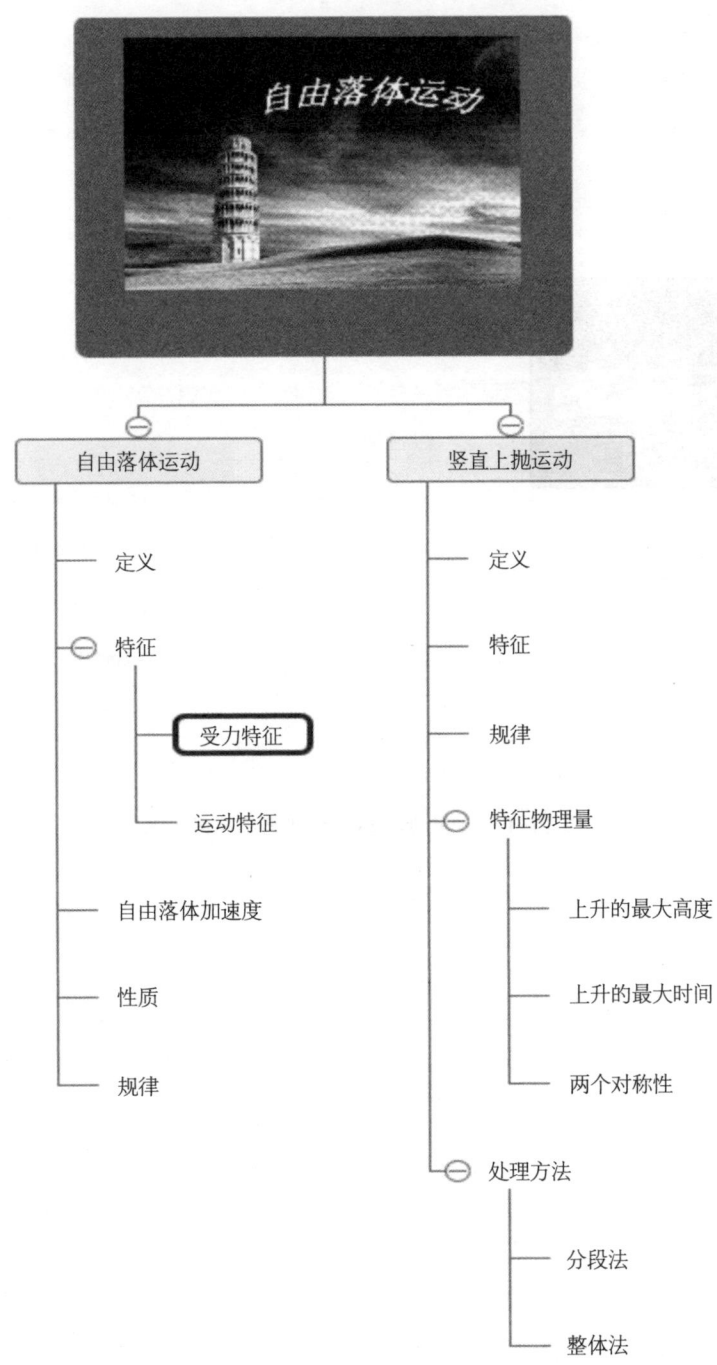

图 10-11 自由落体运动规律思维导图之四

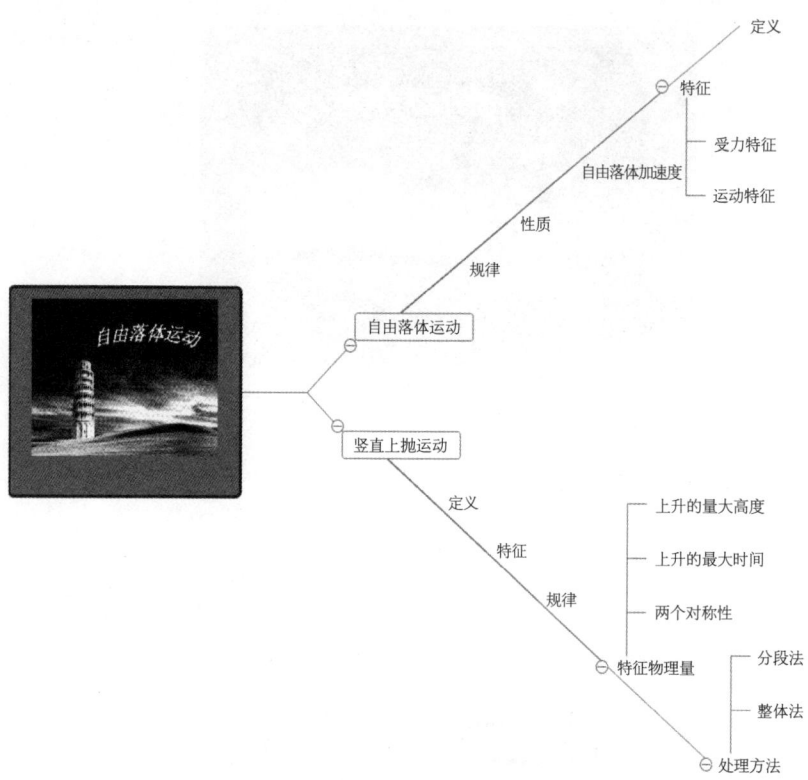

图 10-12　自由落体运动规律思维导图之五

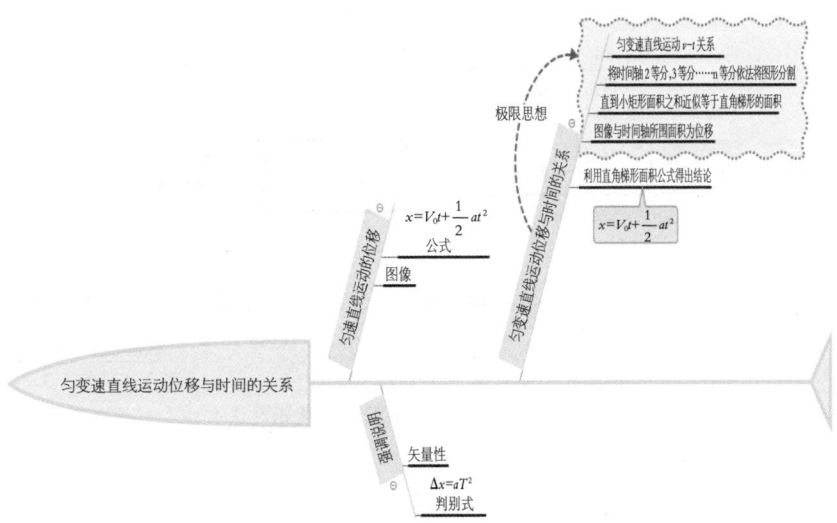

图 10-13　其他思维导图案例展示之一

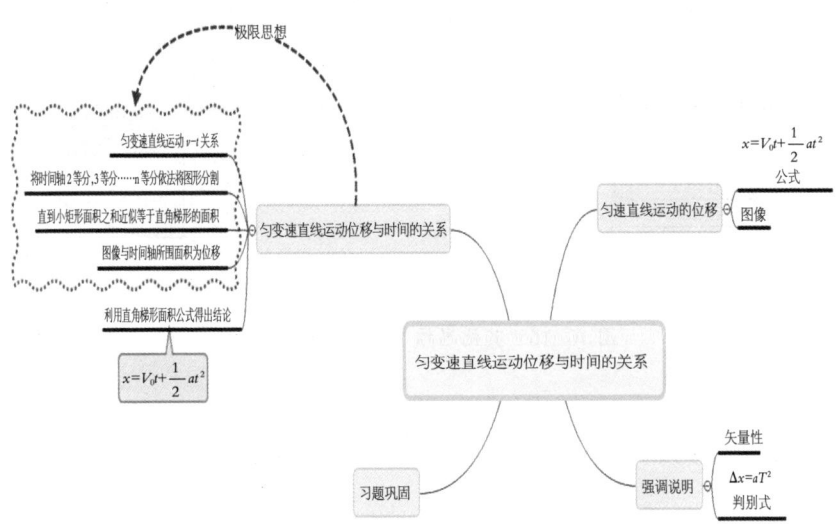

图 10-14　其他思维导图案例展示之二

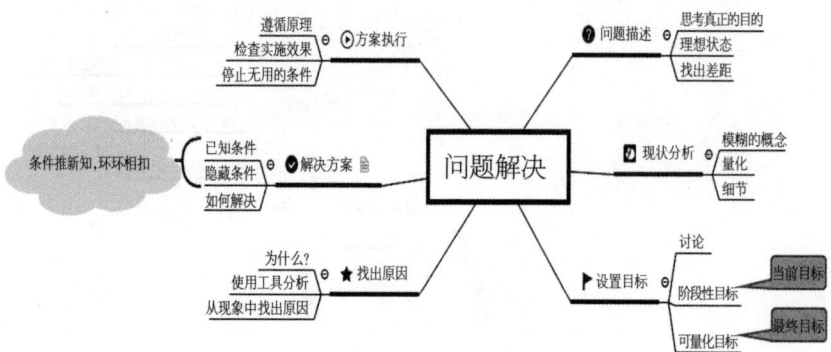

图 10-15　其他思维导图案例展示之三

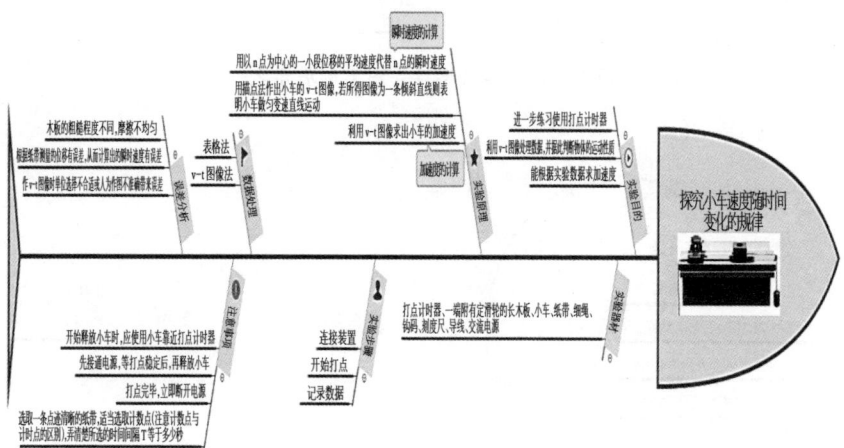

图 10-16　其他思维导图案例展示之四

参考文献

一、著作类

[1] 普通高中物理课程标准(2017年版)[M]. 人民教育出版社,2017.

[2] 林崇德. 21世纪学生发展核心素养研究[M]. 北京:北京师范大学出版社,2016.

[3] 李天华,陈雪星. 物理课程理论与实践研究[M]. 北京:中国水利水电出版社,2015.

[4] 王较过. 物理教学论[M]. 陕西师范大学出版社,2009.

[5] 郭玉英. 中学物理新课程教学概论[M]. 北京:北京师范大学出版社,2018.

[6] 罗质华. 物理课程与教学论[M]. 广州:广东高等教育出版社,2013.

[7] 张大均. 教育心理学[M]. 北京:人民教育出版社,2011.

[8] 王较过. 物理教学论[M]. 西安:陕西师范大学出版总社,2009.

[9] 廖伯琴. 物理教育学[M]. 北京:高等教育出版社,2012.

[10] 陈琦,刘儒德. 教育心理学[M]. 北京:高等教育出版社,2011.

[11] 徐燕,伏振兴,李兆义. 信息技术与现代教育手段[M]. 银川:阳光出版社,2018.

[12] 王维臣. 现代教学理论和实践[M]. 上海:上海教育出版社,2012.

[13] 李峰,白雅娟. 教育心理学[M]. 北京:北京师范大学出版社,2017.

[14] 彭前程. 初中物理探究式教学理论与实践[M]. 北京:人民教育出版社,2010.

[15] 朱清时. 科学教学参考书八年级下册[M]. 杭州:浙江教育出版社,2014.

[16] 保尔·朗格朗.终身教育引论[M].北京:中国对外翻译出版公司,1985.

[17] 联合国教科文组织国际教育发展委员会.学会生存:教育世界的今天和明天[M].上海:上海译文出版社,1979.

二、学位论文类

[1] 李琬莹.高中物理学科核心素养及培养初探[D].武汉:华中师范大学,2017.

[2] 庞茜.基于核心素养培养下的高中物理教学实践研究[D].成都:四川师范大学,2017.

[3] 陆永华.基于物理学科素养的高中物理电磁感应教学研究[D].苏州:苏州大学,2016.

[4] 窦林.初中物理浮力的课例研究实践[D].南京:南京师范大学,2013.

[5] 邓昭友.基于演示实验反思的物理课例研究的探析[D].长沙:湖南科技大学,2015.

[6] 王雯雯.高中物理摩擦力前概念及其转变研究[D].大连:辽宁师范大学,2012.

[7] 夏海宁.前概念对物理概念学习的影响及其转化策略研究[D].大连:辽宁师范大学,2011.

[8] 陈晓瑜.高中物理牛顿第一定律相关概念教学研究[D].成都:四川师范大学,2010.

[9] 吕付丽.高中物理牛顿运动定律中"前概念"的实践研究[D].呼和浩特:内蒙古师范大学,2010.

[10] 潘斌尧.高中物理概念转变教学策略研究[D].武汉:华中师范大学,2017.

[11] 刘爱超.认知冲突策略在高中物理概念教学中的实践研究[D].河北师范大学,2016.

[12] 周文叶.学生表现性评价研究[D].上海:华东师范大学,2009.

[13] 洪焕灼.高中物理教学中有效形成正确物理概念的策略研究[D].昆明:云南师范大学,2017.

[14] 王浩.初中物理实验探究的教学策略研究[D].南京:南京师范大学,2013.

[15] 赖树生.概念图在高中物理教学中的应用[D].呼和浩特:内蒙古师范大学,2007.

[16] 朱俊.初中物理新课程标准教科书比较研究——以人教版、沪科版、苏科版为例[D].合肥:安徽师范大学,2014.

[17] 梁照成.初中物理教学人文基础研究[D].广州:广州大学,2011.

[18] 牛明月.基于科学素养的初中物理教材分析[D].西安:陕西师范大学,2013.

[19] 李群.探究式教学在高中物理课堂教学中的实践研究[D].上海:华东师范大学,2012.

[20] 刘云.信息技术环境下高中生物探究式教学的实施现状与对策研究[D].西安:陕西师范大学,2010.

三、学术论文类

[1] 钟启泉.基于核心素养的课程发展:挑战与课题[J].全球教育展望,2016,45(1):3-24.

[2] 张华.论核心素养的内涵[J].全球教育展望,2016,4(45):10-24.

[3] 余文森.从三维目标走向核心素养[J].华东师范大学学报(教育科学版),2016,(01):11-13.

[4] 何文明,曹宝龙.构建基于学科素养的高中物理教学目标新体系[J].物理教学探讨,2017,35(506):19-21.

[5] 师曼,刘晟等.21世纪核心素养的框架及要素研究[J].华东师范大学学报(教育科学版),2016,(03):31.

[6] 刘新阳,裴新宁.教育变革时期的政策机遇与挑战——欧盟"核心素养"的实施与评价[J].全球教育展望,2014,(4):75-85.

[7] 李艺,钟柏昌.谈"核心素养"[J].中小学管理,2016,(06):17-23.

[8] 左璜.基础教育课程改革的国际趋势:走向核心素养为本[J].课程·教材·教法,2016,36(2):39-46.

[9] 王高.物理核心素养培养浅探[J].物理教师,2016,37(12):15-19.

[10] 柳夕浪.从"素质"到"核心素养"——关于"培养什么样的人"的进一步追问[J].教育教学研究,2014,(03):5-11.

[11] 彭前程.积极探索基于核心素养理念下的物理教学[J].复印报刊资料·中学物理教与学,2016,(03):9-11.

[12] 陈丽珊,陈海.基于高中物理学科核心素养的物理教学探究[J].基础教育研究,2016,20:21-22.

[13] 陈海,陈丽珊.围绕高考试题落实高中物理学科核心素养的培养[J].中学物理教学参考,2016,45(7):21-22.

[14] 杨晓彤.基于核心素养导向下的物理概念教学[J].中学理科园地,2017,13(74):13-15.

[15] 姜宇,辛涛,刘霞,等.基于核心素养的教育改革实践途径与策略[J].中国教育学刊,2016,(06):29-32.

[16] 陈野,黄开智.核心素养视角下高中物理课堂教学目标的制定[J].物理教学,2017,39(12):29-32.

[17] 胡东明.高中物理教材中以培养学科核心素养为目标的习题分析[J].物理通报,2016,(05):12-14

[18] 周长春.基于核心素养导向的高中物理教学案例研究——以超重和失重为例[J].物理教学探讨,2016,34(5):28-31.

[19] 聂馥玲.物理核心素养在高中物理学教育中何以实现[J].科学与社会,2017,7(3):11-14.

[20] 张天耀.用自主探究培养和提升高中生的物理核心素养[J].物理教学探讨,2017,35(506):11-18.

[21] 高杰.积极开展基于核心素养的物理教学设计[J].物理教学探讨,2017,35(505):1-3.

[22] 任虎虎.思维型课堂:培育物理学科核心素养的有效途径[J].物理教师,2017,38(3):16-21.

[23] 安桂清.课例研究的意蕴和价值[J].全球教育展望,2008,37(7):15-19.

[24] 胡庆芳.课例研究的作用、特征和必要条件:来自日本和美国的启示[J].外国教育研究,2006,33(4):29-33.

[25] 顾泠沅,王洁.教师在教育行动中成长——以课例为载体的教师教育模式研究(上)[J].课程·教材·教法,2003,(1):7-15

[26] 安桂清.国际比较视野下的课例研究:背景、现状与启示[J].教师教育研究,2014,26(2):83-90.

[27] 张有军.学生的生活和学习经验是宝贵的课程资源——《运动的快慢》课例分析[J].教育实践与研究,2013(11):22-23.

[28] 陈国文.回归真实实验成就精彩课堂——"闭合电路欧姆定律"课例研究[J].福建基础教育研究,2014(8):32-35.

[29] 徐国亮.高中物理概念有效教学的优化策略[J].新课程导学,2013(14):45.

[30] 江昕,苏纪玲.初中生物理前概念调查[J].教育研究与实验,2007,(02):64-66.

[31] 陈庆军,吴能平.物理前概念研究对构建科学概念的启示[J].物理教师,2011,32(5):9-11.

[32] 刘亚.刍议高中物理教学中知识逆向迁移[J].考试周刊,2011,(14):175-176.

[33] 吴翃.启发式教学再认识[J].中国大学教学,2011(1):10.

[34] 梁爱民.维果斯基心理发展视角下社会建构主义学习理论的构建与应用研究[J].山东外语教学,2011,32(03):64-66.

[35] 黄洋.初中物理教科书的比较研究与启示[J].湖南中学物理,2016,5(1):25-29.

[36] 张梦.试述奥苏伯尔在教育心理学上的主要观点[J].河南财政税务高等专科学校学报,2004,11(06):56-57.

[37] 张秀兰.浅谈初中物理教学中的激励性教育[J].中国校外教育,2015,9(05):111.